掌尚文化

Culture is Future

尚文化·掌天下

MAKER
SPACE
IN
THE CONTEXT
OF BIG DATA

徐 莉
张正午
方梓旭
著

大数据背景下的众创空间

经济管理出版社

ECONOMY & MANAGEMENT PUBLISHING HOUSE

图书在版编目（CIP）数据

大数据背景下的众创空间 / 徐莉，张正午，方梓旭
著． -- 北京 ：经济管理出版社，2025． -- ISBN 978-7
-5243-0305-3

Ⅰ．F241.4

中国国家版本馆 CIP 数据核字第 20252BT499 号

组稿编辑：张鹤溶
责任编辑：张鹤溶
责任印制：张莉琼
责任校对：蔡晓臻

出版发行：经济管理出版社
　　　　　（北京市海淀区北蜂窝 8 号中雅大厦 A 座 11 层　100038）
网　　址：www.E-mp.com.cn
电　　话：（010）51915602
印　　刷：唐山玺诚印务有限公司
经　　销：新华书店
开　　本：720mm×1000mm/16
印　　张：13.75
字　　数：240 千字
版　　次：2025 年 6 月第 1 版　　2025 年 6 月第 1 次印刷
书　　号：ISBN 978-7-5243-0305-3
定　　价：88.00 元

序

　　我与江西师范大学徐莉教授是在合作承担一项国家软科学课题时相识的，她是课题的负责人。让我印象深刻的是她长期专注于科技创新理论和政策方面的研究，主持完成的国家及省级课题、发表的高质量论文颇多，这在全国高校教师中并不多见。最近，她和张正午、方梓旭合著的《大数据背景下的众创空间》一书即将出版，索序于我，我读完此书后感到非常有意义和价值，欣然受命。

　　在这个信息爆炸、数据如潮的时代，我们不仅见证了无数创新的花蕾在大数据的滋养下绽放，也目睹了众创空间作为新兴创新创业服务平台所展现出的勃勃生机。阅读此书，我仿佛置身于充满智慧与创新的数字世界，与作者一同探索大数据与众创空间交融共生的奥秘。本书不仅阐述了大数据的基本特征和应用范围，更将大数据与众创空间的发展紧密相连，揭示了大数据在推动众创空间创新发展中具有的关键作用。从书中我们可以看到，作者不仅具备深厚的理论功底，更有着丰富的实践经验和敏锐的洞察力。他们不仅深入研究了大数据在不同领域的应用案例，还结合众创空间的实际发展情况，提出了许多具有前瞻性和可操作性的对策与建议。

　　本书的理论创新主要体现在将大数据技术与众创空间的发展紧密结合，从一个全新的视角审视众创空间的运行机制和发展对策。本书通过综合运用大数据、创新创业、政策研究等多个学科的知识和方法，揭示了大数据背景下众创空间发展的新规律和新特点，为相关理论的发展提供了新视角和新思路。同时，本书还构建了大数据背景下众创空间运行机制的理论框架，为众创空间的实践发展提供了理论支撑和可操作性的指导方案，推动了不同学科之间的交流和融合。

　　本书不仅为我们描绘了一个大数据与众创空间深度融合的美好愿景，更为我们指明了实现这一愿景的路径和方向。本书详细阐述了大数据背景下众创空间的特征、运行机制、面临的挑战与机遇，以及如何通过技术创新、人才培养、政策优化等措施推动众创空间的持续健康发展。

我特别欣赏本书对大数据在众创空间服务平台化、资源匹配、个性化与精准化服务等方面的应用探讨。这些应用不仅提高了众创空间的孵化效能和服务水平，更为创新创业者提供了更加便捷、高效、智能的创业环境。同时，本书还强调了加强大数据专业人才建设、推动产学研深度融合、构建大数据服务平台等举措对提升众创空间竞争力的重要性。

此外，本书对众创空间在大数据背景下所面临的挑战与问题的剖析也尤为深刻。作者不仅指出了数据安全与隐私保护、数据有效利用等方面面临的挑战，还提出了加强监管、完善法律法规等对策建议，为众创空间的健康发展提供了有力保障。

总之，本书是一部兼具理论深度与实践价值的佳作。它不仅为我们提供了关于大数据与众创空间融合发展的全面认识，更为我们指明了众创空间未来的发展方向和路径。我相信，本书的出版对推动众创空间的创新发展、激发创新创业活力、促进经济转型升级具有积极且深远的影响。

在此，我要向徐莉、张正午、方梓旭三位学者表示衷心的祝贺和感谢！他们的辛勤付出和卓越贡献为我们带来了宝贵的知识财富。同时，我也期待更多的学者和实践者加入大数据与创新创业的研究与实践中，共同推动这一领域的蓬勃发展。

权作序。

原中国科学技术发展战略研究院院长

2024 年 10 月 15 日

前　言

随着科技的飞速发展，数字化技术已经渗透社会的各个领域。在创新创业领域，众创空间作为创新创业的重要平台日益受到关注。然而，传统的众创空间运营模式往往受到信息不对称、资源分配不均等问题的制约。据此，大数据背景下众创空间的概念应运而生。大数据背景下众创空间的研究不仅有助于提高众创空间的运营效率，还能推动创新创业的发展。通过数字化技术的运用，可以解决信息不对称、资源分配不均等问题，提高众创空间的运营效率和效益，进而推动创新创业的发展。因此本书系统地探讨了众创空间在大数据时代的发展现状、特征、运行机制及发展对策，具有重要的理论价值和实践意义。本书的主要研究结论如下：

我国众创空间在发展过程中存在的问题主要有：①众创空间区域发展不平衡。②众创空间创业服务能力不足。主要体现在众创空间服务的创业团队和初创企业数量增长停滞、创新创业活动的频次和质量有待提高、创业教育培训缺失、技术支撑服务不足、创业投资匮乏。③众创空间运营管理不佳。④众创空间与新技术融合滞后。主要包括信息技术基础设施不完善（硬件配备不足、软件应用滞后），数据分析处理能力不足（数据收集不全、分析工具缺乏、数据解读能力有限），云计算和人工智能等先进技术未能得到广泛应用（对新技术了解不足、资源投入有限、应用场景不明确），缺乏与新技术融合的战略规划（缺乏长远规划、跨部门协作不足）。

大数据背景下众创空间的发展特征主要体现为数据驱动的创新决策、平台化的运营模式、跨界融合的发展趋势、个性化服务的提供、动态调整与优化的能力。大数据技术已应用于经济社会的诸多领域。面对众创空间运营管理过程中各主体间存在的"数据孤岛"问题，本书研究大数据技术对众创空间运营管理的赋能，构建了要素构成—内在逻辑—运作方式的大数据背景下的众创空间的运行机制，并通过中科心客的典型案例分析，证明了其可行性和有效性。第一，作为众创空间运行机制的基础，大数据背景下众创空间的要素构成包括创业主体、创业服务生态圈和创业外围生态圈三部分，这些要素构成了众创空间的运行基础。第二，作为众创空间运行机制的逻辑依据，大数据背景下众创空间的内在逻辑是创业主体、创业服务生态圈和创业外围生态圈三者间相互作用、相互影响，实现层层递进的需求共识、协同共生、价值共创。其中，需求共识是基础，协同共生是核心，价值共创是目标。第三，作为众创空间运行机制的主体，大数据背景下众创空间的运作方式包括创业需求的精准化识别、精准化对接和精准化监督。

从理念、人才、平台、技术、监管、服务等维度出发，本书提出了一系列针对性的政策建议。第一，树立大数据治理理念，推出数字化创业服务模式。第二，加强大数据专业人才建设，打造众创空间的人才保障。第三，构建大数据服务平台，实现大数据背景下众创空间的互联互通。第四，创新大数据技术，强化众创空间技术储备。第五，加强数字化监管，筑牢众创空间合规经营的基石。第六，构建大数据背景下众创空间的全方位公共服务体系，赋能创新，加速发展。

目　录

第一章 导论

本章深入剖析了本书的研究背景，揭示了本书重要的现实意义和理论价值，并明确了研究目的，旨在解决某一领域的具体问题，推动学科发展。在研究内容上，详细阐述了本书所涉及的核心问题和关键领域。在研究方法上，本书采用了科学、系统的研究方法，确保研究的准确性和可靠性。此外，本章还强调了本书的创新点。同时，也指出了研究过程中可能遇到的难点和面临的挑战，为后续研究提供了重要参考。

第一节 研究背景与研究意义

随着科技的飞速发展，数字化技术已经渗透社会的各个领域。在创新创业领域，众创空间作为创新创业的重要平台日益受到关注。然而，传统的众创空间运营模式往往受到信息不对称、资源分配不均等问题的制约。据此，大数据背景下众创空间的概念应运而生。对大数据背景下众创空间的研究不仅有助于提高众创空间的运营效率，还能推动创新创业的发展。通过数字化技术的运用，可以解决信息不对称、资源分配不均等问题，提高众创空间的运营效率和效益，进而推动创新创业的发展。此外，大数据背景下众创空间的研究还能为政府、市场和社会之间的合作提供新的思路和方法。

一、研究背景

自 2015 年以来，我国政府通过实施"大众创业、万众创新"政策，在全国范围内推动了众创空间的飞速发展。这一政策不仅被写入《政府工作报告》，还得到了《关于发展众创空间推进大众创新创业的指导意见》和《关于大力推进大众创业万众创新若干政策措施的意见》等纲领性文件的支持。众创空间作为"双创"的重要载体,经过几年的发展,已经取得了显著的进步。根据 2017—2022 年《中国火炬统计年鉴》可知,众创空间数量由 2016 年的4298 家增长到 2021 年的 9021 家,呈现"井喷式"发展态势。这一增长趋势不仅体现了中国政府对创新创业的高度重视和支持,也反映了全社会对创新创业的热情和活力。《国家创新驱动发展战略纲要》提出了我国要在 2020 年进入创新型国家行列,2030 年跻身创新型国家前列,2050 年建成世界科技创新强国的目标。党的二十大报告指出,我国已经进入创新型国家行列,但仍需坚持创新在现代化建设全局中的核心地位,进一步完善科技创新体系。众创空间作为一种新型的科技创新载体,是国家创新体系的重要组成部分。它们为创新创业者提供了良好的创业服务,对于支撑经济转型、壮大小微企业、挖掘经济新动力、优化创业环境、带动社会就业、促进"大众创业、万众创新"等方面都具有重大意义。众创空间的发展不仅有助于中国跻身创新型国家前列,更是推动中国成为世界科技创新强国的有力支撑。总的来说,众创空间在我国的发展取得了显著成效,为我国经济的转型升级和创新发展提供了有力支持。未来,随着我国政府对创新创业的持续支持和推动,相信众创空间将迎来更加广阔的发展空间和更加美好的未来。

自 2015 年 8 月国务院发布《促进大数据发展行动纲要》以来,大数据已被确立为国家发展的重要战略。历经两年的沉淀,自 2017 年开始,大数据产业迎来了实质性的应用阶段,从理论走向了实践。党的十九大进一步强调,推动互联网、大数据、人工智能与实体经济深度融合,在中高端消费、创新引领、绿色低碳、共享经济、人力资本服务等领域开辟新增长点,形成新动能。与传统众创空间不同,大数据背景下的众创空间不仅融合了物理、社会和精神空间,更成为一个高速、高洞察力的数据交会点,具备强大的决策力和自动优化能力。这对于我国加快实施创新驱动发展战略,适应并引领经济发展新常态,打造新的经济引擎具有深远的意义。

目前,我国众创空间的运营管理存在诸多不足。众创空间运营管理涉及初创企业、政府部门、投融资机构、高校院所等多元主体,各主体间相互独立,信息不对称现象严峻,形成了"数据孤岛",阻碍了创业需求与供给的协同互动,降低了创业服务质量。具体表现为:①运营模式不够成熟。一些众创空间缺乏有效的管理和运营机制，导致服务质量不高，无法满足创新创业者的需求。②服务内容单一。一些众创空间缺乏针对不同领域、不同需求的创新创业者的个性化服务，无法满足创新创业者的多样化需求。③资源整合不够充分。一些众创空间无法充分利用政府、企业、高校、科研机构等各方面的资源，无法为创新创业者提供全方位的服务和支持。④缺乏专业的运营管理人才。一些众创空间无法为创新创业者提供专业的指导和支持，影响了众创空间的运营效果和服务质量。

随着数字化转型的步伐加快，数字化建设已深入经济社会各个领域，为各行各业带来了翻天覆地的变革。在这个时代背景下，创新创业成为社会发展的核心驱动力，数字化发展则是推动创新创业高质量发展的重要引擎。众创空间作为创新创业的重要平台，通过引入数字技术，不仅能够有效解决众创空间在发展中所面临的困境，还能极大地提升其服务供给的效率和质量。数字化技术为众创空间进行了强大的赋能，使其能够更好地满足创新创业主体的多样化需求。这种技术的引入，不仅加快了新时代创新创业的步伐，更与国家的创新驱动发展战略紧密配合，共同推动国家向着创新型强国的目标迈进。通过众创空间的数字化转型，可以为创新创业者提供更为高效、精准的服务，从而进一步激发他们的创新潜能，在全社会营造更加浓厚的创新氛围。

二、研究意义

本书系统地探讨了众创空间在大数据时代的发展现状、特征、运行机制及发展对策，具有重要的理论价值和实践意义。

1. 理论价值

首先，本书有助于丰富和完善众创空间的理论体系。通过深入探讨众创空间在大数据背景下的运行机制，本书能够揭示众创空间发展的新规律和新特点，为相关理论的发展提供新的视角和思路。其次，本书有助于促进跨学科理论的融合和创新。大数据技术与创新创业理论的结合是一个前沿领域，本书综合运用了大数据、创新创业、政策研究等多个学科的知识和方法，推动了不同学科之间的交流和融合，有助于产生新的理论成果和创新点。最后，本书为政策制定和实践操作提供了理论支撑。通过对众创空间运行机制和发展对策的深入研究，本书能够为政府和企业制定相关政策提供科学依据和参考，推动众创空间的健康发展。

2. 实践意义

首先，本书有助于指导众创空间的实践发展。在大数据背景下，众创空间面临新的机遇和挑战，本书提出的发展对策和运行机制构建思路，能够为众创空间的实践提供指导和借鉴，推动其向更高水平发展。其次，本书有助于推动创新创业生态的优化。众创空间作为创新创业的重要平台，其健康发展对于促进创新创业生态的优化具有重要意义。本书通过深入探讨众创空间的运行机制和发展对策，有助于推动创新创业生态的完善和发展。最后，本书有助于促进经济增长和转型升级。众创空间作为新兴的经济业态，对于促进经济增长和转型升级具有重要作用。本书通过提出针对性的发展对策，有助于推动众创空间在经济发展中发挥更大的作用，为经济增长和转型升级提供新的动力和支持。

第二节 研究目的与研究内容

一、研究目的

本书的核心在于深度挖掘并解决创新创业领域中的众创空间所遭遇的难题，力求提出具有针对性的解决方案与发展建议。这不仅能为政府决策和企业发展提供科学的指导，更能推动创新创业的深入发展，为经济的繁荣与社会的进步注入新动力。尤其是在当今大数据时代的浪潮中，对众创空间运行机制的深入探讨显得至关重要。数字技术如同一股强劲的风，为众创空间带来了全新的发展机遇，同时也带来了新的挑战与问题。因此，本书旨在探索大数据背景下众创空间的运行机制，从而深刻把握其内在逻辑与发展脉络。

众创空间的运行机制如同一个复杂的生态系统，其健康与否直接关系到整个创新创业环境的活力与效率。在大数据的助力下，我们可以更加精准地把握众创空间的运营状况，优化资源配置，提高运营效率，降低成本。同时，数字技术的引入还能为创新创业提供更加高效、便捷的服务，吸引更多的创新人才和企业入驻，进一步激发市场的活力与创造力。此外，众创空间在推动产业升级和经济发展方面也扮演着举足轻重的角色。随着传统产业的数字化转型和新兴产业的蓬勃发展，众创空间成为连接创新创业与产业升级的桥梁和纽带。通过对众创空间运行机制的研究和实践，我们可以促进产业间的深度融合与协同发展，推动经济的结构调整和转型升级。

总的来说，本书致力于在大数据背景下深入剖析众创空间的运行机制，并提出切实可行的解决方案和发展建议。我们希望通过这些努力，为政府、企业和社会各界提供有力的决策参考和实践指导，加快众创空间的发展步伐，推动创新创业的深入发展。同时，我们也期望通过优化众创空间的运行机制，为我国经济的持续健康发展和社会的全面进步注入新的活力和动力。在这个过程中，本书将始终坚持问题导向、创新驱动的原则，以科学的态度和方法去研究和解决众创空间所面临的问题。我们深知，每个问题的解决都离不开深入的思考和实践的探索。因此，本书将紧密关注众创空间的发展趋势和市场需求，不断调整和完善研究方案，确保研究成果的实用性和前瞻性。

二、研究内容

第一章是导论，主要包括研究背景与研究意义，研究目的与研究内容，研究方法、创新与难点。在数字经济日益崛起的新时代，大数据已经成为推动各领域发展的重要动力。众创空间作为创新创业的重要载体，其发展质量与效率直接关系到国家创新能力和经济转型升级。本书旨在探讨大数据背景下众创空间的发展问题，通过分析现状、揭示问题，提出相应的解决方案，以期为国家创新驱动发展战略提供理论支持和实践指导。本书的核心目的是分析大数据如何赋能众创空间，提升其运营效率和服务质量，进而推动创新创业的高质量发展。研究内容包括但不限于众创空间的发展现状、存在的问题、大数据与众创空间的融合机制，以及在此背景下众创空间的运行机制优化等。本书将采用定性与定量相结合的研究方法，如文献分析、案例研究、数据分析等，力求全面深入地剖析大数据背景下众创空间的发展机制。创新点主要体现在研究视角的创新和研究方法的创新，即从大数据视角出发，综合运用多学科理论和方法，对众创空间的发展进行系统性研究。研究的难点在于如何准确把握大数据与众创空间的融合机制，以及如何量化评估大数据对众创空间发展的实际影响。

第二章是文献综述和理论基础，主要包括文献综述、概念界定、理论基础。本章对大数据的实证研究、众创空间的评价研究、众创空间的发展路径研究、众创空间的运行机制研究、众创空间的实证研究进行了文献综述，并且对大数据、众创空间进行了概念界定。另外，笔者引入平台经济理论、创新创业生态系统理论、数字治理理论作为本书的理论基础，为后续研究提供坚实的理论支撑。

第三章是众创空间的发展现状及存在的问题，主要包括主要发达国家众创空间发展的经验借鉴、我国众创空间的发展现状、我国众创空间发展存在的问题。首先，从英特尔创新加速器和 TechShop 两个案例来讨论发达国家众创空间发展的经验借鉴。其次，从众创空间的发展概况、创新创业效率评价及其影响因素分析来反映我国众创空间的发展现状。最后，阐述我国众创空间发展存在的问题。

第四章是大数据背景下众创空间的变革，主要包括大数据的特征分析、大数据背景下的众创空间、大数据背景下众创空间发展的特征分析、大数据背景下的众创空间和传统众创空间的区别。首先，详细阐述了大数据的基本特征，如海量性、多样性、实时性等，为后续分析大数据与众创空间的融合奠定了基础。其次，介绍了大数据背景下众创空间发展的缘由。再次，从数据驱动的创新决策、平台化的运营模式、跨界融合的发展趋势、个性化服务的需求等方面进行了大数据背景下众创空间发展的特征分析。最后，从技术应用、服务模式与资源等方面分析了大数据背景下的众创空间与传统众创空间的区别。

第五章是大数据背景下众创空间的运行机制构建研究，主要包括研究设计、大数据背景下众创空间的要素构成、大数据背景下众创空间的内在逻辑、大数据背景下众创空间的运作方式。首先，明确本章的研究目标、研究方法、研究框架等，为后续研究提供清晰的研究路线。其次，分析大数据背景下众创空间的构成要素，包括人、财、物、信息等方面，为后续研究奠定了基础。再次，揭示大数据背景下众创空间的内在逻辑和运行规律，为后续研究提供理论支持。最后，探讨大数据背景下众创空间的运作方式和管理模式，提出了优化建议和发展对策。

第六章是大数据背景下众创空间的发展对策研究。在当前的大数据浪潮下，众创空间作为支持创新创业的核心平台，其发展策略必须与时俱进，充分融入和利用大数据的技术优势。因此，针对大数据背景下众创空间的发展对策进行研究，不仅有助于提升众创空间的运营效率和服务质量，更能够推动创新创业的深层次发展，为经济社会的持续进步注入新的活力。

第七章是主要研究结论与研究展望。本章总结了本书的研究内容和主要观点，强调大数据背景下众创空间发展对策的重要性和紧迫性。同时，展望未来大数据与众创空间融合发展的趋势和前景，为相关领域的进一步研究提供参考和借鉴。

第三节　研究方法、创新与难点

一、研究方法

本书将采用文献综述、案例分析、实证研究等方法进行研究。通过文献综述，梳理前人的研究成果，为后续的研究提供理论支撑；通过案例分析，深入了解大数据背景下众创空间的实践情况；通过实证研究，验证大数据背景下众创空间的运行机制和发展对策的有效性。

1. 文献分析法

文献分析法是指通过对收集到的某方面的文献资料进行研究，以探明研究对象的性质和状况，并从中引出自己观点的分析方法。文献分析法的主要内容有：对查到的有关档案资料进行分析研究；对收集到的有关个人的日记、笔记、传记进行分析研究；对收集到的公开出版的书籍刊物等资料进行分析研究。文献分析法的优点在于分析成本较低、工作效率高，能够为进一步分析提供基础资料、信息。

本书通过收集国内外众创空间、大数据等相关研究成果，梳理并归纳了有关数字技术与数字赋能的概念界定、众创空间的内涵、众创空间评价及其影响因素、众创空间发展路径研究、众创空间运行机制、大数据背景下众创空间的相关研究；同时，阐述了平台理论、创新理论和生态位理论等，从而构建了本书的研究框架和理论基础。

2. 实证分析法

实证分析法是社会科学研究方法之一，需着眼于当前社会或学科现实，通过事例和经验等从理论上进行推理说明。实证分析一般要运用一系列的分析工具，诸如静态分析与动态分析、定性分析与定量分析、逻辑演绎与经验归纳等。本书采用数据包络分析（DEA）模型（CCR 和 BCC 模型）和 M 指数评价了 2016—2020 年我国 30 个省份①众创空间的运行效率、运营效率与创新创业效率，并采用 Tobit 模型探究了众创空间创新创业效率的影响因素。其中，使用的研究工具是 MaxDEA 和 STATA 软件等。

3. 案例分析法

案例分析法是一种通过对具有代表性的事物（现象）进行深入的研究，从而获得总体认识的科学分析方法。在众创空间中，案例分析法可以用于研究和分析众创空间的运营模式、服务内容、服务质量等方面，为创新创业者提供更加精准的服务和支持。案例分析法是一种科学、有效的分析方法，可以帮助我们更好地了解众创空间的运营模式和服务内容，为创新创业者提供更加精准的服务和支持。

本书以"中科心客"为研究案例，构建了大数据背景下众创空间的运行机制。在研究过程中，本书采用了实地访谈法和资料收集法两种重要的研究方法。实地访谈法使我们能够直接与"中科心客"众创空间的创始人、管理者、参与者等关键人员进行深入交流，获取第一手资料，了解他们在实际运营中的经验、挑战与策略。我们能够更直接地理解数字技术在众创空间中的实际应用和影响，以及这些应用如何影响众创空间的运行机制。本书采用案例研究方法对"中科心客"众创空间进行了深入分析，对其数字赋能的运行机制进行了系统的构建和分析；深入探讨了"中科心客"如何运用数字技术，如大数据分析、云计算、人工智能等，优化资源配置、提升服务效率、促进创新创业等方面的实践；分析了这些数字技术在众创空间中的具体应用模式、效果和挑战，以及它们如何与其他要素相互作用，共同推动众创空间的持续发展。通过这一研究，本书不仅为大数据背景下众创空间运行机制的构建提供了实践经验和理论支持，也为其他众创空间的数字化转型提供了有益的参考

① 限于数据的可获得性，本书不包含中国的西藏、台湾、香港和澳门的众创空间数据。

和借鉴。

二、研究创新

众创空间是近年来新兴的创新创业载体，众创空间相关领域的研究是近几年研究的热点。尽管学术界对众创空间进行了一定研究，并取得了一些很有价值的研究成果，但仍存在一些不足，本书的研究弥补了上述的诸多不足。

1. 创新性的研究视角

本书将大数据技术与众创空间的发展紧密结合，从一个全新的视角审视众创空间的运行机制和发展对策。在大数据背景下，众创空间不再是一个孤立的存在，而是一个与外部环境紧密互动、高度依赖数据资源的生态系统。这种研究视角有助于我们更深入地理解众创空间的本质和发展规律，为制定更为有效的发展对策提供理论支持。

2. 跨学科的研究方法

本书综合运用大数据技术、创新创业理论、政策研究等多个学科的知识和方法，构建了一个跨学科的研究框架。这种研究方法有助于我们全面、系统地分析众创空间的运行机制和发展对策，避免单一学科视野的局限性。同时，跨学科的研究方法也有助于我们发现新的研究视角和切入点，推动众创空间的研究不断深入。

综上所述，大数据背景下众创空间的运行机制及发展对策的研究创新体现在多个方面，包括研究视角的创新、跨学科的研究方法等。这些创新点将有助于我们更深入地理解众创空间的发展规律和运行机制，为制定更为有效的发展对策提供有力支撑。

三、研究难点

1. 数据的获取与处理

在大数据背景下，数据的获取不仅涉及技术问题，还涉及数据所有权、隐私保护、法律法规等多方面的挑战。对于众创空间而言，其数据往往分散在不同的平台、机构和个人手中，如何合法、合规、有效地获取这些数据是一大难题。

2. 理论与实践的结合

在现今的时代背景下，大数据技术如同汩汩涌流的江河，不断地冲刷、更新着各个领域的知识边界和应用前景。与此同时，众创空间作为推动创新创业的重要阵地，其实践模式与运作机制也在与时俱进，不断地适应和引领着时代的发展潮流。然而，如何将这两者——大数据技术的理论前沿与众创空间的实践探索相结合，是一个值得深入探讨的话题。将大数据技术理论与众创空间实践相结合，并不是一件简单的事情。这既需要对大数据技术理论有深入的理解和掌握，又需要对众创空间的实践有充分的了解和认识。同时，还需要具备创新思维和实践能力，能够根据实际情况灵活运用理论知识，解决实际问题。

3. 运行机制的复杂性

众创空间作为促进创新创业的重要平台，其运行机制涉及多个主体和多个层面，呈现出复杂的系统特征。这些主体包括政府、企业、创业者、投资者、中介机构等，它们之间的利益诉求、合作方式、互动模式各不相同，但相互交织，共同构成了众创空间运行机制的核心内容。众创空间的运行机制涉及多个主体，每个主体都有自身的利益诉求和目标。例如，政府希望通过众创空间推动创新创业，促进经济增长；企业希望通过众创空间获取创新资源，拓展业务领域；创业者希望通过众创空间实现创业梦想，获取资金和资源支持；投资者希望通过众创空间寻找有潜力的项目，实现资本增值。这些多元化的利益诉求使众创空间的运行机制变得复杂多变。众创空间中的各主体之间需要建立合作关系，形成有效的互动模式。然而，由于各个主体的性质和目标不同，合作方式和互动模式也呈现出多样性。例如，政府与企业之间可能通过政策扶持、项目合作等方式建立联系；企业与创业者之间可能通过提供场地、资金、技术支持等方式进行合作；创业者与投资者之间可能通过股权融资、债权融资等方式建立联系。这些多样化的合作方式和互动模式使众创空间的运行机制更加复杂。

4. 对策制定的针对性与可行性

制定大数据背景下众创空间的发展对策，需要综合考虑政策环境、市场需求、技术发展等多方面因素。如何制定出既具有针对性又具有可行性的对策，是一个需要深入研究和反复试验的过程。此外，对策的实施还需要考虑到资源投入、执行力度、效果评估等因素，这些因素都可能影响对策的实际效果。

　　综上所述，大数据背景下众创空间的运行机制及发展对策的研究难点不仅涉及技术层面的问题，还包括法律、伦理、管理等方面。这不仅需要研究者具备扎实的理论基础、丰富的实践经验及跨学科的研究能力，还需要政府、企业、社会等方面的支持和合作。这样才能有效地应对这些挑战，为大数据背景下众创空间的发展提供有效的指导和支持。

第二章　文献综述和理论基础

第一节　文献综述

一、大数据的实证研究

大数据的实证研究涉及多个领域和方面，旨在通过数据分析和实证研究来验证大数据在不同领域中的应用效果和影响。本书主要包括大数据与创新行为的实证研究、大数据与社会治理的实证研究、大数据与企业绩效的实证研究、大数据与创新创业的实证研究。

1. 大数据与创新行为的实证研究

金芳等（2021）基于 2010—2017 年中国 30 个省份[①]的面板数据，研究大数据对我国绿色技术创新的影响效应。结果表明：大数据不仅可以直接推动绿色技术创新，还可以通过促进金融产业集聚间接推动绿色技术创新；大数据对绿色技术创新的推动效应在中西部地区、环境规制力度较弱、信息基础设施水平一般的省份表现得更为明显。艾永芳和孔涛（2021）研究指出区域大数据发展可以促进企业绿色创新。张海丽等（2023）探究大数据驱动创新过程通过产品创新度影响创新绩效的路径与机理，收集 594 个中国、475 个美国和 507 个英国数字创新项目，采用多元回归、层次回归与"pick-a-point"方法，实证分析大数据驱动创新过程对产品创新度的倒"U"形影响，检验大数据驱动运营对产品创新度与绩效关系的调节作用。研究结果表明：在中国，大数据

---

① 限于数据的可获得性，本书不包含中国的西藏、台湾、香港和澳门的众创空间数据。

驱动商业分析、产品设计与商业化对产品创新度产生倒"U"形影响，即双元驱动商业分析、产品设计与商业化最能提升产品创新度。调节检验结果表明：随经验驱动运营向大数据驱动运营转变，产品创新度对创新绩效由"U"形影响变为正向影；当产品创新度很低或很高时，大数据驱动运营抑制产品创新度对创新绩效的积极影响，而当产品创新度处于中间水平时，大数据驱动运营促进产品创新度对创新绩效的积极影响。孙洁和李杰（2022）基于 2007—2020年沪深 A 股上市公司数据，借助"爬虫"技术收集企业年报中的关键词——"大数据"，实证检验大数据应用对企业创新效率的影响及其作用机制。研究发现：企业大数据应用显著提高了企业创新效率，机制分析表明，大数据应用能够降低企业面临的融资约束从而提升企业的创新效率。陈蕊和王宏伟（2024）基于 2012—2021 年 A 股上市制造业企业数据，探究了大数据发展对企业创新能力的影响及中介机制。研究结果表明：大数据发展显著促进了企业创新能力提升。机制分析表明，大数据发展通过缓解企业融资约束、优化人力资本结构和提升管理效率三种途径提高企业创新能力。宋默西等（2023）基于动态能力理论，深入探究了大数据能力对农业科技企业创新的影响机制，以双元组织学习为中介变量，以市场导向为调节变量，建立了可调节的中介模型。基于 181 家农业科技企业样本的研究结果表明：大数据能力对企业创新具有显著正向影响；探索式学习和利用式学习在大数据能力和企业创新间均具有正向中介作用；市场导向增强了利用式学习在大数据能力与企业创新之间的中介作用，并对探索式学习在大数据能力与企业创新之间的中介作用未发挥显著的调节作用。董海林和陈菊红（2023）基于知识动态能力理论与组织信息处理理论，利用 423 家制造企业问卷调研数据，采用层次回归分析法和 Bootstrap 法探究了大数据分析能力驱动制造企业服务创新的内在机制。研究表明：大数据分析能力显著促进了知识获取能力、知识共享能力与服务创新绩效的提升，且在高度环境不确定性下，其促进作用更加显著；由知识获取能力和知识共享能力构成的知识动态能力显著促进了服务创新绩效的提升，且在大数据分析能力与服务创新绩效之间起到部分中介作用；在大数据分析能力对服务创新的双元路径中知识共享能力为较优路径。刘龙均等（2024）从资源编排这一理论视角出发，深入剖析了大数据能力对企业创新的影响机制与边界条件，并基于全国范围内 173 家企业数据分析发现：大数据采纳、大数据常规化和大数据同化对企业创新具有积极影响；大数据采纳、大数据常规化和大数据同化分别通过资源整合与内部创业对企业创新产生积极影响；资源整合、内部创业在大数据能力三维度（大数据采纳、大数据常规化和大数据同化）与企业创新间发挥链式中介作用；以赋权为中心的人力资源管理在资源整合与内部创业间发挥正向调节作用。任英华等（2023）指出，大数据发展显著促进了企业绿色技术创新。异质性检验表明：大数据发展对企业绿色技术创新的促进作用在大规模企业、国有企业和地方政府等数据开放水平高的企业中更为显著。机制检验表明：大数据发展可以通过提高地区环境规制强度、缓解企业融资约束和提升企业人力资本水平三种渠道促进企业绿色技术创新。调节效应检验表明：知识产权保护在大数据发展与企业绿色技术创新之间发挥了显著的正向调节作用。孙新波等（2023）基于数据驱动的理论视角，选取海尔食联网作为研究对象，采用"数据驱动—动态能力提升—数字商业模式创新"的动态逻辑框架，运用扎根理论系统阐释了数字商业模式创新过程机理。研究发现：数字商业模式创新的实现有赖于组织数据资源的充分利用，数据驱动是数字商业模式创新实现的重要动因。

2. 大数据与社会治理的实证研究

王芳等（2020）开展了基于大数据应用的政府治理效能评价指标体系构建研究，通过理论分析、文献分析、案例研究、焦点小组访谈等方法，对相关指标进行识别、发展、比较和归纳，构建了包含 4 个一级指标、19 个二级指标和 38 个三级指标的"基于大数据应用的政府治理效能评价指标体系"，然后采用专家调查法和层次分析法（AHP）确定了指标权重。邬彬和肖汉宇（2020）以 H 省开展的"互联网+监督"大数据应用作为典型个案，通过深度访谈和田野调查发现，大数据应用能够有效地提升基层政府的反腐败效果，大数据应用主要通过公开透明及规则建设两个机制影响腐败治理。胡水星等（2022）以文献分析得出的高校治理体系构建框槛为出发点，以相关政策文件意涵与专家建议为立足点，从数字化基础设施、大数据治理平台、治理体系保障、教育大数据安全、师生体验反馈 5 个维度集成提取出 17 个关键要素，依据决策实验室分析（DEMATEL）法得出各要素的中心度、原因度与作用关系，依据解释结构模型（ISM）法建立要素递阶层次结构。王莉和薛飞（2023）研究了大气污染的大数据治理效应测度发现："生态环境大数据建设试点"政策实施显著降低试点城市空气质量指数（AQI）和细颗粒物（$PM_{2.5}$）、可吸入颗粒物（PM_{10}）、臭氧（O_3）等污染物排放浓度，稳健性检验支持该结论。另外通过异质性分析发现：东部地区城市的大数据治理效应更为显著，中部地区的AQI和$PM_{2.5}$抑制效应大于东部地区，中西部地区对PM_{10}浓度和O_3浓度的抑制效应不明显；同时非资源型城市的治理效应强于资源型城市，治理需加大差异化应对。机制分析反映，大数据治理试点政策显著提高当地政府的科学决策和监管能力，但公众参与效应相对有限。佟泽华等（2023）运用扎根理论，分析了不同领域人员对科研大数据的使用需求，构建了原生、伴生、次生影响因素框架模型，并对其影响因素进行了关联性分析，研究发现科研大数据生态治理受原生数据、伴生环境、次生资源等因素的影响。刘昭阁等（2023）提出了基于案例源证据推理的城市安全大数据治理能力成熟度评价方法。刘芮伶（2023）研究了大数据如何影响政府治理能力，指出有效汇集政府不同治理领域和治理业务的数据信息，能为政府科学决策、防范外部风险奠定重要的数据基础，带来政务服务的深刻变革和治理能力的进一步提升，并依托价值重塑机制、组织重构机制、数字驱动机制推动政府治理变革，实现政府治理数字化转型。

3. 大数据与企业绩效的实证研究

李向阳（2021）以60家已经运用大数据技术的上市公司为研究对象，实证分析大数据技术的运用与企业绩效之间的关系。研究显示：在大数据技术运用的初期（1年内），上市公司的库存周转率以及销售净利率都出现了一定的下降，但是在大数据技术实施超过1年之后，这两个指标出现了显著的增长；上市公司的总资产周转率在大数据技术实施当年和1年之后也出现了下降，实施2年后出现了增长，但是增长幅度较小；上市公司总资产回报率在大数据技术实施2年之内没有明显地提升；总资产周转率和总资产回报率没有出现显著增长是由于大数据技术运用的高成本对上市公司企业利润存在一定的冲抵效应。康良国和吴超（2021）研究大数据驱动的企业智慧安全绩效管理模型构建，从基础设施、数据采集、数据分析、信息服务四个方面构建了企业智慧安全绩效管理模型，并分别解析了智慧安全绩效管理基础设施子模型、智慧安全绩效数据采集子模型、智慧安全绩效数据分析子模型、智慧安全绩效信息服务子模型的内容。刘念等（2021）基于层级回归分析和Bootstrap方法的实证结果表明，大数据分析能力不仅正向影响制造企业服务创新绩效，也正向影响资源拼凑与组织敏捷性；资源拼凑与组织敏捷性均有助于制造企业服务创新绩效的提升；资源拼凑与组织敏捷性在大数据分析能力和制造企业服务创新绩效的关系中起部分中介作用，且为链式中介。冯文娜和马佳琪（2022）使用 321 份制造企业问卷调查数据，在以结构方程模型检验包含大数据分析技术能力、管理能力和人才能力在内的大数据分析能力对制造企业服务化财务绩效与非财务绩效影响的基础上，进一步验证 IT 与业务战略匹配在此影响过程中的调节作用。研究发现：制造企业服务化财务绩效与非财务绩效均随着大数据分析技术能力、管理能力和人才能力的提高而提高；随着 IT 与业务战略匹配程度的加深，大数据分析能力与制造企业服务化绩效间的正向关系被加强；大数据分析能力对制造企业服务化绩效的直接作用及 IT 与业务战略匹配的调节作用不受制造企业 IT 投资优先权与 IT 角色定位的影响。冯檬莹等（2023）通过对 315 份制造企业的有效样本数据进行结构方程实证分析发现：大数据资源整合能力与应用能力对供应链协同创新的突破式创新和渐进式创新两个维度都有显著正向影响，但大数据深度分析能力对供应链协同创新的两个维度都没有显著影响；供应链协同视角下的突破式创新和渐进式创新都对企业运营绩效有正向影响；大数据能力通过供应链协同创新的两个维度间接影响企业运营绩效。其中，渐进式创新在大数据能力各维度与企业运营绩效之间起中介作用，但突破式创新并没有中介作用。陈泽文和许秀梅（2023）以山东省 209 家中小企业的问卷调查数据为样本，探讨了环境动态性背景下，内部大数据能力对中小企业商业模式创新及绩效的影响。结果显示：中小企业大数据资源获取能力、分析整合能力、应用能力均有利于绩效的提升；商业模式创新发挥了部分中介作用，但在大数据资源获取能力与企业绩效的关系中中介作用不显著。马鸿佳和王亚婧（2024）运用 Mplus8.0 软件通过结构方程模型方法（SEM），以 427 家制造企业为样本，结合动态能力理论和组织惯例理论，对制造企业大数据资源、数字动态能力、组织惯例更新与数字化转型绩效之间的影响展开研究。实证结果表明：大数据资源、数字动态能力的三个子维度（数字感知能力、数字利用能力和数字重构能力）以及组织惯例更新都正向影响数字化转型绩效；数字利用能力、数字重构能力和组织惯例更新分别对大数据资源与数字化转型绩效关系具有中介效应；数字动态能力和组织惯例更新对大数据资源与数字化转型绩效关系具有链式中介效应。

4. 大数据与创新创业的实证研究

目前，关于大数据与众创空间的相关研究几乎没有，主要是聚焦于大数据（数字技术）与创业的关系研究，数字创业是一个典型的跨学科现象（Zaheer 等，2019）。数字创业作为一个学术术语却是首先出现在信息系统领域（Davidson 和 Vaast，2010）。近年来，数字创业研究的吸引力快速攀升，信息系统、创业创新、战略管理等不同领域的学者纷纷加入数字创业研究中来（Wasserman，2003；Gregorio 等，2005；Nambisan，2017；Srinivasan 和 Venkatraman，2018）。数字技术与创业的关系研究具体体现在以下三个方面：一是数字技术与创业者的关系。创业者利用数字组件、平台和基础设施，有利于其生存、竞争优势的获取和绩效的提高。平台型企业通过提供共享的数字技术，能够降低创业者的进入障碍和市场扩张成本（薛小荣，2020；Autio，2017）。社交媒体的存在促使创业者通过在线的方式加强与合作伙伴之间的联系，有利于可靠信息的获取，提升企业竞争优势。二是数字技术与初创企业的关系。袁勇志等（2023）基于动态能力理论与知识基础观，将知识耦合引入大数据能力与新创企业创业绩效关系框架，构建以互补性知识耦合、替代性知识耦合为中介的研究模型，并基于212家新创企业调查数据进行实证检验。结果表明：大数据能力对知识耦合与新创企业创业绩效具有正向影响，大数据能力通过知识耦合影响新创企业创业绩效；互补性知识耦合与创业生存绩效呈倒"U"形关系，替代性知识耦合与创业成长绩效具有正相关关系；IT-业务战略匹配正向调节大数据能力与知识耦合的关系。初创企业可以利用大数据技术分析大量数据来探索未知领域，有助于其识别新机会。数字技术的开放性实现了众多数据的可视化，增强了创业企业之间信息的透明度。数字技术的开放性和关联性能够降低协调创业企业内部不同活动的成本，促使企业竞争优势的获取。三是数字技术与创业生态系统的关系。利用数字组件、平台和基础设施，构建和发展创业生态系统（Huang，2017）。另外，还提出了"平台赋能"的概念：指以价值共创为中介向互联网平台上的企业赋能。综上可知，数字技术与创业活动关系的研究尚处于探索阶段，部分学者已认识到数字技术对创业活动有重要作用，但忽略了数字技术如何作用于创业活动。仅有少数文献分析数字技术与创业活动的复杂关系，且主要从创业项目或资源单一视角、创业者单一层面出发，缺乏一体化和跨层面视角。

二、众创空间的评价研究

1. 众创空间的效率评价研究

李洪波和史欢（2019）综合基本 C2R 模型及超效率 DEA 模型，对国内 30 个省份①众创空间的运行效率进行评价，并对 DEA 无效的区域众创空间投入冗余和产出不足进行分析。结果表明：国内众创空间运行整体处于规模报酬递减的阶段，资源利用率低制约了众创空间的规模效益；各地区众创空间均存在显著的创业教育培训投入冗余的问题，对个性化的培训服务重视不足；东部地区和西部地区众创空间就业承载力不够，中部地区和东北部地区众创空间创业集聚能力较弱。罗嘉文和陈晓雪（2020）结合技术创新发展的自身特点，立足调研数据，通过对众创空间主体、客体及环境等要素的梳理，着重挑选与分析和众创空间功能发挥息息相关的预期、网络、学习、市场培育与市场保护因素，运用德尔菲法确定各项指标权重，应用多层次模糊综合评定法阶梯式递进评价，构建完善"投入—产出"三形态两阶段模型，并以广东省众创空间为实例验证众创空间管理评价体系。林鹏和李丽红等（2020）基于 2018 年辽宁省 213 家国家级/省级众创空间年度统计数据，从基础能力、服务能力、集聚能力、孵化绩效四个方面构建众创空间发展水平成熟度评价指标体系。李荣和王彦铭（2020）通过两阶段共同边界的 DEA 方法，测度中国省域众创空间服务效率。研究结果表明：①第一阶段中间服务产出的主导因素为纯技术效率，第二阶段最终服务转化的主导因素为规模效率；第二阶段省域各项效率均值均低于第一阶段。②通过三阶段 DEA 模型测度，调整后省域众创空间服务的技术效率和纯技术效率上升、规模效率下降，纯技术效率优势明显。③增加外商投资企业数量有助于提高众创空间服务效率；留学归国创业人数和众创空间数量对众创空间服务投入形成替代。④众创空间服务效率沿东部、中部、东北部、西部依次递减，四大板块区域差异显著。许亚楠等（2020）运用了数据包络分析的 BCC 模型和马姆奎斯特指数模型对中国 2016—2017 年 31 个省份众创空间的运营效率进行测算，发现中国众创空间整体运营效率良好，但在众创

---

① 限于数据的可获得性，本书不包含中国的西藏、台湾、香港和澳门的众创空间数据。

空间的实际运营中仍存在资源浪费或配置不合理等问题造成部分地区众创空间效率低下，进一步研究发现产业集聚以及小的众创空间规模可以有效促进众创空间效率提升。陈章旺和黄惠燕（2020）利用因子分析法得出提取运营能力、盈利能力、企业发展能力、政府支持力度4个主因子，对我国29个区域众创空间绩效进行评价。娄淑珍等（2019）通过构建涵盖要素供给、需求集聚和平台化匹配的众创空间竞争力三维度评价模型（SDM），开展了众创空间评价。张丹宁（2017）对沈阳市众创空间的运营效率进行了分析并提供了特色发展路径的建议。Aerts等（2006）将入驻在众创空间的企业生存率作为评估绩效的唯一评价指标，并认为企业可以更好地生存是众创空间的唯一目标。Vanderstraeten和Matthyssens（2012）从被孵化企业毕业后情况、众创空间的经济状况、吸引力、被孵化企业的满意度、内部支持情况、外部宏观情况、商业的创新化、金融结构8个指标来制定众创空间的评估体系。李燕萍和李洋（2020）运用扎根理论方法，提炼了众创空间发展的评价结构维度及其作用模型。张静进和陈光华（2019）采用三阶段DEA模型测度了2017年我国28个省份众创空间的创新创业效率。刘筱寒等（2020）采用三阶段DEA模型测度了2017年我国30个省份众创空间的创新创业效率。李翚等（2023）首先构建两阶段混联网络DEA方法准确测度我国30个省份的众创空间创新创业效率，其次利用共同前沿理论从技术前沿无效和管理无效两个层面定位效率损失根源。李鑫和陈银娥（2023）基于技术创新和区域经济理论，依据众创空间2017—2019年数据，运用三阶段超效率SBM-DEA动态模型，结合ML指数、Dagum系数和Moran's I指数，考量我国众创空间科技创新效率的时空差异和空间分布。

2. 众创空间的效果评价研究

徐示波（2020）以我国众创空间政策为研究对象，建立众创空间政策供给—需求分析评估模型，采取政策工具量化分析手段研究政策工具供给结构的有效性；并以6959家众创空间统计数据为基础，运用SPSS层次回归模型，从价值发现、企业初创、成长创造、财务绩效四个方面对众创空间政策效果进行实证分析。研究发现：我国众创空间政策工具供给的覆盖面较广，但政府介入力度较强的政策工具偏多，部分有效的政策工具使用不足；自由放任型、部分参与型、策略引导型和政府主导型四类政策工具对价值发现、企业初创、成长创造和财务绩效发挥不同的作用效果，有些政策工具甚至产生抑制作用。姚登宝和秦国汀（2020）以安徽省为例，深入解析众创空间发展及其金融支持的现状及问题，基于模糊综合评价法、改进型层次分析法和熵权法等方法，从金融支持结构、金融支持效果和金融支持环境三个维度构建金融支持众创空间发展的评价指标体系。结果表明：安徽省金融支持众创空间发展的能力总体上处于"较好"等级，金融支持结构和金融支持环境处于"较好"等级，而金融支持效果处于"一般"等级。

三、众创空间的发展路径研究

赖晓南（2015）在综合分析全国各地众创空间建设实践的基础上，认为众创空间发展模式一般划分为七大类，分别是专业服务型、活动聚集型、投资拉动型、媒体主导型、地产思维型、培训辅导型及垂直产业型。黄世芳（2016）通过对欠发达地区的众创空间进行分析研究，认为欠发达地区在发展众创空间方面有着明显的后发优势，关键在于如何少走弯路，从发达地区众创空间发展道路中学到宝贵经验。严旭（2016）总结了影响众创空间发展的几大制约因素，并提出了促进众创空间发展策略，他认为当政府向众创空间提供公共产品时，将为众创空间提供良好的市场氛围和生态文化。卓晓宁（2015）通过对苏北地区的盐城等五个城市的"众创空间"进行深入研究分析，得出它们未来的发展战略路径。徐先航（2016）在研究分析重庆微托帮·众创空间发展及运营实践的基础上，总结出五大众创空间的发展策略。王迷迷（2016）指出，不同的众创空间应根据自身拥有的优势，挑选出适合自我发展的运营和盈利路径，并相应地提出最适宜的发展策略。柯利佳（2016）基于知识产权视角对众创空间的发展策略展开了研究，认为众创空间的知识创造离不开大数据的巨大贡献。许汝俊（2016）提出政府在众创空间的发展过程中发挥着基础性作用，相关的政策扶持对众创空间的良好发展产生直接影响。王圣丹（2017）从经营主体出发，将我国高校众创空间分为"高校主导型""校企协同型""企业主导型"三种发展模式，并积极探索高校众创空间的运营机制。周素红（2016）认为，众创空间的主要运行单位分为投资单位、运营单位、使用单位和生产辅助单位四类，它们之间相互作用形成众创空间的主要发展模式。每种发展模式都具备其独有的特点、资源和运作的基本规律，需要深入研究不同模式下众创空间的运行机制，结合不同模式的特点，走符合自身发展的特色化道路。董弘毅（2016）指出，随着移动智能终端的越发成熟与5G时代的来临，实体性质的众创空间的发展模式在不久的将来必然会消失在历史发展的洪流中，从物理空间向虚拟空间转变将是众创空间发展的趋势。但在相当长的一段时间内，实体性质的众创空间还会处于成长的上升期，它在凝聚社会整体研发资源，提高万众创新创业的活力，增强国家创新能力，在不断推进我国创新创业体系完善方面将会持续发挥巨大作用。顾飘（2019）从内外协同促进、全过程创新、全生命周期管理等方面着力探索推动众创空间"迭代升级"和构建创业之城。陈通等（2020）从生态位的理论视角构建了龙头骨干企业建设专业化众创空间的生态系统结构模型，并以陕西煤业化工集团双创中心为例，分析专业化众创空间的建设策略。杜宝贵和王欣（2020）运用模糊集定性比较分析（fsQCA）方法从众创空间内部（人才、资金、行为）和外部（经济、政策、技术、市场）两个维度出发，研究发现所有影响因素都不能单独作为众创空间创新发展的必要条件，需要通过排列组合发挥效应，并将众创空间创新发展的路径分为内部驱动型（依靠内部资源和行为活动）、外部驱动型（依靠良好的外部环境为基础）、内外驱动型（同时具备优越的内外部环境）和资源驱动型（外部环境处于劣势，只能依靠人力资源和资金投入）。卫武和黄苗苗（2020）借鉴商业模式画布分析的思想，通过选取基本构造块描述并定义不同类型众创空间的商业模式。卫武和赵璇（2021）基于商业模式画布分析方法，通过九个基本构造块描述并定义不同类型众创空间的商业模式。运用该模型，选取四个不同创建主体的众创空间，对其商业模式进行系统分析，并定义了二类商业模式。研究表明：依托政府和企业的众创空间更加追求效率，属于效率维护型商业模式；依托个人的众创空间更加追求价值，属于价值创造型商业模式；依托高校的众创空间，在效率和价值方面的追求都不显著，属于中庸型商业模式。薛俊义和战熠磊（2021）以加快构建双循环新发展格局为契机，瞄准众创空间高质量可持续发展的关键环节，加强机制创新，适时优化运营策略，着力培育成熟的创新创业文化氛围，推动众创空间高质量可持续发展。张育广等（2021）引入平台理论明晰高校众创空间的平台定位及其发展策略（"搭建平台基础架构—激发网络协同效应—构建平台生态系统"）三个阶段演进逻辑，通过多维结构性嵌入机制、多路径交互界面设计和多元主体联动的协同治理机制等不同阶段的关键路径优化，探索构建与产业深度融合的高校众创空间平台生态系统。王亚煦等（2021）从政策扶持、基础服务、创业服务、资源集聚、服务成效五个方面入手，构建了高校众创空间创新孵化能力评价指标体系，利用科技部2019年公布的长三角、珠三角、京津冀地区72家国家备案高校众创空间的相关数据，运用模糊层次分析法进行实证测度。结果表明：长三角地区国家备案高校众创空间的创孵能力最强，其次为京津冀地区，最后为珠三角地区；各区域之间高校众创空间发展水平差异较大，且区域内各城市高校众创空间发展亦不均衡，其中北京高校众创空间的数量最多、创孵能力也最强。李恺仑和王兴平（2022）依托不同空间载体，将众创空间分为园区依托型、城区依托型和校区依托型三种类型。园区依托型众创空间作为一种特殊类型，表现出不同于一般众创空间的发展特征。在解析其内涵的基础上，以苏州工业园区金鸡湖创业长廊为例，从空间分布、业态功能和服务体系三个维度分析其发展特征。研究表明：园区依托型众创空间的核心特征是与园区企业密切联系、与园区空间环境深度互动、与园区产业相辅相成，其发展模式在一定程度上促进了众创空间与产业园区合作共赢，但同时存在政策依赖性大、专业化优势逐渐缩小等问题。基于此，提出保持与企业的密切互动、用好政府共享技术平台及融入城市创新网络的园区依托型众创空间规划策略。陈卓武（2023）研究系统思维视域下高校众创空间体验式创新创业人才培养，指出从体验式创新创业人才培养的教学环境、教育理论、教学模式、课程设置等方面总结建设经验，提出高校众创空间要全方位地从系统性、整体性、动态性、层次性和多样性思考，探索高校众创空间体验式创新创业人才培养的路径。

在众创空间的发展路径研究中，还需要引入教育体系，尝试从高校教育视角切入探讨众创空间。付志勇（2015）基于创客模式的实践教育，从参与模式、学习内容、师生互动及学习环境等层面为大学创新人才培养提供了新的思路。众创空间作为承载创客实践的平台，其核心要素包括合作社群、创意实践、开放资源和协作空间——合作社群是参与式创新的基础，创意实践则包含课程、工作坊及各类交流与比赛，开放资源包括开源设备、工具和方法，协作空间以灵活多变的空间支持参与式的创新。四个核心要素相互支撑，形成了有机的生态系统。李瑞军和吴松（2015）指出：高校应当结合"众创空间"建设，在传统创业教育的基础上，建设适应"众创空间"的师资队伍和教育机制，充分整合资源，将创业教育融入校内外的"众创空间"建设之中，有效拓展创业教育的深度和广度，提高大学生综合素质，促进国家经济发展。王占仁等（2016）基于全国6个城市25个众创空间的实地走访调查，指出众创空间是充分运用互联网和开源技术，通过市场化机制、专业化服务和资本化途径构建的低成本、便利化、全要素、开放式的新型创新创业服务平台，发展众创空间反映出当前我国经济新模式、新业态不断涌现的新局面，为全民创新创业提供了良好的平台与环境，众创空间创新创业教育是高校创新创业教育的重要阵地和有力补充。张卫国和宣星宇（2016）研究了基于社会交换理论的高校创业教育与众创空间联动发展，根据布劳的社会交换理论，指出高校创业教育与众创空间联动发展是指高校与众创空间通过社会交换，取得预期报酬，建立资源互补、互惠合作战略关系的过程。联动发展主要涉及发展规划联动、资源利用联动、教育培养联动三个方面，实现主导互惠、主体互惠、目标互惠三层面互惠。促进联动发展的措施主要包括：明确联动发展方式，建立制度规范；加强双方协商，实现资源共享；完善人才培养制度，改革创业教育教学方式。李琳琳（2019）引入手作众创空间项目实例，开展创新创业教育实践与探索。研究发现：立足于产教结合理念，以利用空置商业资源为切入点，在论证阶段不断优化方案，最终推动优化方案得以成功实施。

四、众创空间的运行机制研究

众创空间运行机制是指运行主体间内在逻辑关系和运作方式。众创空间应建立高效有序的运行机制来规范其运营管理，指导创业服务的开展。近年来在众创空间运行机制的研究中，学术界主要从众创空间的价值共创机制、资源聚合机制等方面展开，而对在大数据背景下众创空间的运行机制研究不够全面和深入，仍有进一步完善。

在众创空间的价值共创机制方面，胡海波等（2020）基于平台的交易属性和创新属性两个维度划分，认为服务型众创空间的参与主体为运营主体和入驻企业，运营主体为入驻企业提供服务，两者呈现二元单向服务的关系，属于单向被动式价值共创；合作型众创空间的参与主体为运营主体和入驻企业，入驻企业与入驻企业之间还相互合作，两大主体呈现二元双向合作的关系，属于双向互动式价值共创；混合型众创空间的参与主体为运营主体、入驻企业和用户，三大主体呈现多元生态共享的关系，属于共享协同式价值共创。段文奇等

（2021）通过构建众创空间生态系统两主体 Lotka-Volterra 动态演化模型，并运用数值仿真揭示当前国内众创空间内部主体间的主流共生模式以及构筑基准理论和模型，然后拓展该基准模型至引入成熟企业的三主体共生演化模型以打破主流两主体共生模式的局限，讨论成熟企业的入驻对众创空间共生主体、主体关系和演化模式的影响。仿真结果表明：①初创企业、配套资源组织及成熟企业等共生单元在众创空间生态系统内外部共生环境中通过达成不同共生模式以推动整个系统实现演化发展，演化的均衡结果由主体间的共生系数取值决定；②目前众创空间生态系统共生环境下的两主体共生模式由于资源和规模限制其发展能力，导致难以实现真正意义上的互惠共生，成熟企业的入驻在系统内部发挥着资源保障和发展引擎的作用；③三主体互惠共生是系统演化的最佳目标导向。史欢和李洪波（2022）基于共生理论构建了以创业企业、利益相关者和政府为主体的众创空间创业生态系统三方共生行为策略演化博弈模型，并通过数值模拟分析探究了各主体不同行为策略的影响因素及演化路径。研究结果表明：创业企业、利益相关者及政府选择合作的初始意愿对彼此行为的影响程度有所差异；相较于利益相关者，创业企业对政府的补贴政策和惩罚力度更为敏感；制定合理的收益分配机制能够促进系统向互利共生方向演化。赵观兵和刘宇涵（2023）基于价值共创理论，以中国内地 30 个省域众创空间为研究案例，采用 fsQCA 方法对众创空间内多主体投入要素驱动价值共创实现路径进行探究。结果发现：①众创空间价值共创实现路径体现为第三方服务支持主体主导型、以众创空间服务为主的技术支持型和全要素集聚型三种路径，其中全要素集聚型是最优实现路径；②众创空间硬服务是价值共创的关键投入要素，政府部门、创投机构、科研机构等第三方服务支持主体投入要素是价值共创的重要保障；③众创空间内多主体价值共创与非价值共创之间存在因果非对称性关系。

　　在众创空间的资源聚合机制方面，刘芹良和解学芳（2018）认为众创空间成长的资源聚合机理是开放协同，在形式上具有界限模糊、开放共享的特点，打破了众创空间的组织边界，加强了资源要素之间的联系，提高了创业资源的流动性，为众创空间的资源聚合提供了条件，而资源聚合下各创新创业要素有被编制到共同的关系网上，通过线上聚合、线下交流的形式实现资源的对接，形成类似生态系统中的"拟态聚合"体系。尹国俊和蒋璐闻（2021）从众创空间创新创业资源产权共享出发，通过分析资源产权进入系统、资源产权交易系统和资源产权保障系统,深度挖掘众创空间资源聚合的影响因素,并采取定性比较分析(QCA)研究方法对影响因素进行实证分析,发现资源的互补性驱使创新创业资源聚集,产权共享的综合生态模式更有利于资源的集聚与合作。

另外,还有从基于众包的资源组织机制、众扶的能力提升机制、众创的产品价值创造机制、众筹的风险控制机制四个方面构建"四众"融合模式的运行机制;基于价值链的众创空间生态系统运行机制,包括前向价值链对应的信用保障机制、基础价值链对应的组织协调机制、核心价值链对应的价值创造机制、后向价值链对应的互动反馈机制;探讨资源汇聚与整合机制、价值共创机制等共同构成核心企业主导型众创空间的运行机制;基于区域创业生态系统视角提出众创空间运行机制。

在大数据背景下众创空间的运行机制方面,陈珊珊和陈玉梅(2018)认为各级政府掌握着全社会信息资源的80%,能为社会提供丰富的创新创业资源,而开源政务数据资源,通过个人、企业、组织的创新利用,可以形成大数据"产业链"和新的商业模式,能够极大地助力中国众创空间的发展。储节旺和刘秉玉(2019)认为,在多元共生、变化快速的时代背景下,高校图书馆加快了自动化、数字化、网络化建设进程,拥有多种现代化服务手段,高校图书馆构建集智能导航、智能管理、智能服务为一体的技术应用,包括智慧发现、智库服务、智能参考服务,能够更好地对创客的信息需求、使用行为、科研需要和偏好进行分析,延伸高校图书馆个性化服务的广度和深度,能为创客提供精准化服务,有利于为不同的创客解决问题,提高我国众创空间的质量。娄淑珍等(2019)认为,众创空间借助互联网信息技术、开放服务界面实现创业要素在创业者和服务商之间的直接匹配,大量服务由外部主体提供,实现由传统孵化器的"一对一"服务转换为众创空间情境下的平台化匹配。

在其他机制研究方面。张鸣哲等(2019)以协同理论为基础,基于杭州市的实证分析,针对产业创新的集聚特性,分析城市众创空间中个体相互协同运作过程,以及不同主体的目标、需求及空间偏好,进而得出众创空间集群形成的机制。张卓和魏杉汀(2020)基于双网络视角,对知识网络与合作网络进行解耦,探索众创空间运营机制与创业企业合作策略对网络创新绩效的影响,利用数理建模和仿真方法模拟众创空间知识网络与合作网络的动态演化结构以及两种网络间的交互作用,为提升众创空间运营效率提出改进建议。结果表明：企业合作关系断链重连概率对合作创新绩效有较大影响，这一概率存在相对合理区间；知识网络与合作网络结构在双网络结构机制下有较大差异，并且在动态演化过程中存在交互作用。崔祥民等（2021）以江苏省 383 家众创空间为样本，应用组态思维和 QCA 研究方法整合资源与服务两个层面的六个条件，探讨形成众创空间创客集聚差异的多重并发和复杂机理。结果发现：①众创空间高创客集聚存在服务主导型、场地—创客教育主导型、全要素型三个组态，其中，服务主导型、场地—创客教育主导型能深层次、强有力地影响众创空间高创客集聚；②众创空间非高创客集聚存在单纯地产式、单纯线下投资促进、单纯线上投资促进三种组态，且对众创空间非高创客集聚的影响基本相当；③资金资源不充足、场地资源不充足与人员服务不充足在解释非高创客集聚时具有替代作用。郑建存等（2022）基于创新生态系统治理视角，结合 fsQ-CA 与必要条件分析方法，利用浙江省 63 家众创空间数据，探索众创空间的合理机制设计方案。结果表明：众创空间创新功能的发挥是多种运行机制协同作用的结果，其中平台服务功能、资源汇集通道、正式联结关系、成果共享文化是不可或缺的机制支撑；在此基础上，屏蔽外部资源提供者的干预行为和构建包容试错的文化氛围是两种能有效促进众创空间创新功能发挥的机制模式。赵笑雨等（2022）遵循多案例分析要求和扎根理论研究规范，对美国、日本等国际知名高校，以及清华大学、浙江大学、温州大学等国内代表性高校的众创空间生态系统进行数据编码，通过分析系统主体、组成部分、关键因素及其相互关系，最终归纳得出具有普适性的高校众创空间生态系统模型，并针对其关键要素给出优化我国高校众创空间创业生态的具体建议。倪慧和卫武（2023）基于注意力基础观的理论视角，运用扎根理论的方法，探索众创空间战略行动及竞争优势的生成机制，核心框架为"关注—解释—行动"。研究发现：①不同职能背景的众创空间管理者对于环境的选择性关注会促成管理者创业环境型注意导向和行业技术型注意导向两种注意导向；②两种注意导向通过对应的跨层行动构建过程来影响众创空间组织战略行动；③平台型组织战略促进众创空间产生资源整合能力和网络广度优势，专业化组织战略促进众创空间形成资源延伸能力和网络深度优势。

综上所述，运行机制是一个系统内部各个要素之间相互联系、相互作用的方式和过程。它描述了系统如何运作，以及各个组成部分如何相互影响和作用。对于众创空间来说，运行机制是指众创空间如何运营和管理，以实现其目标和功能的一系列规则和流程。通过运行机制，众创空间可以有效地整合各种资源，为创新创业者提供全方位的服务和支持。同时，这些机制也可以促进创新创业的发展，推动传统制造企业向智能制造企业转型，提高其创新能力和可持续发展能力。总之，运行机制是众创空间的重要组成部分，它决定了众创空间的运营效率和效果。本书的运行机制指的是实现大数据背景下众创空间发展的内在规律和路径。大数据背景下众创空间的运行机制包括数字技术的引入和应用、资源的共享和优化配置、创新创业的流程和支持等方面，这些方面相互促进、协同发展，推动众创空间的数字化转型和创新发展。

五、众创空间的实证研究

1. 基于创客绩效的众创空间实证研究

王兴元和朱强（2018）基于组织支持理论，提出众创空间支持构念，并将其分为众创空间创新氛围和众创空间项目运作支持两个维度；并且进一步研究众创空间支持对大学生创客团队创新绩效的影响，分析大学生创客团队创新能力与大学生创客团队效能感在以上关系中所起的中介作用和调节作用。田颖等（2018）基于智力资本"H—S—R"三维视角，采用单案例研究，以飞马旅空间 5i center 为例，从知识资源匹配，知识资源吸收、转移和交互，知识增值三阶段动态解读协同创新环境—智力资本—知识—创客绩效四重互动模式及其动态效应。韩莹（2020）基于创业拼凑理论和创新网络理论，构建了创业拼凑对新企业绩效影响的概念模型，利用 310 家众创空间中的初创企业为调研对象，通过问卷调查收集数据并进行实证研究。易全勇等（2021）从个体创造力与团队整体特性的理论视角出发，聚焦众创空间如何影响大学生创客团队创新绩效这一核心问题，探究了众创空间对大学生创客团队创新绩效的影响效果及作用路径与机制。研究发现：众创空间能够直接显著地影响团队创新绩效，还能通过成员创造力的中介路径和团队创造互动过程与团队凝聚力组成的链式中介路径影响团队创新绩效。卫武和赵璇（2021）从平台视角探讨了其平台开放度对在孵企业商业模式创新的影响，并加入了知识共享的中介作用和冗余资源的调节作用，研究结果表明：平台开放度对在孵企业商业模式创新有显著正向影响；知识共享在平台开放度与商业模式创新之间起完全中介作用；

冗余资源在平台的开放度对知识共享的影响中起着负向调节作用；冗余资源负向调节知识共享的中介效应，冗余资源较低时，平台开放度通过知识共享对商业模式创新的中介效应较强。朱强等（2022）研究了众创空间包容氛围对创客创造力的影响，以及创客适应感和创新效能感所起到的中介和链式中介作用。通过创客调研问卷进行实证分析，研究结果显示：众创空间包容氛围能够显著提升入驻创客的创造力；创客适应感和创新效能感均起到部分中介作用；创客适应感与创新效能感起到链式中介作用。韩莹和陈国宏（2022）基于问卷调查相关数据，研究众创空间的设计与服务，以及企业吸收能力和外部动态环境对其创新绩效的影响，研究发现：众创空间的空间设计直接影响企业的创新绩效，吸收能力较强的企业受到众创空间的影响更大，并且多变的外部环境能够激发企业更好地运用空间设计和空间服务提高自身创新绩效。陈武和李晓园（2022）采用问卷调查方式，使用 68 家众创空间的相关数据，研究众创空间平台组织竞争力对创业者参与度的影响，研究发现：众创空间平台组织竞争力是一个包含身份建构、文化亲近、价值主张、服务嵌入和资源承诺的二阶五因子结构，众创空间平台组织竞争力显著正向影响创业者参与度。范丽繁等（2023）基于社会网络嵌入理论与双元创新理论，构建并检验了众创空间孵育情境下双重网络关系嵌入、双元创新与新创企业成长的关系及内在作用机制。结果发现：商业性网络关系嵌入与支持性网络关系嵌入均积极促进众创空间新创企业成长，且后者的促进作用更强；利用性创新与探索性创新均能促进新创企业成长，且在商业性网络关系嵌入与支持性网络关系嵌入对新创企业成长的影响中起中介作用；值得注意的是，商业性网络关系嵌入更多地通过利用性创新中介影响新创企业成长，而支持性网络关系嵌入则更多地通过探索性创新中介影响新创企业成长。谷盟等（2023）基于协同理论，以 2016—2018 年我国 1078 家国家备案众创空间为样本，发现孵化经验宽度与深度均能促进企业创新绩效。进一步研究发现：政府补贴仅增强了孵化经验宽度对企业创新绩效的正向作用，而对孵化经验深度与企业创新绩效的调节作用不显著；行业协会支持削弱了孵化经验宽度与企业创新绩效的关系，却增强了孵化经验深度与企业创新绩效的关系。卫武和左焦杰（2023）基于网络嵌入理论与资源基础理论，引入知识整合与创业机会识别作为有因果的双中介变量，构建了在众创空间中网络嵌入（结构嵌入、关系嵌入、认知嵌入）对在孵企业创业绩效的影响机制模型，采用问卷调查法获得湖北省众创空间中 343 家在孵企业的有效样本数据进行实证检验。结果显示：在孵企业在众创空间中的网络嵌入对其创业绩效具有正向影响，创业机会识别在三个维度的网络嵌入与创业绩效之间均有显著的中介作用，知识整合只在关系嵌入、认知嵌入与创业绩效之间有显著的中介作用，知识整合与创业机会识别的链式中介作用在三个维度的网络嵌入与创业绩效之间均显著。

2. 众创空间分布的影响因素研究

李燕萍和李洋（2018）基于省域 2015 年、2016 年的数据，利用空间计量和逐步回归方法对国家级众创空间和科技企业孵化器的空间分布特征和影响因素进行了比较，发现两者的区位布局和集聚影响因素具有显著差异。科技企业孵化器目前的集聚效应显著，众创空间的空间相关性尚不明显；科技企业孵化器倾向分布于经济发展水平较高和创业投资较为活跃的地区，众创空间发展初期受政府支持的影响较为显著，随着发展，政府干预力量逐渐降低，地区经济发展水平和人才供给成为主要影响因素。滕堂伟等（2018）基于国家级众创空间认定分析长三角地区众创空间的发展阶段，运用最邻近指数法、核密度估计法刻画长三角地区众创空间的地理分布格局及其变动特征，运用地理探测器探究该地区众创空间地理格局的影响因素。研究显示：该地区众创空间的地理分布格局快速呈现出凝聚型特征；形成了以上海、杭州、南京为三核，以合肥都市圈、苏锡都市圈和宁波都市圈为集聚中心的空间格局；城市金融资本、开放程度、经济规模、信息化程度和创新活力五个因子影响作用最大，然后是城市科技创新投入、交通便捷度、政府支持力度、产业结构、科研实力、人口多样性、创业主体数量以及创新载体。杜凤娇等（2018）为有效识别影响众创空间外引内联的关键因素，首先分析众创空间外引内联模式的内涵和特征，并总结影响该模式的 12 个因素；其次采用决策实行与评价实验室方法（DEMA-TEL）对众创空间外引内联的关键因素进行识别，研究结果表明：政策法规、市场环境、融资平台和媒体宣传是关键影响因素。薛浩（2021）基于因子分析法测度了地区众创空间发展水平，研究结果表明：我国地区众创空间发展水平均呈现明显异质性分布特征。具体表现为：分布于众创空间发展水平高低两端的东西部地区较为稳定；中部地区众创空间发展水平呈较为稳定的上行趋势，与我国东部地区的福建、天津，西部地区的甘肃和东北地区的吉林、黑龙江众创空间发展水平较为稳定的下行态势并行；服务赋能因子、市场赋能因子、政策赋能因子及效益赋能因子这四个因子及其协同运作程度是导致我国地区众创空间发展水平呈现"东高西低、中部突起、局地放缓"态势的主要原因。朱韵涵和张亦凡（2023）以杭州市众创空间的空间分布为基础，采用空间句法、核密度估计法和多元线性回归等方法研究空间结构对众创空间的分布影响。结果表明：杭州市呈现多中心的空间结构特征，但各中心发展程度不一；众创空间显示出集群分布的特征，主城是核心区域，边缘区存在创新活动发展的腹地；不同尺度的空间结构对众创空间分布会产生不同影响程度的显著效应。

3. 众创空间绩效的影响因素研究

刘彦平和钮康（2020）基于空间杜宾模型分析中国城市众创空间绩效影响因素，研究结果表明：众创空间的人力投入、资本投入对众创空间绩效的直接影响、总影响均显著且方向为正，但技术水平的直接影响、间接影响和总影响均显著且方向为负。众创空间入驻企业的资本、人力、技术都对绩效有显著影响，但其中人力资本投入的间接影响和总影响为负。王海花等（2020）研究发现，入驻团队类型在创业环境对新创企业绩效的影响中起调节作用，其中大企业高管离职创业类型显著正向调节技术供给环境对新创企业资金绩效的正向影响；科技人员创业类型显著负向调节平台合作环境对新创企业资金绩效的正向影响；留学归国创业类型显著正向调节创业培训环境对新创企业资金绩效和创新绩效的正向影响；大学生创业类型显著负向调节金融支持环境对新创企业资金绩效和创新绩效的正向影响。

黄钟仪等（2020）应用 fsQCA 方法研究了众创空间创新产出影响因素的协同作用进而探索创新产出的孵育模式，研究发现：政府的政策补贴和知识产权保护的协同作用是创新产出的"政府推动型"孵化模式的策略组合，而众创空间的能力服务和经济服务的协同作用则是创新产出的"平台促进型"孵化模式策略组合。尹国俊和蒋璐闻（2021）从众创空间创新创业资源产权共享出发，通过分析资源产权进入系统、资源产权交易系统和资源产权保障系统，深度挖掘众创空间资源聚合的影响因素。并采取 QCA 研究方法对影响因素进行实证分析，归纳出众创空间资源聚合的六条实施路径。

宋宏和张璐（2018）研究发现：区域科技创新能力提高促进了众创空间创新绩效的提升。冯海红和曲婉（2019）考察了资本网络、市场网络等社会网络对众创空间创新创业模式的影响。黄钟仪等（2020）采用 fsQCA 方法探讨了众创空间创新产出的影响因素，发现政府补贴在一定程度上替代了众创空间的孵化服务。沈嫣等（2021）考察了浙江省财税支持政策对众创空间创新绩效的影响发现：财政补贴和税收减免显著提升了众创空间创新绩效。

李犟和吴和成（2022）利用 fsQCA 方法发现众创空间创新创业活动各阶段的效率均受到政府财政补贴、市场化水平、区域众创空间规模及创新创业运营成本这四个条件的协同影响，招商引资阶段依赖市场化水平的作用，创业团队孵化培育阶段依赖政府财政补贴和创新创业运营成本的协同作用，而企业孵化培育阶段依赖四个条件的协调作用，并将其归纳为"市场驱动型"和"政府驱动型"两类模式。Schwartz（2013）和 Barbero 等（2012）通过问卷调查取得的数据研究了众创空间对入驻其的初创企业的影响，以及众创空间效率评价的影响因素。

陈红喜等（2022）基于创业生态系统理论，运用 fsQCA 方法，以 30 个省份的众创空间为样本，探索了影响众创空间创新产出的创业生态系统组态特征。卫武等（2023）研究众创空间运营绩效影响因素的协同作用发现：作为践行创新发展的平台主体，众创空间的绩效水平受到外部环境、内部治理等因素的共同影响。王君华和张心懿（2023）以长江中下游各省份众创空间为研究对象，利用莫兰指数和面板空间杜宾模型探索了区际创新资源流动可行性与众创空间协同发展路径。李国才和曾刚（2023）以 2018—2021 年中国 31 个省级国家备案众创空间数据为基础，利用 BCC 模型、Malmquist 指数、基尼系数、莫兰指数和 Tobit 模型对其孵化效率、空间分布特征和影响因素进行分析。崔世娟等（2020）基于社会网络理论，运用聚焦组态效应的 QCA 研究方法，探讨了网络特征要素的组态效应对众创空间绩效产生的影响。沈嫣等（2021）构建了考虑时滞效应的 GMM-IV 模型，基于 2016—2018 年浙江省众创空间年报数据，考察了财税支持对众创空间创新绩效的实际影响及相关调节因素。研究发现：财政补贴与税收减免两类财税支持工具均能显著提升众创空间创新绩效，融资获取能增强财政补贴和税收减免的政策效果；高新技术服务同样显著调节这两类工具的政策效果；与国有企业相比，两类政策工具对民营企业的激励效果更好。范丽繁等（2022）引入国家备案作为调节变量，探讨资源投入、服务支持对众创空间运营绩效的影响，结果表明：众创空间的人力资源和财务资源投入显著提升运营绩效，而物质资源投入则产生显著负面影响；服务支持不仅显著正向影响运营绩效，还能比资源投入更有效驱动运营绩效提升；开展国际合作交流活动是提升孵化绩效最为关键的因素，帮助入驻团队和企业享受财政政策则是促进创新绩效提升的关键活动，而开展投融资服务是提升筹资绩效最有效的活动；国家备案对资源投入与运营绩效关系的调节存在"双刃剑"效应，但对服务支持与运营绩效的关系起正向调节作用。李永慧等（2022）以服务型众创空间这种新型孵化器为样本，实证检验了不同业务维度的战略差异对服务型众创空间绩效的影响，反映内外部孵化网络属性的孵化项目集中度和区域创新环境建设水平的调节效应。研究发现：无形服务维度战略差异与服务型众创空间绩效呈倒"U"形关系，而有形服务维度战略差异正向影响服务型众创空间绩效。王海花等（2022）研究了地理邻近性对众创空间资金绩效与孵化效率的影响，且将众创空间自身特征与环境因素纳入研究框架，分析了众创空间自身资源优势与所处区域创新能力对地理邻近性与众创空间成长的调节作用。研究发现：地理邻近性与众创空间资金绩效呈倒"U"形关系；地理邻近性促进众创空间孵化效率的提升；资源优势正向调节地理邻近性对众创空间孵化效率的促进作用；区域创新能力正向调节地理邻近性与众创空间资金绩效的倒"U"形关系；区域创新能力正向调节地理邻近性对众创空间孵化效率的促进作用。

4. 众创空间对区域发展的影响研究

刘程军等（2020）运用核密度分析、标准差椭圆、Ripley's K 函数等方法对浙江省众创空间的动态演化特征进行了刻画，并基于浙江省县域动态面板数据进行系统 GMM 分析，剖析了众创空间发展对区域经济增长的动态效应，结果表明：浙江省众创空间起初仅在杭州市辖区高度集聚，后演变为以杭州市辖区为主、宁波和温州市辖区为辅的多核心集聚并向外围扩散的态势，并且杭州市辖区的集聚强度在略有回落后继续升高，其中，国家级众创空间逐渐向南北扩张，而省级众创空间的发展重心逐渐向南偏移；众创空间在县域层面上的集聚对浙江省县域经济增长具有显著的驱动作用，并且存在一定的滞后性。王涛等（2022）运用熵值法对2016—2018年我国30个省份的众创空间孵化能力进行评价。采用2016—2018年众创空间孵化能力指数和相关经济统计数据，利用空间计量模型，研究众创空间孵化能力与区域经济增长的关系。结果发现：

我国各地区众创空间孵化能力指数整体逐年增长但趋势放缓，东高西低，区域差距大。总体而言，众创空间孵化能力与经济增长呈负相关关系。与此同时，众创空间孵化能力对其所处区域的经济增长会因孵化能力强弱不同而导致不同的影响。在孵化能力相对较强的区域，众创空间孵化能力与经济增长明显正相关，且具有正向的溢出效应；在孵化能力相对较弱的区域，众创空间孵化能力在一定程度上制约区域经济发展，同时也制约距离邻近区域的经济增长。胡军燕等（2022）选取2016—2018年我国28个省份1952家国家备案众创空间作为样本，从省际和省内两个层面测算了众创空间集聚程度，并采用面板双向固定效应模型探讨了其对区域创新能力的影响。研究发现：当前我国众创空间集聚状态明显，但在空间上呈现突出的不均衡分布特征；众创空间省际集聚与省内集聚均对区域创新能力提升有着正向积极作用，但众创空间省际集聚的影响明显高于省内集聚的作用效果，即相对于众创空间地理分布上的集聚，由其数量因素决定的集聚对区域创新能力促进作用更强；此外，金融发展水平、对外开放程度与社会融资规模等控制变量对区域创新能力均有不同程度的显著影响。郑小碧等（2023）运用新兴古典超边际一般均衡分析方法，将共同富裕内生化，从分工网络拓展的视角研究传统孵化器向创客空间和众创空间演进的微观机理，揭示这一创业分工网络演变过程促进共同富裕的条件及机制。研究发现：信息交互方式、技术支持方式和信任类型是众创空间与创客空间、传统孵化器的内在区别；如果创业活动和技术众包平台的学习成本很大，那么众创空间将是唯一的均衡创业空间模式；如果创业活动、信息交互服务以及技术众包平台的综合学习成本较大，创客空间和众创空间将从传统孵化器中分离出来成为均衡模式；而当这一综合学习成本较小时，市场交易效率和信息交互效率的充分改进将驱动传统孵化器向创客空间乃至众创空间模式演进升级；创新创业及技术众包平台服务的学习成本越低，市场交易效率和信息交互效率驱动创业空间模式升级的门槛越低，传统孵化器越容易向创客空间与众创空间升级。众创空间分工网络的演进通过优化劳动投入结构、提高创新服务生产率、提升创新产出水平及提升人均真实收入水平等促进共同富裕。

六、研究述评

由现有文献整理可知，有关众创空间的研究主要集中在大数据的实证研究、众创空间评价研究、众创空间的发展路径研究、众创空间的运行机制研究、众创空间的实证研究等方面。

大数据作为当代信息技术的重要产物，其在各个领域的应用研究已经取得了显著进展。在创新行为方面，大数据通过提供海量、实时、多维度的数据支持，为创新决策提供了科学依据，促进了创新模式的变革。然而，当前的研究多集中于大数据对创新行为的直接影响，较少探讨大数据如何作为创新生态的底层支撑，特别是在众创空间这一新兴创新平台中的具体作用机制。在社会治理领域，大数据的应用极大地提升了政府决策的科学性和效率，推动了社会治理模式的创新。但关于大数据如何与社会治理机制深度融合，特别是在众创空间这一特定社会创新环境中，如何发挥大数据的治理效能，现有研究尚显不足。

在企业绩效方面，大数据的应用为企业提供了精准的市场洞察、高效的运营管理和优化的资源配置，显著提升了企业的竞争力。然而，关于大数据如何促进企业绩效提升的内在机制，特别是在众创空间这一创业孵化环境中，如何通过大数据优化资源配置、提升创业成功率等方面的研究仍需深入。在创新创业领域，大数据为创业者提供了丰富的信息资源、便捷的融资渠道和高效的合作平台，极大地降低了创业门槛和成本。但关于大数据如何促进创新创业生态系统的构建，特别是在众创空间这一创新创业集聚地中，如何通过大数据实现创新创业资源的有效整合和高效利用，现有研究仍显薄弱。众创空间作为创新创业的重要载体，其评价研究对于优化资源配置、提升孵化效能具有重要意义。

当前，关于众创空间的评价研究主要集中在效率评价和效果评价两个方面。效率评价主要关注众创空间在资源利用、服务提供等方面的效率水平；效果评价则侧重于众创空间在促进创新创业、推动经济发展等方面的实际效果。然而，这些评价研究多侧重于静态的绩效评估，较少考虑众创空间在动态变化中的适应性和创新性。众创空间的发展路径研究为众创空间的持续健康发展提供了重要指导。当前，学术界从不同角度探讨了众创空间的发展路径，特别是在高校众创空间的建设和创新创业人才培养方面取得了显著成果。然而，这些研究多侧重于众创空间内部机制的建设和优化，较少考虑外部环境的影响和大数据等新技术的作用。在大数据背景下，众创空间的发展路径需要更加注重与外部环境的互动和融合，特别是要充分利用大数据等新技术手段提升众创空间的孵化效能和服务水平。

众创空间的运行机制是保障其高效运行和持续发展的关键。当前，学术界主要从价值共创机制、资源聚合机制等方面对众创空间的运行机制进行了深入研究。然而，在大数据背景下，众创空间的运行机制需要更加注重数据的驱动和智能化管理。当前的研究虽然初步探讨了大数据在众创空间服务平台化、资源匹配等方面的应用，但缺乏系统性、综合性的分析框架和实证验证。因此，构建适应大数据环境的众创空间运行机制体系是当前研究的重要方向。基于创客绩效、空间分布、绩效影响因素及区域发展影响等方面的实证研究为理解众创空间的运行状况和发展效果提供了丰富的数据支持。然而，这些研究多孤立地考察众创空间的某一方面，缺乏在大数据背景下对众创空间整体运行机制的综合分析。特别是在大数据背景下，如何结合大数据的特性和众创空间的实际需求，构建适应大数据环境的众创空间实证研究框架，是当前研究亟待解决的问题。

基于上述对现有研究的综述，本书旨在填补现有研究的空白，深入探讨大数据如何作为核心驱动力在众创空间中发挥作用，并构建适应大数据环境的众创空间运行机制。后续将分析大数据的特性及其在众创空间中的应用潜力，基于现有研究成果和大数据的特性，分析大数据与众创空间运行机制之间的理论联系，并通过案例研究等方法，构建大数据背景下众创空间运行机制。

第二节　概念界定

一、大数据的概念界定

大数据的概念界定主要涉及大数据本身、数字技术以及数字赋能这三个核心方面。

1. 大数据

近年来，大数据为社会科学的发展带来了极大的机遇，大数据时代逐渐来临。所谓大数据时代，就是"以系统数据为基础充分而深入挖掘数据内在关系"。董春雨教授在综述国外研究的基础上提出"大数据是一种思维方式、一种世界观理解世界的方式"。维克托和库克耶在《大数据时代》一书中指出，大数据是不采用抽样调查等传统分析法进行处理，而采用计算机信息技术进行分析处理的数据。麦肯锡（2016）指出，大数据是一种数据集合，即在数据采集、存储和分析方面大大超过传统数据工具处理的能力，具有海量数据规模、多种数据类型、数据快速流转和价值密度低等特征。从一般意义上讲，普遍认为大数据具有 4V 特征，即大量（Volume）、高速（Velocity）、多样（Variety）、真实性（Veracity）。大数据的 5V 特点则由 IBM 提出，具体包括：大量（Volume），数据量巨大，难以用传统软件工具处理；高速（Velocity），数据产生和流动速度快，需要及时处理；多样（Variety），数据类型多样，包括结构化数据、半结构化数据和非结构化数据；低价值密度（Value），虽然数据量大，但其中只有部分数据是有价值的；真实性（Veracity），数据需要保证真实性，避免虚假或错误信息。

同时，大数据的价值主要体现在以下几个方面：帮助企业了解客户需求，精准把握市场动态；优化企业决策，提高运营效率；创新商业模式，发掘新的商业机会；提高公共服务水平，提升社会治理能力；推动科技创新，引领未来发展。总之，大数据是一种重要的信息资源，对于企业和政府决策、科研创新、市场预测等方面都具有重要的意义。

2. 数字技术

数字技术（Digital Technology）是一项与电子计算机相伴相生的科学技术，它是指借助一定的设备将各种信息，包括图、文、声、像等，转化为电子计算机能识别的二进制数字"0"和"1"后进行运算、加工、存储、传送、传播、还原的技术。由于在运算、存储等环节中要借助计算机对信息进行编码、压缩、解码等，因此也称为数码技术、计算机数字技术等。目前，多数研究提出的移动计算、云计算、社交媒介平台、3D 打印和大数据分析等新兴技术都是这类技术的典型代表。数字技术是指以大数据、物联网等为代表的数字新技术。Lyytinen 等（2016）、Von Briel 等（2017）认为，数字技术是嵌入信息和通信技术的一系列产品/服务，或者是由这些技术促动的产品/服务。也有学者指出，数字技术不仅包括社交媒介平台、数据分析技术等，还包括与之关联的嵌入式设备，即为相关技术与设备的总和。因为数字信号是数字技术的基础，而数字信号的获取、传输、存储和还原等离不开相应的物理设备。从现有研究文献的总结来看，数字技术并非一种简单的技术形态，其具体表现形式多样，层级复杂。Nambisan（2017）的研究指出，数字技术包含三种不同但彼此相关的要素，即数字组件、数字平台和数字基础设施。

3. 数字赋能

数字赋能的产生与发展主要依靠互联网技术。数字赋能是指通过大数据、移动互联和人工智能等数字化工具对特定的人群进行赋能，使他们获得相应的生活技能和生存能力。数字赋能概念最早起源于 20 世纪 60 年代末至 70 年代初的"自助"及"政治察觉"运动。从社会学角度来看，数字赋能是识别、促进及提高人们应对需要及解决其本身问题的能力，并且动员所需要的数字资源，使人自觉控制生活；从管理学角度来看，被管理者获得赋能可以极大地调动个人的主观能动性和创造性，最大限度地发挥个人才智和潜能。数字赋能不仅是一种行为、一种措施，更是一种注重结果和回报的过程。首先，数字赋能要求人们必须掌握至少一门数字技术，技术决定着信息拥有量和能否体验新的赋能途径。技术拥有者和未拥有者之间的差距进一步拉开了人与人之间的差异。数字赋能正在逐渐改善数字鸿沟现象。其次，数字赋能的实施者和接受者都期望从中获得精神、政治、社会、教育或经济能力，从根本上提高经济地位、社会地位和政治地位等。最后，相互之间的信任和尊重也是数字赋能所追求的目标。数字赋能较成熟的研究出现于 1990 年，Thomas 和 Velthouse 对数字赋能的认知要素进行研究，提出数字赋能的认知模型包括四要素：影响力、能力、意义和选择性。随着移动互联网、大数据等数字技术的涌现，特别是在新冠疫情下，经济活动的非聚集性加速了数字技术与经济社会各领域的融合，数字赋能已成为当前研究热点。

另外，数字技术赋能作用的发挥离不开数字技术的内容属性和结构属性。其中，内容属性包含可编辑性和可扩展性。借鉴（Nambisan，2017）的相关研究，可编辑性定义为数字产品或内容允许被外部对象或用户访问和修改的能力。一方面它能促使设备的逻辑符号功能与执行功能的物理实体相分离，可以通过逻辑结构的变化注入新的功能；另一方面由于数据的同质性，数字内容可和来源于其他设备的数据重组，实现媒体设备和数字内容间的分离。可扩展性是指能以低成本、高速度地增强功能和性能的能力，通过较少的修改（如添置软硬件），就能通过大幅提高性能来处理大规模的业务（Nambisan，2017）。在数字化时代，随着云计算、大数据分析等技术的不断崛起，企业可以利用数字技术实现杠杆效应，即以较少的资源投入，实现较多的产出（Huang 等，2017）。结构属性包括开放性和关联性。开放性是指数字技术允许其他主体参与和共享的程度。一方面，企业可以共享自身的技术基础设施，为多样化主体的机会开发提供支持，实现价值的共创；另一方面，实现了众多数据的可视化，在一定程度上降低市场信息的不对称。关联性是指数字技术利用和其他参与主体之间的一系列关系促进功能实现的能力，能促进多主体间的连接与互动，并为企业资源的获取提供渠道（Briel，2019）。

具体来说，数字赋能包括以下几个方面：数字化基础设施建设，为企业提供高速互联网接入、云计算服务、大数据分析工具等基础设施，帮助企业实现数字化转型；数字化资源整合，通过数字化技术，整合各类资源，包括人才、技术、资金等，为企业提供全方位的服务和支持；数字化营销推广，利用数字化技术，进行营销推广，包括社交媒体营销、搜索引擎优化、内容营销等，提高企业的知名度和影响力；数字化管理运营，通过数字化技术，进行管理运营，包括项目管理、财务管理、人力资源管理等，提高企业的管理效率和运营效果。总之，数字赋能是一种利用数字化技术为企业提供支持和帮助的方式，可以提高企业的效率和竞争力，推动企业的发展。

二、众创空间的概念界定

众创空间指的是一种为创业者、创新者提供共享空间、资源、服务的新型创新创业平台。众创空间是创新型孵化器的一种，"众"是主体，"创"是内容，"空间"是载体。它顺应创新 2.0 时代用户创新、开放创新、协同创新、大众创新趋势，把握全球创客浪潮兴起的机遇，是通过市场化机制、专业化服务和资本化途径构建的低成本、便利化、全要素、开放式的新型创业公共服务平台的统称。众创空间具有开放、共享、创新的特点，可以为创业者、创新者提供良好的环境和支持，促进创新创业的发展。

众创空间是我国独创的名词，其实起源于国外的"创客"，是我国科技人员基于我国特殊国情提出的。其中具有典型代表性的观点由孟国力、卓晓宁、黄世芳、邵永新等提出。孟国力（2016）认为，众创空间是许多新型孵化器出现的产物，是将创业创新教育、融资、商业、政策、法律咨询、新媒体传播等一体化服务结合在一起的创新创业生态网络。卓晓宁（2015）则认为，众创空间是立足信息时代，面对知识社会科学创新模式的特点和需求，通过对"创客空间""创业咖啡"等新型孵化器运行模式的深入研究，在借助市场化、专业化、信息化、资本化的基础上，为万众创新创业活动提供优质服务的新型服务场所。黄世芳（2016）认为，众创空间是满足区域创新机制不断完善的微生态环境。邵永新（2016）认为，众创空间是对创业服务机制的再一次革新，是创业服务宽度与深度的再一次突破，使孵化能力显著提高。众创空间是指为满足大众创新创业需求，提供特定的物理空间，进行社交、创意共享和资源共享，利用众包、众扶、众筹等社会化手段，将丰富的创客人才、创业资源、创业政策等进行交互融合，实现低成本、便利化、全要素、开放式的创新创业平台。束云霞（2015）指出，众创空间具备成本低、方便快捷、全要素深度融合以及自由开放的特点，顺应了知识社会创新创业新模式及技术革命的新要求。王方（2016）认为，众创空间具有全方位、协作性、低成本、便利性的特点。顾滢（2015）指出，众创空间具有以下四大特点：创新角色由小众向大众转变；创新模式由保守趋向于开放；创新观念由技术供给向需要导向转变；创新原动力由政府向市场转换。众创空间按设立主体分类，可分为政府主导型、高校主导型和企业主导型；按其功能与特征，可分为七大类，分别是活动聚合型、培训辅导型、媒体驱动型、投资驱动型、地产思维型、产业链服务型、综合创业生态体系型。贾天明和雷良海（2017）认为，众创空间是市场化的营利性组织。李燕萍和陈武（2017）认为，从综合视角来看，众创空间既强调为创业者提供工作空间，也强调为创业者提供专业化的创业服务能力，是新型创业服务平台的统称。杨琳和屈晓东（2019）认为，众创空间是一类新型创业服务平台，其本质是高效率的孵化器。

在有效界定众创空间内涵前，首先需要对众创空间与企业孵化器的差异化予以分析。王佑镁和叶爱敏（2015）提出，众创空间与传统科技孵化器的明显差异在于双方创业孵化功能的不同，他们认为众创空间的孵化能力远大于传统科技孵化器，不仅是字面意思的不同，更是功能上的巨大差异。众创空间除囊括传统孵化器的基本功能外，更多的是起着催化的功能，将普通大众的创新创意转化为实际。王子威（2015）认为，传统孵化器和创客空间是众创空间两种主要的业务形态。乔辉（2016）认为，相较于传统意义上的科技孵化器，初创企业进入众创空间孵化的阻碍更少，特别是在向创业人才提供相关服务方面显得尤为明显。众创空间不但向有志投身于创新创业事业的人才提供实际场所等硬性资源，而且还为他们提供法律援助、投融资服务、创业教育等短缺的软性资源。我国科学委员会认为，众创空间与传统的孵化器有着极大的不同，众创空间是结合了现代互联网观念，为初创企业提供更加系统有效的创业服务，进而弥补我国现有创新创业服务体系的不足。综上所述，国内学者对众创空间与企业孵化器之间的差异研究主要集中在功能、效用等方面，认为众创空间就是企业孵化器的升级版，是其作用的扩大化。

综上所述，本书将据此界定大数据背景下众创空间的定义和类型。本书界定的大数据背景下众创空间是一个集科技创新、数据驱动、资源共享与协同合作于一体的新型创业服务平台。它不仅继承了传统众创空间为创业者提供物理空间、基础设施和基本服务的核心功能，更在大数据技术的赋能下，实现了服务模式、资源配置、创业生态构建及可持续发展能力等方面的全面升级和创新。具体而言，大数据背景下的众创空间，是指顺应大数据、云计算、人工智能等新一代信息技术发展趋势，通过整合海量数据资源，运用先进的数据分析技术和算法，为创业者提供智能化、精准化、高效化的创业服务支持的新型创业服务平台。它不仅是一个物理空间的概念，更是一个基于大数据技术的虚拟与实体相结合的创新创业生态系统。

在大数据背景下，众创空间的类型被赋予了新的内涵与外延。结合多位学者的观点，大数据背景下的众创空间可按其功能与特征细分为多个创新类型。首先，有数据驱动型众创空间，这类空间依托大数据技术，为创业者提供精准的市场分析、用户画像、资源匹配等服务，实现创业服务的智能化与高效化。其次，平台生态型众创空间在大数据的支撑下，构建了一个集创业教育、融资、商业对接、政策扶持等多元化服务于一体的生态系统，促进创新要素的深度融合与高效流动。再次，开放创新型众创空间利用大数据平台，打破传统壁垒，促进跨界合作与知识共享，推动创新模式由保守向开放转变，加速创新成果的转化与应用。此外，智能服务型众创空间则强调通过智能化设备与系统，为创业者提供便捷、高效的办公与生活服务，同时利用大数据分析优化空间资源配置，提升整体运营效率。最后，市场导向型众创空间在大数据的引导下，更加敏锐地捕捉市场需求变化，为创业者提供精准的市场定位与策略建议，助力其快速成长与发展。总之，大数据背景下的众创空间类型多样，各具特色，它们共同构成了一个充满活力与创新的创业生态系统，为我国创新创业事业的蓬勃发展提供了有力支撑。

第三节　理论基础

一、平台经济理论

平台经济作为一种新兴的经济形态，不仅深刻改变了传统经济的运作模式，也为众创空间的发展提供了全新的视角和理论支撑。平台经济是指通过构建平台来连接供需双方或多方，实现资源的优化配置和价值创造的经济模式。平台本身不直接生产产品或提供服务，而是作为中介，通过提供信息匹配、交易撮合、信用担保等服务，促进双方或多方之间的交易。平台经济具有双边市场特性、网络外部性、规模效应等特点，这些特点使平台经济在促进创新创业、优化资源配置、提升市场效率等方面具有显著优势。

众创空间作为创新创业的新型服务平台，其本质与平台经济高度契合。众创空间通过构建开放、共享、协同的创新创业生态系统，为创新创业者提供物理空间、设备设施、信息资源、政策咨询等全方位的支持服务。这种服务模式与平台经济的核心理念不谋而合，即通过搭建平台，连接创新创业者、投资机构、服务机构等多方参与者，实现资源的有效整合和价值的最大化。

平台经济理论在众创空间运行机制构建中的应用主要体现在以下几个方面：

1. 双边市场机制的构建

平台经济理论强调双边市场机制的构建，即平台需要同时吸引和满足供需双方的需求。在众创空间运行机制中，这一理论体现在以下两个方面：

供需匹配。众创空间通过大数据技术对入驻项目和企业进行精准画像，分析其技术需求、市场需求等，同时对接外部资源，如投资机构、科研机构、服务机构等，实现供需双方的精准匹配。

价值创造。通过构建双边市场，众创空间不仅为创新创业者提供了必要的支持和服务，还促进了投资机构与服务机构的合作与交流，共同推动创新项目的孵化和成长。这种合作不仅提升了项目的成功率，还创造了更多的社会价值和经济价值。

2. 网络外部性的利用

网络外部性是平台经济的重要特征之一，即平台一侧的用户数量增加会吸引另一侧用户数量的增加，形成良性循环。在众创空间运行机制中，网络外部性体现在以下两个方面：

集聚效应。众创空间通过吸引和集聚大量创新创业者，形成了浓厚的创新创业氛围和文化。这种氛围和文化又进一步吸引了更多的创新创业者加入，形成了良性循环。

资源共享。众创空间内的创新创业者可以共享物理空间、设备设施、信息资源等，降低了创业成本，提高了资源利用效率。同时，他们之间的交流和合作也促进了知识和技术的传播和扩散。

3. 规模效应的发挥

平台经济通过规模效应降低成本、提高效率。在众创空间运行机制中，规模效应主要体现在以下两个方面：

成本分摊。众创空间通过集中提供基础设施和服务，实现了成本的分摊和降低，这使创新创业者能够以较低的成本获得所需的支持和服务。

服务优化。随着入驻项目和企业数量的增加，众创空间可以不断优化服务内容和方式，提高服务质量。同时，通过大数据等技术的应用，众创空间还可以实现服务的个性化和精准化。

4. 平台治理机制的完善

平台经济的健康发展离不开有效的治理机制。在众创空间运行机制中，平台治理机制体现在以下三个方面：

规则制定。众创空间需要制定明确的入驻规则、服务规则等，规范各方的行为。这些规则不仅保障了平台的正常运行，还促进了创新创业活动的有序开展。

信用评价。众创空间可以建立信用评价体系，对入驻项目和企业进行信用评估。这有助于筛选出优质项目和企业，降低投资风险。同时，信用评价还可以激励入驻项目和企业诚信经营、遵守规则。

争议解决。在创新创业过程中，难免会出现各种争议和纠纷。众创空间需要建立有效的争议解决机制，及时化解矛盾和问题，保障各方的合法权益。

二、创新创业生态系统理论

创新创业生态系统理论构成了本书的核心理论基础。创新创业生态系统是一个复杂而动态的系统，涵盖了创业者、企业、政府、投资机构、大学及科研机构等多个要素，它们之间相互依存、相互影响，共同推动创新创业活动的蓬勃发展。以下将详细阐述创新创业生态系统理论在众创空间运行机制构建中的应用与影响。

创新创业生态系统是一个由多个主体和要素相互关联、相互作用而形成的复杂系统。该系统以创业者为核心，通过整合政府、企业、投资机构、大学及科研机构等多方资源，为创新创业活动提供全方位的支持和服务。创新创业生态系统具有网络性、开放性、竞争性、动态性和共生性等特征，能够有效降低创业成本、提高创业成功率，并促进科技创新和产业升级。

众创空间作为创新创业的主要服务载体，是创新创业生态系统中的重要组成部分。众创空间通过提供物理空间、设备设施、信息资源、政策咨询等支持服务，为创业者搭建了一个集创新创业孵化、交流合作、资源共享于一体的平台。这个平台不仅有助于降低创业门槛和成本，还能够激发创业者的创新潜力，促进创业项目的孵化和成长。因此，众创空间的运行机制与创新创业生态系统的构建密切相关。

创新创业生态系统理论在众创空间运行机制构建中的应用主要体现在以下几个方面：

1. 资源整合与共享机制

创新创业生态系统理论强调资源整合与共享的重要性。在众创空间运行机制中，资源整合与共享是核心环节之一。众创空间通过整合政府、企业、投资机构等多方资源，为创业者提供全方位的支持和服务。同时，众创空间还倡导资源共享和协作，鼓励创业者之间、创业者与导师之间、创业者与投资机构之间等进行深入交流与合作。这种资源整合与共享机制有助于实现资源的最优配置和利用，提高创新创业活动的效率和成功率。

2. 创新支持与培育机制

创新创业生态系统理论注重创新支持与培育。众创空间作为创新创业的孵化器，承担着为创业者提供创新支持的重要任务。众创空间通过提供创业培训、导师指导、技术咨询等服务，帮助创业者提升创新能力和竞争力。同时，众创空间还积极对接外部资源，如科研机构、院校等，为创业者提供科研成果转化和知识产权保护等方面的支持。这种创新支持与培育机制有助于激发创业者的创新潜力，推动创新成果的转化和应用。

3. 政策引导与激励机制

创新创业生态系统理论强调政策引导与激励的重要性。政府在创新创业生态系统中扮演着重要角色，通过出台相关政策支持创新创业活动的发展。众创空间作为政府支持创新创业的重要平台之一，积极响应政府政策号召，为创业者提供政策咨询和申请服务。同时，众创空间还通过举办创新创业大赛、设立创业基金等方式激励创业者积极投身创新创业活动。这种政策引导与激励机制有助于营造良好的创新创业氛围和文化，促进创新创业活动的持续健康发展。

4. 市场导向与反馈机制

创新创业生态系统理论注重市场导向与反馈的重要性。市场是创新创业活动的最终检验者，只有符合市场需求的项目才能获得成功。众创空间在运行机制构建中充分考虑市场导向因素，通过市场调研、需求分析等方式了解市场需求和趋势。同时，众创空间还积极与市场对接，为创业者提供市场信息和资源支持。此外，众创空间还建立了反馈机制，及时收集和分析创业者对服务的反馈意见和建议，不断优化服务内容和方式。这种市场导向与反馈机制有助于确保众创空间的服务更加贴近市场需求和创业者需求。

三、数字治理理论

在当今数字化时代，数字治理理论为众多领域的研究与实践提供了重要的理论支撑，特别是在众创空间运行机制的构建中，数字治理理论的应用显得尤为关键。本部分将从数字治理理论的基本概念、在众创空间运行机制中的作用、大数据背景下的具体应用三个方面进行阐述。

数字治理理论（Digital Governance Theory）发轫于新公共管理运动的衰微与数字时代治理的兴起之际，它强调信息技术和信息系统对公共管理的影响。

该理论由英国学者帕却克·邓利维（Patrick Dunleavy）等提出，旨在通过技术手段优化治理过程，提高治理效率与透明度。数字治理理论不仅关注技术层面的创新，更重视技术如何与治理理念、治理结构相结合，以实现更加民主、公平和高效的治理目标。

众创空间作为创新创业的重要载体，其运行机制的构建直接关系到创新创业活动的成效。数字治理理论在众创空间运行机制中发挥着以下几方面的作用：

1. 优化资源配置

众创空间需要整合各类资源，包括资金、人才、技术等，以支持创新创业项目的发展。数字治理理论通过大数据、云计算等信息技术手段，可以实现对资源的高效配置和精准对接。例如，利用大数据平台分析创业者的需求和偏好，为他们推荐合适的投资机构、服务机构等资源；通过云计算技术降低创业者的 IT 成本，提高资源利用效率。

2. 提升服务效率

众创空间需要为创业者提供一系列的服务，包括政策咨询、创业培训、项目孵化等。数字治理理论的应用可以简化服务流程，提高服务效率。例如，通过建设在线服务平台，创业者可以随时随地获取所需的服务信息；利用人工智能技术提供智能客服服务，解答创业者的疑问和困惑。

3. 强化风险管理

创新创业活动具有高度的不确定性和风险性。数字治理理论通过大数据分析和预测技术，可以及时发现和预警潜在的风险因素，为众创空间提供科学的风险管理依据。例如，通过对创业项目的运营数据进行实时监测和分析，可以评估项目的成长潜力和风险水平；通过建立风险预警机制，及时采取措施进行干预或调整，降低创业失败的风险。

4. 促进生态协同

众创空间是一个由多方主体共同参与的生态系统，包括创业者、投资机构、科研机构、政府部门等。数字治理理论的应用可以促进生态系统内部的协同与互动。例如，通过建设信息共享平台，实现各方主体之间的信息互通和资源共享；利用区块链技术建立信任机制，保障各方主体在合作过程中的权益和安全。

大数据背景下数字治理理论在众创空间运行机制中的具体应用主要体现在以下几个方面：

1. 精准画像与个性化服务

大数据技术可以对入驻众创空间的创业者进行精准画像，分析其技术背景、行业经验、创业需求等信息。基于这些信息，众创空间可以为创业者提供个性化的服务方案和支持措施。例如，为具有技术优势的创业者提供科研成果转化和知识产权保护等方面的支持；为缺乏市场经验的创业者提供市场调研和营销策略等方面的指导。

2. 智能推荐与资源对接

大数据技术可以根据创业者的需求和偏好进行智能推荐，为他们推荐合适的投资机构、服务机构等资源。这有助于缩短创业者寻找资源的时间成本，提高资源的利用效率。同时，众创空间还可以利用大数据技术建立资源对接平台，实现创业者与投资机构、科研机构等之间的精准对接和合作。

3. 风险预警与评估

大数据技术可以对创业项目的风险进行预警和评估。通过对项目的运营数据、市场动态等信息进行实时监测和分析，众创空间可以及时发现潜在的风险因素，并提前采取措施进行干预或调整。这种风险预警机制有助于降低创业项目的失败率，提高众创空间的整体稳定性和可持续发展能力。

4. 数据分析与决策支持

大数据技术还可以为众创空间的管理层提供数据分析与决策支持。通过对平台内各项数据的深度挖掘和分析，管理层可以获得丰富的市场洞察和业务情报。这些数据不仅可以帮助他们了解当前创新创业市场的趋势和热点，还可以为制定未来发展战略、优化服务内容提供有力的数据支持。同时，数据分析还可以帮助管理层识别出运营中的薄弱环节，并采取相应的改进措施，不断提升众创空间的竞争力和影响力。

总之，数字治理理论作为本书的理论基础，具有重要的理论价值和实践意义。在大数据背景下，数字治理理论的应用将进一步推动众创空间运行机制的优化和创新，为创新创业活动提供更加高效、便捷和安全的支持和服务。未来，随着数字技术的不断发展和创新治理理念的深入实践，数字治理理论在众创空间运行机制中的应用前景将更加广阔。

综上所述，平台经济理论、创新创业生态系统理论和数字治理理论在众创空间运行机制的构建中各自发挥着独特的作用，但它们之间并不是孤立存在的，而是相互关联、相互促进的。首先，平台经济理论为众创空间提供了载体与运行基础。平台经济理论解释了众创空间作为平台型企业的运行机制和特点，为众创空间的构建与运行提供了重要的理论支撑。同时，平台经济理论还强调了平台的集聚效应、网络效应和协同效应等关键要素，为众创空间优化资源配置、促进合作创新提供了指导思路。其次，创新创业生态系统理论为众创空间构建了生态环境与动态平衡。创新创业生态系统理论将创新创业活动视为一个复杂的生态系统，并强调系统内各主体之间的相互作用与动态平衡。这一理论为众创空间构建了一个宏观的生态环境框架，为众创空间保持系统的稳定与持续发展提供了重要的理论指导。同时，创新创业生态系统理论还强调了系统内各主体之间的协同发展和动态平衡等关键要素，为众创空间优化服务策略和管理措施提供了科学依据。最后，数字治理理论为众创空间提供了保障与优化手段。在大数据背景下，数字治理理论强调利用先进的信息技术手段提升治理效率和质量。对于众创空间而言，这意味着可以通过大数据分析、云计算、人工智能等技术手段，对创新创业活动进行实时监测、预警和干预，实现精准治理和优化服务。同时，数字治理理论还倡导协同共治的治理模式，鼓励多元主体共同参与众创空间的治理过程，形成合力推动众创空间的健康发展。总之，平台经济理论、创新创业生态系统理论和数字治理理论在众创空间运行机制的构建中相互关联、相互促进。平台经济理论为众创空间提供了载体与运行基础；创新创业生态系统理论为众创空间构建了生态环境与动态平衡；而数字治理理论则为众创空间提供了保障与优化手段。三者共同构成了众创空间运行机制的理论基础，为众创空间的健康发展提供了坚实的理论支撑和实践指导。

第四节　本章小结

本章系统梳理了当前学术界在大数据应用、众创空间评价、发展路径、运行机制及其实证研究等方面的研究成果。文献综述揭示了大数据在不同领域的广泛应用及其深远影响。从大数据与创新行为的实证研究来看，大数据不仅促进了技术创新路径的多样化，还加速了新产品、新服务的市场化进程。同时，大数据在社会治理、企业绩效提升及创新创业方面的实证研究，进一步证实了其作为战略性资源的价值。这些研究不仅丰富了大数据的理论内涵，也为众创空间在大数据背景下的运行机制构建提供了实践参考。在众创空间的研究领域，学术界从效率评价、效果评价、发展路径及运行机制等维度进行了深入探讨。特别是众创空间的运行机制，作为其核心功能实现的关键，现有研究已初步构建了包括价值共创、资源聚合等在内的理论框架。然而，值得注意的是，在大数据背景下，众创空间的运行机制研究尚显不足，未能充分揭示大数据技术对众创空间内部互动、资源配置及创新产出的深层次影响。这为本书的研究提供了重要的切入点和广阔的空间。随着大数据技术的不断成熟与普及，其与众创空间的融合成为不可逆转的趋势。大数据不仅为众创空间提供了丰富的数据资源，还通过数据分析、挖掘等技术手段，优化了资源配置效率，提升了创新决策的科学性。因此，探索大数据背景下众创空间的运行机制，不仅有助于深化对众创空间本质特征的理解，还能为众创空间的可持续发展提供新的动力源泉。

本章还明确了本书的理论基础，包括平台经济理论、创新创业生态系统理论及数字治理理论。这些理论不仅为大数据背景下众创空间运行机制的研究提供了理论支撑，还指明了研究方向和路径。平台经济理论揭示了众创空间作为创新平台的本质属性，强调了平台内各主体之间的相互作用与共生关系；创新创业生态系统理论从生态系统的视角出发，分析了众创空间内部及外部环境的动态平衡与协同发展；数字治理理论强调了大数据技术在社会治理中的重要作用，为众创空间在大数据背景下的管理机制创新提供了理论依据。

第三章 众创空间的发展现状及存在的问题

随着全球创新生态的不断发展，众创空间作为一种新兴的创新创业模式，正逐渐受到各国政府和社会各界的广泛关注。众创空间不仅为创新创业者提供了物理空间，更是一个集资源共享、交流协作、创新孵化等功能于一体的综合性平台。在当前大数据背景下，众创空间的发展面临着前所未有的机遇与挑战。为了更好地了解众创空间的发展现状和问题，并借鉴发达国家的成功经验，本章将对主要发达国家的众创空间发展现状进行深入剖析，总结其成功的经验和做法。同时，结合我国众创空间发展的宏观背景与战略价值，梳理我国众创空间的发展概况和存在的问题。通过本章的研究，我们期望能够为我国众创空间的未来发展提供科学的指导和有力的支撑，推动创新创业的蓬勃发展，为经济社会的持续进步贡献智慧和力量。

第一节 主要发达国家众创空间发展的经验借鉴

组织管理理论强调对组织内部各要素的有效整合和配置，以实现组织目标。众创空间作为一个为创业者提供服务的组织，其要素构成包括物理空间、设施设备、人才资源、资金支持、政策环境等方面。这些因素共同构成了众创空间的基础框架，影响着其运行效率和服务质量。系统论认为，任何事物都可以看作一个系统，由相互联系、相互作用的若干要素组成。众创空间作为一个复杂的系统，其运行机制涉及会员管理、资源共享、协同创新、服务提供等方面。这些方面相互作用、相互影响，共同构成了众创空间的运行体系。

因此，本书基于组织管理理论和系统论，从要素构成和运行机制两个方面入手研究主要发达国家众创空间的发展经验。这一选择有助于全面、深入地了解众创空间的内在结构和运行规律，为我国众创空间的发展提供科学的指导和借鉴。同时，这一选择也符合当前创新创业发展的实际需求，有助于推动创新创业生态的持续优化和完善。

一、概述

众创空间在全球范围内的发展已经取得了一定的成果，尤其是在主要发达国家中，其创新模式和经验举措对于其他国家来说具有重要的借鉴意义。本部分选择英特尔创新加速器和 TechShop 两个典型案例的经验进行分析。

1. 英特尔创新加速器简介

2015 年 4 月，英特尔公司在深圳开发者峰会上公开发布了"英特尔众创空间加速器"计划。2017 年 3 月 16 日，英特尔公司决定推陈出新，将旗下的"英特尔众创空间加速器"改造升级为"英特尔创新加速器"。"英特尔创新加速器"致力于构建世界领先的创新生态系统，推动科学技术创新，将"英特尔众创空间加速器"的创新项目与英特尔的八大聚焦领域进行生态对接，通过发挥品牌、开放合作、产业生态和科技基石四大优势来促进创新和产业的深度融合，推进创新创业向产业升级、产业生态的深度发展。

2. TechShop 简介

TechShop 是一家全球知名的基于会员制的工作坊社区，它为创新者和创业者提供了一个全面、高效且富有创造力的创新环境。TechShop 的创始人是 Jim Nlewton 和 Ridge McGhee，于 2006 年在美国硅谷创立，至今已经发展成为全球范围内多个城市拥有分支机构的连锁创客空间。作为一个综合性的创新平台，TechShop 不仅提供了先进的制造和原型设计工作室、黑客空间以及学习中心，还配备了各种专业设备，如 3D 打印机、激光切割机、柔性电子实验室、机械加工车间等。这些设备覆盖了从基础到高级的各种技术需求，使会员可以在这里实现自己的创意和想法。TechShop 实行严格的会员制管理，会员可以享受到工作室的使用权以及专业的设备、软件和服务。这种会员制度不仅保证了设施的充分利用和高效运营，还为会员提供了一个稳定、可靠的创新平台。同时，TechShop 还提供收费课程和培训，帮助会员提高技能和知识水平，进一步推动创新项目的发展。

二、案例分析——英特尔创新加速器

1. 英特尔创新加速器的构成

第一，创新生态。①创设联合创新中心。英特尔对政府提出的"大众创业、万众创新"议程予以积极的回应，并不停摸索、推进创客运动，与政府、创投机构、教育部门、创客社区共同创设"联合创新中心"，以此激励并培育创客群体，推动创新，孵化创业。在英特尔的 13 个联合创新中心中，有 8 个是与地方政府或产业园区合作的，对于这类加速器，英特尔看重的是技术创新，然后通过项目加速，股权投资的形式获得相应的回报。另外 5 个联合创新中心是与大学合作的，产学研相结合的形式不仅有助于大学生创业团队项目的提速，还有助于创客教育、创客文化、人才培育的推进。②开放创新实验室。在这里，英特尔给创业者供应了先进的实验仪器和优越的实验平台，以作为产品原型制作及验证的基地。同时实验室也是创客的展示交流中心，在这里，通过项目的展示、创客训练营等活动实现创客创新需求的汇聚与对接，使之成为创客社群。另外，依靠英特尔和实验室合作伙伴的卓越资源，该实验室能够为自有产品已初步成形的创客提供市场推广、资金对接、技术扶持、生产制造等共享综合式服务，为项目加速。③创新加速制造基地。创新加速制造基地的服务内容包含设计、工程、制造、测试、销售、展示等。其不仅可以帮助完善英特尔创新加速器的后端产业链，还可以推进大众创业者的项目成功并快速实现商品化，加快项目成功落地进程。

第二，线下接入市场活动。①开展产学研合作研讨会。英特尔技术专家、企业负责人、相关领域学者和其他生态伙伴齐聚一堂，针对特定项目产学研融合、学术前沿技术、产业应用落地、投融资风向等多方面进行分享和探讨，帮助创客"认知升级"。②举办各类创新大赛。英特尔作为世界一流的技术创新型企业，为了进一步推动人工智能、FPGA 等领域的发展和应用，启动了如"AI 百佳创新激励计划""智博会创新国际大赛"等市场活动。这类计划以开放合作、产业共赢为宗旨，帮助创客团队打造从创意创想到产业实践的创新方案，并通过提供技术培训、开发费用补助、市场推广以及生态对接等方面的支持，帮助激励创客团队迅速成长，助力创业企业未来发展。

第三，线上接入英特尔数据中心渠道。英特尔作为全球领先的技术公司，其数据中心业务在全球范围内具有广泛的影响力。英特尔与各类合作伙伴共同构建了一个强大的生态系统，旨在满足不同行业的需求，包括金融、互联网、政府、教育、电信和制造等。这一生态系统的构建，不仅体现了英特尔技术的广泛性，也反映了其对市场需求的深刻理解和灵活应对。在英特尔的数据中心渠道伙伴系统中，有多种类型的合作伙伴。硬件方案提供商主要负责提供基于英特尔技术的硬件解决方案，满足客户在设备、服务器等方面的需求。软件应用的服务商则专注于开发和优化与英特尔硬件相配合的软件应用，以提升整体系统的性能和效率。此外，还有定制化解决方案提供商，他们能够根据客户的特定需求，提供定制化的硬件和软件解决方案。这种多样化的合作伙伴体系，使英特尔能够迅速响应市场的变化，满足客户的多样化需求。小批量、定制化的服务模式也使英特尔能够更加灵活地满足客户的特定需求，提升客户的满意度。总的来说，英特尔的数据中心渠道业务构建了一个完整且强大的生态系统，通过多样化的合作伙伴和灵活的服务模式，为不同行业的客户提供高效、可靠的解决方案。这也进一步巩固了英特尔在全球数据中心市场的领导地位。

英特尔创新加速器的构成如图 3-1 所示。

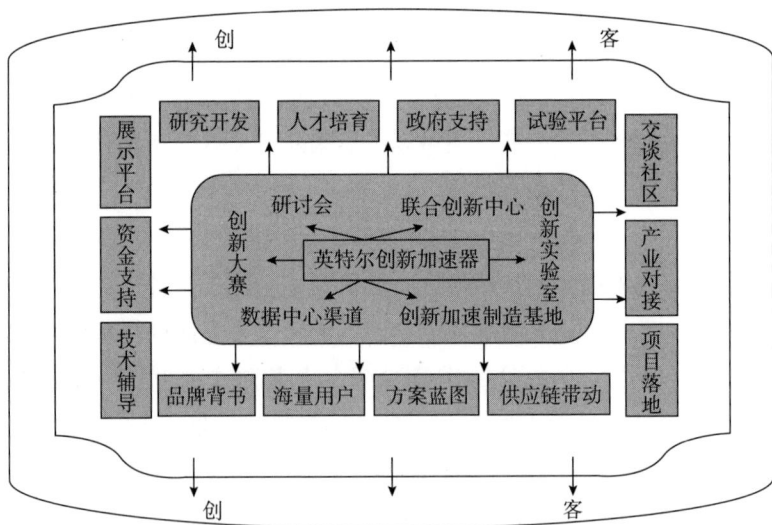

图 3-1　英特尔创新加速器的构成

资料来源：徐莉，赖书婷，张正午，方梓旭. 英特尔创新加速器运行机制对推动我省众创空间建设的建议与思考 [J]. 江西发展研究，2021（3）：1-12.

2. 英特尔创新加速器的运行机制

创客生态圈代谢机制。在将创客的创意创想转变为创新成果的进程中，各种帮助"创新"走向"创业"的实践平台及合作伙伴将通过设定门槛的形式，为创客提供创意支持和成果共享的机会。当然，在该过程当中，项目需要通过路演的形式向顾客及投资方展示自己的功效，只有得到合作伙伴认可的项目才能获得进一步的支持，并有机会实现商业价值。显然，创客生态圈的代谢机制实现了创客生态圈的优胜劣汰。英特尔为进一步促进人工智能的生态发展和智能现代化设备的建设，启动了"AI 创新百佳激励计划"。该计划在技术辅导、开发费用补贴、市场推广以及生态对接四个方位激励创客团队迅速成长，助力企业发展。英特尔先在"AI 创新百佳激励计划"的申请条件上设置了关卡，如必须有一个完整的、业务状况良好的创业团队；产品必须采用人工智能相关技术；必须至少运用一项英特尔的技术；有成熟的产品推向市场。在申请条件上，英特尔已经将部分不满足条件的创客团队淘汰出局。另外，在英特尔构建的众创空间运行生态中，申请成功的企业由于有专业的导师、资金、产业对接，创意创想落地为项目的时间大大缩短，此时好的项目得以快速孵化，不适应市场的项目快速被淘汰。

信息—创客—资源协同共生网络机制。市场上普遍存在的形势是：创客有技术也研发了新的产品模式，但是缺少相应的创业经验和创业资本；有资源的组织有经验也有战略能力却缺少好的项目。显然，需求供给不能有效相结合。此时，就需要不同定位的渠道伙伴发挥自己的优势，与创客一起发挥协同效应，相互成长。英特尔就很好地做到了这一点，其与研究所、高等院校、政府、中介机构、媒体等合作伙伴共同构建协同的网络服务组织，在线上网络平台将自己所能给到的机会及要求公布在这个线上网络平台上，吸引有兴趣的创客。此时，英特尔所构建的线上网络虚拟平台让创客的创意与英特尔及生态合作伙伴的信息资源实现了对接。在这里，英特尔扮演着连接和服务的角色，成功地从静态化的专业支持向动态化的产业链协作迈进，联合上游的生态伙伴，结合更大的平台，满足客户的需求，发挥了整体竞争实力。这种服务方式不仅可以实现服务内容的互补，还可以使创意与信息资源的对接达到效率最大化。大家共同协作，共同进步，提高"创新"变为"创业"的转化率。

资源汇聚和整合机制。众所周知，创业的难度和复杂程度很高，单单凭借创业团队本身的能力和资源，很难将创意创想转变为创新成果。英特尔创新加速器通过汇聚创客和支持创业项目，汇集英特尔在各行各业的生态合作伙伴，持续为创新创业运送力量。英特尔创新加速器汇聚资源的过程呈现了资源汇聚机制，而英特尔创新加速器运送力量的过程体现了资源整合机制。它就是利用这种组合机制为创客和生态合作伙伴寻找和连接资源。在资源汇聚阶段，英特尔凭借其自身过硬的技术和品牌影响力，使创新加速器在创建伊始就具有了不错的口碑和竞争优势，这极大地提高了英特尔对优秀合作伙伴的吸引程度。为了更好地满足创客的需求，英特尔积极与各地政府合作，与科研机构、高校创办联合创新中心，以提供产学研资源，为创新创业输送人才，同时英特尔还引入知名创业投资机构组成创投联盟，为创客提供资金扶持，还引入各式的中介服务机构，以完善项目后端产业链，加速项目商品化过程。在资源整合阶段，英特尔的主要任务就是使英特尔创新加速器的资源生态圈与创客生态圈相连接，通过品牌背书，为创客配置其所需要的资源及服务，从而推动创业活动顺利开展。

成果共享—容错试错动力机制。在特定空间会不自觉地形成一种文化氛围。这种文化氛围能够激励创客与创客、创客与其他组织相互分享创意思想和创意经验。例如，举办沙龙、培训等活动就可以让创客间分享知识经验及成果，以发挥知识传递的无边界作用，同时减少系统内的信息不对称性。并且，由于单个产品原型的制作投入资金少、风险小，生态链上的伙伴对项目落地失败率的容忍度将会提高。英特尔创办的开放创新实验室为创客提供了场地及先进的试验设备，以作为产品原型制作及验证的基地。在这个过程中，不管是英特尔还是创客本身，都在追求创新，也允许为了创新容忍失败。实验室也是创客的展览和交流场所，在这里，创客相互交换创意，通过项目的展示实现创新需求的汇聚与对接，使之成为创客社群。

价值共创机制。生态系统价值目标的实现方式是价值共创。英特尔创新加速器不仅保证了创客创新创业活动的顺利实施，还促进了其他生态合作伙伴发展目标的实现，通过交换互补资源实现价值共创。一方面，英特尔帮助创业团队汇聚各种资源来解决创客资源不足、经验不足、资金不足等问题。与英特尔合作的创客团队不仅能够享受到英特尔的技术扶持、费用补贴、市场推广等益处，还可以享受到各服务机构提供的中介服务，各大高校带来的与社会发展同步、走在世界前沿的文化见解以及出名的风险投资机构所提供的投资基金。另一方面，在快速增长的过程中，创客团队能够以不同的形式回馈给资源提供者。对于英特尔来说，能够将自己的技术芯片植入更多的创业团队中，进一步扩大了英特尔品牌在市场上的影响力，收获了更多潜在的合作伙伴；当然，英特尔也可以利用其技术资源换取创业企业的股份或者直接对有发展潜力的创业企业用资本投资换取股份。对于政府及高校来说，让大学生自主创造就业岗位，能够帮助缓解就业市场上供需不匹配的情况；而对于中间商、品牌商、风投机构来说，可以获得相应的服务收入。

英特尔创新加速器的运行机制如图 3-2 所示。

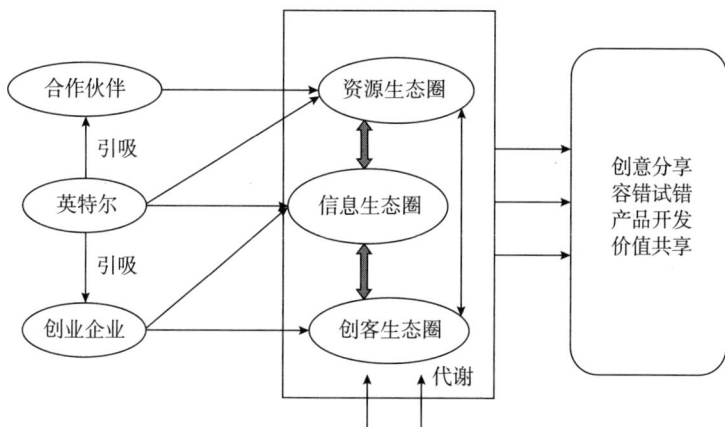

图 3-2　英特尔创新加速器运行机制

资料来源：徐莉，赖书婷，张正午，方梓旭. 英特尔创新加速器运行机制对推动我省众创空间建设的建议与思考 ［J］. 江西发展研究，2021（3）：1-12.

三、案例分析——TechShop

1. TechShop 的要素构成

第一，物理空间与设施。TechShop 的物理空间设计充分考虑了会员的工作需求与舒适度。一走进 TechShop 的大门，首先映入眼帘的是开阔明亮的工作区域，这种设计不仅让会员感到舒适，还有助于促进会员之间的交流与合作。同时，现代化的装修风格与布局使整个空间充满了科技感与创新氛围，进一步激发了会员的创新灵感。在 TechShop 中，设施的种类和先进程度堪称一流。这里配备了各种先进的制造设备、原型设计工具及专业的实验室设备，如3D 打印机、激光切割机、CNC 机床等。这些设备不仅代表了当前技术的最前沿，而且覆盖了从设计到制造、从原型到量产的整个创新流程。会员可以充分利用这些设备，将脑海中的创意迅速转化为现实。3D 打印机作为 TechShop 中的明星设备之一，为会员提供了从虚拟到实体的桥梁。无论是设计模型、原型制作还是个性化定制，3D 打印机都能帮助会员快速实现。这种高效的打印技术不仅缩短了项目周期，还降低了制作成本，为会员的创新活动提供了强有力的支持。激光切割机与 CNC 机床则是 TechShop 中的重型设备，它们为会员提供了精确、高效的材料加工能力。无论是金属、木材还是塑料，这些设备都能进行精确的切割、打磨和雕刻，帮助会员将材料转化为精美的作品。此外，CNC 机床还能进行复杂的加工操作，如钻孔、铣削等，进一步拓展了会员的创新可能性。除了制造设备，TechShop 还配备了专业的实验室设备，为会员提供了更为严谨的科研环境。这些设备不仅可用于基础科学研究，还可为会员的创新项目提供技术支持和实验验证。在这里，会员可以进行各种实验探索，推动科技创新的不断发展。

第二，会员制度。在 TechShop 的要素构成中，会员制度无疑是其核心所在。它不仅确保了设施的高效利用和社区的稳定性，还为会员提供了一个充满机会与活力的创新平台。会员制度的核心在于对资源的合理分配与高效利用。TechShop 的会员通过支付会员费，获得了工作室的使用权和设备使用的机会。这种制度设计使每一个会员都有机会使用到先进的制造设备、原型设计工具及专业的实验室设备。同时，通过预约和排队系统，会员可以有序地使用这些设施，避免了资源的浪费和冲突。这种高效的资源分配方式确保了 TechShop 设施能够得到最大化的利用，为会员提供了更好的创新环境。会员制度还有助于维护 TechShop 社区的稳定性。通过成为会员，人们不仅获得了使用设施的权利，更成为这个创新社区的一部分。他们可以参与到各种创新活动中，与其他会员交流、合作、分享经验。这种紧密的社区联系不仅增强了会员的归属感和凝聚力，还为 TechShop 创造了一个稳定、健康的创新生态。会员制度还为会员提供了多元化的福利。除了工作室和设备使用权，会员还可以享受到技术支持、教育培训及参与创新项目的机会。这些福利使会员能够在 TechShop 中得到全方位的支持和帮助，更好地实现他们的创新目标。同时，TechShop 还会定期举办各种创新活动、研讨会和讲座，为会员提供更多的学习和交流机会。对于 TechShop 而言，会员制度也是其稳定的收入来源之一。通过收取会员费，TechShop 可以确保有足够的资金来维持其日常运营和发展。这种稳定的收入来源为 TechShop 提供了更多的机会去探索新的创新模式和服务方式，进一步推动社区的繁荣和发展。会员制度还鼓励会员之间的交流与合作。在 TechShop 这个开放、包容的社区中，会员可以自由地交流想法、分享经验、寻求合作机会。这种交流与合作不仅有助于会员个人成长和创新能力的提升，还为整个社区注入了更多的活力和创意。同时，TechShop 还积极搭建平台，为会员提供合作的机会和场景，如组织合作项目、搭建创新团队等，进一步促进会员间的深度合作。总之，作为 TechShop 的核心，会员制度在确保设施高效利用、维护社区稳定性、提供多元化福利、保障稳定收入及促进会员交流与合作等方面发挥着重要作用。这一制度不仅为 TechShop 提供了一个稳定、健康的创新环境，还为会员搭建了一个充满机会与活力的创新平台。在这个平台上，会员可以充分发挥自己的创造力、实现创新梦想，共同推动 TechShop 社区的繁荣与发展。

第三，教育与培训。教育与培训在 TechShop 中占据举足轻重的地位，这不仅是因为技能和知识是创新的基石，更是因为 TechShop 深知，要推动创新，首先必须培养一支具备扎实技能和开阔视野的创新者队伍。以下是对 TechShop 教育与培训体系的深入剖析。TechShop 提供的课程种类繁多，覆盖了从基础操作到高级技术的各个层面。无论是初学者还是经验丰富的专业人士，都能在这里找到适合自己的课程。课程内容不仅包括传统的木工、金属加工、电子制造等，还涵盖了 3D 打印、激光切割、CNC 加工等现代制造技术。此外，Tech-Shop 还紧跟科技发展趋势，不断引入新的课程和技术。TechShop 的教育和培训课程非常注重实践操作。在这里，会员不仅可以在导师的指导下亲手操作设备，还可以在课程结束后继续使用这些设备进行自主实践。这种实践导向的教学方法使会员能够更快地掌握技能，并在实践中发现问题、解决问题。TechShop 的导师团队是其教育和培训质量的重要保证。这些导师都是各自领域的专家，他们不仅具备深厚的专业知识，而且拥有丰富的实践经验。他们不仅教授技术，更传授经验和方法，帮助会员更快地成长。总之，教育与培训是 TechShop 创新生态系统的重要组成部分，它为会员提供了全面的技能提升和创新支持。通过实践导向的教学方法、全面的课程体系和经验丰富的导师团队，TechShop 帮助会员快速掌握新技术，培养创新思维，从而更好地将创意转化为实际的产品。这种教育和培训体系的建立，不仅为 TechShop 吸引了众多的会员和合作伙伴，更为整个创新生态系统注入了新的活力和可能性。

2. TechShop 的运行机制

第一，会员需求驱动机制。TechShop 的运行始终以满足会员需求为核心。无论是设施的配备、课程的设置还是创新支持的提供，都是以会员的实际需求为出发点。这种以会员为中心的运行逻辑确保了 TechShop 能够持续地为会员提供有价值的服务。TechShop 作为一个全球领先的创意实现平台，其成功的基石在于其会员需求驱动机制。这种机制不仅塑造了 TechShop 独特的运营逻辑，更是其能够持续创新、保持竞争力的关键所在。本书将从多个方面深入探讨 TechShop 的会员需求驱动机制，并分析其如何确保为会员提供持续有价值的服务。①会员需求洞察与深度理解。TechShop 的会员需求驱动机制首先建立在对会员需求的深度洞察与理解之上。TechShop 明白，会员的需求不仅是使用高端设备或参加培训课程，更是实现创意、解决问题的全面需求。因此，TechShop 通过多种方式收集会员的反馈，包括定期调查、在线论坛讨论、一对一访谈等，以全面了解会员在创新过程中遇到的各种问题和挑战。这种深度理解会员需求的方式，使 TechShop 能够更准确地把握会员的期望和痛点，从而为其提供更加精准的服务。例如，根据会员对某一技术的需求，TechShop 可能会调整其课程设置，增加相关的培训内容；或者根据会员对设备使用的反馈，TechShop 可能会优化设备的操作流程，提高使用效率。②设施配备与课程设置的持续优化。在深度理解会员需求的基础上，TechShop 对其设施和课程进行了持续的优化和调整。在设施配备方面，TechShop 根据会员的反馈和需求，不断更新和升级其设备。这些设备不仅包括传统的木工、金属加工设备，还包括 3D 打印机、激光切割机等现代制造技术设备。同时，TechShop 还注重设备的易用性和安全性，确保会员能够轻松上手并安全使用。在课程设置方面，TechShop 同样以会员需求为导向。其课程内容不仅涵盖了从基础技能到高级技术的各个层面，还根据会员的反馈和市场需求进行不断更新和调整。此外，TechShop 还注重课程的实践性和互动性，通过项目导向的学习方式，帮助会员将理论知识转化为实际操作能力。③创新支持的个性化与多元化。除了设施配备和课程设置，TechShop还为会员提供了一系列创新支持。这些支持旨在帮助会员将创意转化为实际的产品，并推动创新项目的发展。在创新支持方面，TechShop同样以会员需求为驱动。TechShop的创新支持具有个性化特点。会员可以根据自己的需求和项目特点，选择适合自己的支持方式。例如，一些会员可能需要原型制作和开发支持，而另一些会员可能需要市场推广和商业合作支持。TechShop通过灵活的服务模式，满足会员个性化的需求。同时，TechShop的创新支持也具有多元化特点，它不仅提供技术指导和设备支持，还通过举办创新活动、企业体验导向的活动等方式，为会员提供多元化的创新资源和平台。这些活动不仅有助于会员拓宽视野、激发创意，还能帮助他们建立广泛的创新网络，促进跨界合作。④持续改进与会员深度参与。TechShop的会员需求驱动机制并不是一成不变的。随着技术的不断发展和会员需求的不断变化，TechShop会持续改进其服务内容和方式。这种改进过程不仅依赖于TechShop的专业团队和市场研究，更离不开会员的深度参与和持续反馈。TechShop鼓励会员积极参与其服务改进过程，通过在线调查、用户测试、焦点小组等方式，TechShop收集会员对服务的意见和建议，并将其纳入改进计划。这种会员参与的方式不仅提高了服务的针对性和有效性，还增强了会员对TechShop的归属感和忠诚度。总之，TechShop的会员需求驱动机制是其成功的核心所在，这种以会员为中心的运行逻辑确保了TechShop能够持续地为会员提供有价值的服务。通过深度理解会员需求、持续优化设施配备和课程设置、提供个性化和多元化的创新支持以及鼓励会员深度参与服务改进过程，TechShop为会员创造了一个充满活力和创新精神的生态环境。

第二，资源共享与协同机制。TechShop的会员制度实现了资源的共享与协同。会员之间可以互相交流、分享经验和合作，共同利用设施和设备，实现资源的最大化利用。这种资源共享和协同创新的模式不仅降低了创新成本，还促进了知识和技能的传播。TechShop作为一个致力于推动创新和技术实践的社区平台，其成功的背后不仅是高端的设备和专业的培训，更重要的是其资源共享与协同机制的有效实施。这种机制不仅促进了会员之间的深度交流与合作，还推动了知识和技能的广泛传播，从而实现了资源的最大化利用。本书将对TechShop的资源共享与协同机制进行深入的探讨和分析。①资源共享：打破边界的协同合作。资源共享是 TechShop 会员制度的核心组成部分。TechShop 的会员来自各行各业，他们有着不同的背景和专长，但共同的目标是推动创新和技术实践。在这种背景下，资源共享显得尤为重要。会员可以互相使用设施和设备，无须担心设备的闲置或浪费，从而实现了资源的最大化利用。此外，资源共享还促进了会员之间的交流与合作。会员可以通过使用相同的设备或参与相同的项目建立联系并分享经验，这种交流不仅有助于解决问题和提高效率，还有助于建立广泛的社交网络，为未来的合作和创新打下基础。②协同机制：促进创新的集体智慧。协同机制是 TechShop 资源共享的延伸和深化。在 TechShop 中，会员之间的合作不仅局限于使用设备和设施，更重要的是他们可以通过协同工作，共同推动创新项目的发展。TechShop 为会员提供了多种协同创新的平台。例如，它可以组织定期的创新活动和企业体验导向的活动，让会员有机会与其他创新者交流、分享经验和合作。此外，TechShop 还提供了一系列的项目导向的学习和工作坊，帮助会员将创意转化为实际的产品。这些活动和工作坊为会员提供了广泛的合作机会，促进了集体智慧的发挥。协同机制不仅促进了会员之间的合作，还推动了知识和技能的传播。在 TechShop 中，会员可以通过参与项目、分享经验和互相学习，不断提升自己的技能和知识水平。这种知识的传播和积累不仅有助于会员个人的成长，还有助于推动整个创新社区的发展。总之，资源共享与协同机制是 TechShop 成功的关键之一。通过打破边界的协同合作和促进创新的集体智慧，TechShop 为会员提供了一个充满活力和创新精神的生态环境。

第三，持续创新与发展机制。TechShop 的运行机制还体现在其持续创新与发展上。无论是设施的更新升级、课程的创新开发还是服务模式的优化改进，TechShop 都致力于保持其竞争优势和领先地位。这种持续创新的精神是推动 TechShop 不断发展的重要动力。TechShop 作为一个以创新和技术实践为核心的社区平台，其成功的秘诀不仅在于满足会员的即时需求，更在于其持续创新与发展的运行机制。这种机制确保了 TechShop 能够紧跟时代步伐，不断优化自身服务，满足会员日益增长和变化的需求，从而保持其竞争优势和领先地位。①设施的持续更新与升级。在 TechShop 中，设施的更新与升级是持续创新的重要组成部分。随着科技的不断发展，新的设备和技术不断涌现，为创新提供了更多可能性。为了确保会员能够使用到最先进、最高效的设备，

TechShop 不断关注行业动态，及时引进新设备，并对现有设备进行升级和改造。这种设施的持续更新与升级不仅提高了会员的工作效率，也为他们提供了更多尝试新技术、探索新领域的机会。同时，新设备的引入也激发了会员的创新热情，推动了更多创新项目的诞生。②课程的创新开发与迭代。除了设施更新，TechShop 还注重课程的创新开发与迭代。随着市场需求和会员需求的变化，TechShop 不断调整课程内容和形式，以满足会员的学习和发展需求。TechShop 的课程不仅涵盖了基础技能和高级技术，还关注新兴领域和前沿技术。通过与行业专家、企业合作等方式，TechShop 不断引入新的课程内容和教学方法，为会员提供全面、系统的学习体验。同时，TechShop 还鼓励会员参与课程设计和反馈，以更好地满足他们的学习需求。③服务模式的优化改进。在持续创新与发展的过程中，TechShop 不断优化其服务模式。无论是会员服务、设备管理还是项目管理等，TechShop 都致力于提供更加高效、便捷的服务。例如，TechShop 通过引入智能化管理系统，提高了设备预约、使用和管理的效率；通过优化会员服务流程，提高了会员的满意度和忠诚度；通过加强与企业和机构的合作，为会员提供了更多实践机会和职业发展资源。

四、经验总结

根据英特尔创新加速器和 TechShop 两个发达国家的典型众创空间，从要素构成和运行机制两个方面提炼出发达国家众创空间发展的共性与启示。

1. 英特尔创新加速器的经验总结

在大数据背景下，众创空间的要素构成可以从英特尔创新加速器的实践中提炼出以下经验总结：

第一，构建创新生态是众创空间的核心。通过联合政府、企业、教育和社区等多方力量，建立联合创新中心和开放实验室，为创客提供全方位的支持与服务，加速项目孵化和创新转化。同时，重视产学研结合，推动教育、文化和人才的培育，形成可持续发展的创新生态体系。

第二，线下接入市场活动是众创空间的重要组成部分。通过组织产学研合作研讨会和创新大赛，不仅为创客提供了学习交流的平台，还促进了技术的快速传播和应用。这些活动有助于提升创客的认知水平和技能，促进创新项目的市场化进程。

第三，线上接入数据中心渠道是众创空间适应大数据时代的关键。利用大数据和云计算技术，与广泛的合作伙伴共同构建强大的生态系统，实现资源共享和精准服务。这种线上线下的融合模式，为创客提供了更加便捷、高效的支持，促进了创新项目的快速发展和落地。

综上所述，大数据背景下众创空间的要素构成应包括创新生态的构建、线下市场活动的接入，以及线上数据中心渠道的接入。这些要素相互补充、相互促进，共同推动众创空间的高效运行和可持续发展。

在大数据背景下，众创空间的运行机制可以从英特尔创新加速器的实践中提炼出以下经验总结：

第一，构建创客生态圈代谢机制，通过设定门槛和路演形式，实现优胜劣汰，确保优秀项目获得资源支持并快速实现商业价值。这种机制不仅激励了创客团队的成长，也促进了创新生态的持续优化。

第二，建立信息—创客—资源协同共生网络机制，通过线上网络平台连接创客与生态合作伙伴，实现信息、资源与创意的高效对接。英特尔通过构建协同网络服务组织，成功地将静态化的专业支持转化为动态化的产业链协作，提升了整体竞争实力。

第三，实施资源汇聚和整合机制，利用品牌影响力和技术优势吸引优秀合作伙伴，为创客提供全方位的支持。英特尔通过与政府、科研机构、高校及创投机构的合作，构建了完善的资源生态圈，加速了创新创业项目的孵化与商品化进程。

第四，营造成果共享—容错试错动力机制，鼓励创客间的知识共享与经验交流，降低创新风险，提高项目成功率。英特尔的开放创新实验室为创客提供了试验与交流的场所，促进了创新文化的形成。

第五，强化价值共创机制，通过资源的高效配置与价值共创，推动创客、生态伙伴及整个创新生态的共同发展。英特尔通过提供技术、资金、中介服务等多方资源，助力创客成功创业，同时也扩大了自身市场份额，实现了多方共赢。

综上所述，大数据背景下众创空间的运行机制应注重构建生态圈代谢、协同共生网络、资源汇聚整合、成果共享容错试错及价值共创等机制，以促进创新生态的良性发展。

2. TechShop 的经验总结

在大数据背景下，众创空间的要素构成可以从 TechShop 的实践中提炼出以下经验总结：

第一，物理空间与设施的完善是众创空间的基础。一个开放、舒适、充满科技感与创新氛围的物理空间，能够激发会员的创新灵感，促进交流与合作。同时，配备先进制造设备、原型设计工具及实验室设备的设施体系，是支撑会员将创意转化为现实的重要保障。这种全面的设施支持，为会员提供了从设计到制造、从原型到量产的一站式服务，极大地缩短了创新周期，降低了创新成本。

第二，会员制度是众创空间的核心。合理的会员制度能够确保资源的有效分配与利用，维护社区的稳定性。通过会员费制度，众创空间可以获得稳定的运营资金，为会员提供持续的服务支持。同时，会员制度还促进了会员之间的交流与合作，形成了紧密的社区联系，为创新生态的繁荣奠定了基础。

第三，教育与培训是众创空间不可或缺的一部分。一个完善的培训体系能够培养会员的创新技能，提升他们的创新能力。TechShop 通过提供多样化的课程、注重实践操作的教学方法及专业的导师团队，为会员提供了全方位的教育和培训支持。这种教育模式不仅能够帮助会员快速掌握技能，还能够激发他们的创新潜力，为众创空间注入源源不断的创新动力。

综上所述，大数据背景下的众创空间应注重物理空间与设施的完善、会员制度的合理设计，以及教育与培训体系的构建，以打造一个充满活力、创新氛围浓厚的创新生态系统。

在大数据背景下，众创空间的运行机制可以从 TechShop 的成功经验中提炼出以下关键经验总结：

第一，以会员需求为核心驱动机制是众创空间持续发展的关键。通过深度洞察与理解会员需求，众创空间能够精准地提供设施、课程和创新支持，确保服务的有效性和针对性。这种以会员为中心的运行模式不仅提升了会员的满意度和忠诚度，还促进了创新生态的良性循环。

第二，资源共享与协同机制是众创空间实现资源最大化利用的重要途径。通过打破边界的协同合作，会员之间可以共享设施、设备和经验，降低创新成本，提高创新效率。同时，协同机制促进了集体智慧的发挥，推动了创新项目的快速发展。这种资源共享与协同创新的模式为众创空间注入了源源不断的活力。

第三，大数据技术的应用为众创空间提供了更加精准和高效的服务支持。通过收集和分析会员数据，众创空间可以更加准确地把握会员需求和市场趋势，为会员提供更加个性化的服务。同时，大数据技术还可以帮助众创空间优化资源配置，提高运营效率，为创新生态的可持续发展提供有力保障。

综上所述，大数据背景下众创空间的运行机制应围绕会员需求为核心，构建资源共享与协同机制，并充分利用大数据技术进行精准服务。这样的运行机制不仅能够提升众创空间的竞争力和吸引力，还能够推动创新生态的繁荣和发展。

第二节 我国众创空间的发展现状

本节首先讨论我国众创空间的发展概况，全面梳理我国众创空间的发展历程、地域分布运营现状及服务现状。其次评价众创空间的创新创业效率，构建我国众创空间创新创业效率的评价指标体系；基于评价框架，分析我国众创空间在创新创业效率方面的具体表现。最后基于评价结果，深入探讨影响我国众创空间创新创业效率的内外部因素，如政策环境、资源投入、运营管理等。

一、我国众创空间的发展概况

自 2015 年"大众创业、万众创新"（以下简称"双创"）被写入《政府工作报告》，举国上下纷纷开展"双创"建设，激发社会创新创业活力。众创空间是中国重要的创新创业服务平台，是深入推进"大众创业、万众创新"的新兴载体。近些年，中国如火如荼地建设众创空间，众创空间的数量从 2016 年的 4298 家增加至 2021 年的 9021 家，总面积从 2016 年的 22592011 平方米增加至 2020 年的 36500443 平方米，2021 年众创空间总收入 227 亿元，共有创业导师 16 万人，投入财政支持资金 32 亿元①。中国的众创空间总体呈现发展较快的特征，大量创新创业服务平台更是极大地推进了"大众创业、万众创新"的发展，催生了大量的市场主体、吸纳了大量就业并产出巨大创新

---

① 资料来源：2017—2022 年《中国火炬统计年鉴》。

效益，并促进了新增长动能的快速成长，从而增强了国家经济发展的内生动力。尽管我国众创空间发展态势良好，但随着经济和社会的发展与变革，原始的粗放型众创空间呈现出区域发展不平衡、对政府依赖倾向严重、资源整合能力不足等问题。

1. 我国众创空间发展阶段的划分

基于生命周期理论可知，众创空间作为新兴的创新创业生态系统，也遵循着与企业类似的发展规律。从初创期（大众阶段）到成熟期或转型期（精益阶段），众创空间经历了从快速扩张到注重质量提升的转变。同时，国家政策的出台和调整对众创空间的发展阶段划分具有重要影响。2015 年前后，国家密集出台了一系列支持大众创新创业的政策，直接推动了众创空间的快速发展和普及，形成了大众阶段。随着众创空间数量的激增和同质化等问题的出现，2018 年，国家适时调整政策导向，提出了更高质量的发展要求，推动了众创空间向精益阶段的转变。因此，本书将我国众创空间的发展阶段划分为 2015—2018 年的"大众"阶段和 2019 年至今的"精益"阶段是基于生命周期理论及国家政策导向等多方面的考虑。这一划分有助于更清晰地认识众创空间的发展规律和趋势，为制定更加科学合理的政策措施提供有力支持。

（1）2015—2018 年众创空间的"大众"阶段。创新 2.0 时代，时任总理李克强在 2014 年的夏季达沃斯论坛上首次提出"大众创业、万众创新"的新理念，鼓励新一轮科技创新，以适应和满足社会经济变革的需求并顺应和推动"双创"发展需要。随着 2015 年国务院印发的《国务院办公厅关于发展众创空间推进大众创新创业的指导意见》和《关于大力推进大众创业万众创新若干政策措施的意见》等一系列政策，我国众创空间如雨后春笋，在全国呈"井喷式"发展，吸引了大众参与到创新创业中。该阶段，众创空间作为创新创业载体，吸引了大量普通创业人员入驻众创空间，开展创新创业活动。

自"众创"提出 4 年多来，在中央和各地政府的大力支持下，国内的创新创业的浪潮不断升温，众创空间的数量呈爆发式增长。全国众创空间的数量由 2014 年不足 50 家到 2017 年底已达 5739 家，众创空间数量跃居全球第一，总面积达 2523 万平方米，与 2016 年相比增幅超过 33%。[1] 紧随而来的同质化、

---

[1] 资料来源：2015—2018 年《中国火炬统计年鉴》。

空心化、依赖政府补贴、创业服务能力不足、投入产出不成比例等问题成为制约众创平台发展的关键"瓶颈"。因此，众创空间的"大众"阶段开始逐渐发生转变，趋向于"精益"阶段。

总之，2015—2018 年众创空间的"大众"阶段，是一个以创新创业为核心，以互联网为平台，以社会大众为参与者的创新生态系统的形成和发展阶段。在这个阶段，众创空间得到了迅速的发展和普及。大量的众创空间如雨后春笋般涌现，为创新创业者提供了广阔的平台和资源。这些众创空间通过提供办公空间、设备租赁、项目孵化、投资融资等多种服务，为创新创业者提供了全方位的支持和服务。同时，这个阶段也是互联网技术的快速发展和应用阶段。互联网的普及和应用为众创空间的发展提供了有力的技术支持，创新创业者可以通过互联网平台获取信息、交流互动、展示成果等，进一步推动了创新创业的发展。在这个阶段，社会大众的参与度也得到了极大提高，越来越多的人开始关注创新创业，参与到创新创业中来，众创空间成为社会大众创新创业的重要平台，加速了创新创业的普及和推广。综上所述，2015—2018 年众创空间的"大众"阶段是一个以创新创业为核心，以互联网为平台，以社会大众为参与者的创新生态系统的形成和发展阶段。这个阶段为众创空间的高质量发展奠定了坚实的基础。

（2）2019 年至今众创空间的"精益"阶段。大量众创空间的重复建设、肆意扩张，给创新创业带来无益帮助，特别是各地对众创空间的布局缺乏战略思考，在后期发展和淘汰过程中容易造成资源浪费，进而造成众创空间发展格局的不稳定。另外，在众创空间发展初级阶段，大部分众创空间仍可凭借市场经济驱动良性发展，众创空间的数量和收入仍不断攀升。但随着 2018 年我国经济面临下行压力，一系列宏观因素既直接导致许多众创空间面临倒闭，又间接影响了创业企业的孵化成效，阻碍了众创空间的发展。因此，国家 2018 年推出众创空间建设意见升级版，旨在对创新创业群体进行一定程度的标准化，将大众创业转换为精益创业，提高创业主体的质量，从而提高创新创业的有效性，避免众创空间的重复建设。因此，根据图 3-3 可知，自 2019 年开始，众创空间数量增长趋势越发平缓，表明中国众创空间发展突破"大众"阶段，走上了"精益"阶段，众创空间数量不再呈爆炸式增长。但限于众创空间前期无序发展的难题，众创空间发展依旧存在诸多困境。

（个）

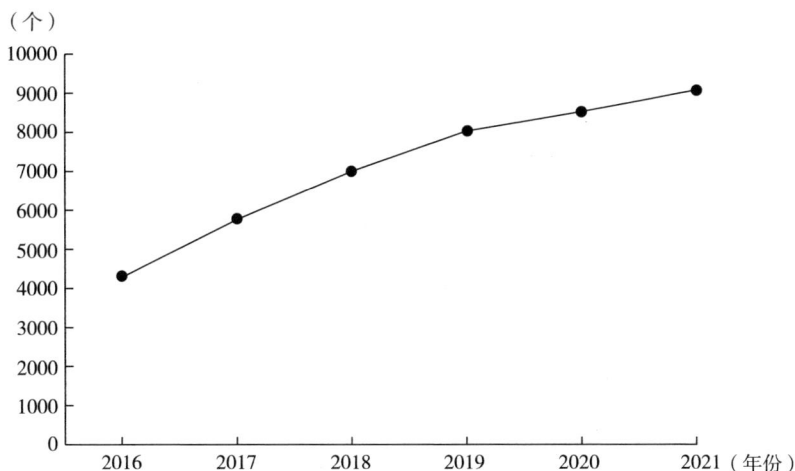

图 3-3　2016—2021 年中国众创空间数量变化

资料来源：2017—2022 年《中国火炬统计年鉴》。

总之，自 2019 年至今，众创空间进入了一个新的阶段，可以称为"精益"阶段。这个阶段的特点是更加注重创新的质量和效果，以及更加精细化的管理。在这个阶段，众创空间开始更加关注创新创业项目的质量和可持续性，他们开始更加注重项目的策划、研发、测试、推广等环节，以及更加关注项目的商业化和市场化。同时，众创空间也开始更加注重创新创业者的需求和反馈，为他们提供更加个性化和定制化的服务。此外，众创空间的管理也变得更加精细化和规范化，他们开始建立完善的组织架构和管理体系，包括财务管理、人力资源管理、项目管理等方面。同时，众创空间开始注重自身的品牌建设和市场推广，提高自身的竞争力和影响力。综上所述，2019 年至今的众创空间"精益"阶段，更加注重创新的质量和效果，以及精细化的管理。

2. 我国众创空间发展的区域分布

根据 2017—2022 年《中国火炬统计年鉴》，绘制了我国 2016—2021 年我国众创空间分布情况图。如图 3-4 所示，从总体规模上看，我国众创空间从2016 年的 4298 家增加至 2021 年的 9026 家，众创空间数量快速增长。从区域分布上看，东部地区的众创空间数量最多，从 2016 年的 2491 家增加至 2021

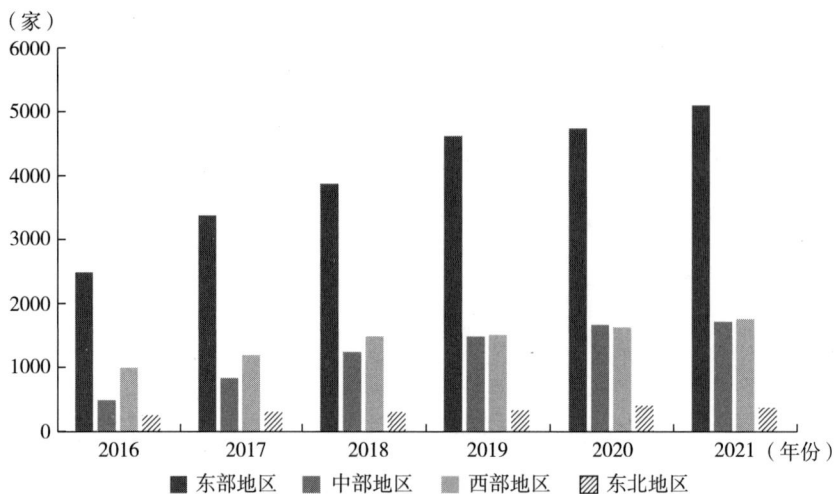

（家）

图 3-4　2016—2021 年我国众创空间区域分布

资料来源：2017—2022 年《中国火炬统计年鉴》。

年的 5094 家；中部地区和西部地区其次，其中，中部地区从 2016 年的 511 家
增加至 2021 年的 1737 家；西部地区从 2016 年的 1022 家增加至 2021 年的
1784 家；东北地区的众创空间最少，从 2016 年的 274 家增加至 2021 年的 411
家。综上所述，首先，政策的推动是众创空间数量增加的重要因素。近年来，
国家对创新创业给予了前所未有的重视，出台了一系列鼓励创新创业的政策措
施。例如，各级政府设立了创业引导基金，为初创企业提供资金支持；同时，
还推出了税收优惠、场地租赁补贴等政策，降低了创业门槛，吸引了更多的创
业者和团队进入众创空间。其次，市场需求也是众创空间数量增加的重要原
因。随着经济的转型升级和科技的快速发展，越来越多的领域出现了创新的需
求。众创空间作为一种为创新创业提供服务的平台，能够满足这些需求，为创
业者和团队提供一站式的服务，包括场地租赁、投融资、人才招聘、技术转移
等。因此，随着市场需求的不断增加，众创空间的数量也随之增加。此外，东
部地区众创空间数量最多，中部地区和西部地区其次，东北地区最少的原因与
各地的经济发展水平、创新创业氛围和资源条件有关。东部地区经济发达，创
新创业氛围浓厚，吸引了大量的创业者和投资，因此众创空间数量最多。中部
地区和西部地区虽然经济发展水平相对较低，但近年来政府加大了对创新创业

的支持力度，推动了众创空间的发展。东北地区由于历史原因和经济结构的调整，创新创业的氛围相对较弱，因此众创空间数量相对较少。总之，我国众创空间数量的快速增长是多种因素共同作用的结果。未来，随着政策的持续推动和市场需求的不断增加，众创空间的数量还将继续保持快速增长的态势，为我国创新创业事业的发展提供有力支撑。

3. 我国众创空间发展的运营现状

根据 2017—2022 年《中国火炬统计年鉴》，绘制了我国 2016—2021 年我国众创空间主要收入情况图。如图 3-5 所示，2016—2021 年以来，我国众创空间总收入总体呈现不断上升趋势，从 2016 年的 150 多亿元增加至 2021 年的 230 亿元；其中，东部地区的众创空间总收入从 2016 年的 99 亿元增加至 2021 年的 141 亿元，虽然在全国众创空间总收入中的占比从 66% 降至 61%，但东部地区众创空间的总收入依旧占较大比重，这也与东部地区的众创空间数量较大具有一定的对应关系。另外，总收入进一步细分为服务收入、投资收入和财政补贴，其中，服务收入占较大比重，财政补贴次之，投资收入最少。

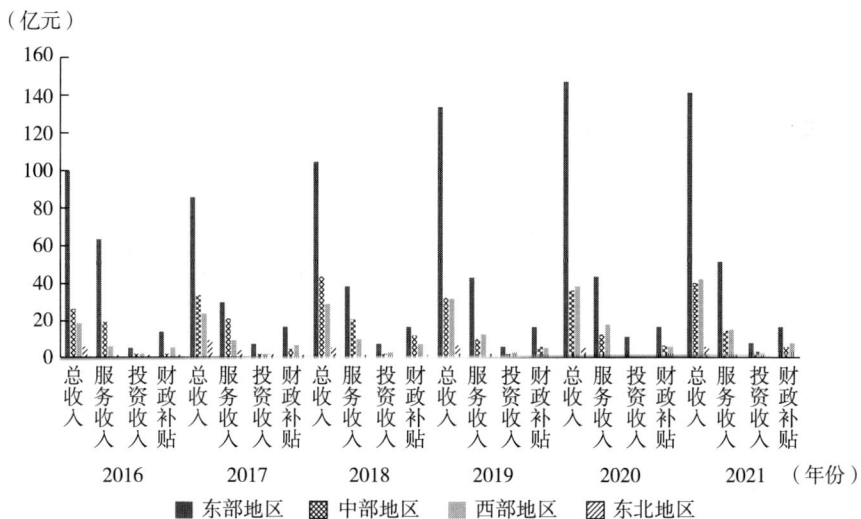

图 3-5　2016—2021 年我国众创空间区域主要收入情况

资料来源：2017—2022 年《中国火炬统计年鉴》。

综上所述，2017—2021 年我国众创空间的总收入持续上升，这也反映了众创空间在推动创新创业发展方面的积极成果和不断增强的经济实力。从这些数据中可以解读出以下关键趋势和因素。

经济贡献增长。众创空间总收入的增加表明，这些平台不仅为初创企业提供了孵化和成长的场所，还通过提供专业服务、吸引投资及获得政府财政补贴等方式，对经济增长作出了积极贡献。

东部地区持续领先。虽然东部地区众创空间在全国总收入中的占比有所下降，但仍是众创空间总收入的主要贡献者。这反映了东部地区在创新创业领域的领先地位，以及其强大的经济基础和创新创业环境。

服务收入占据主导地位。在众创空间的总收入中，服务收入占比较大，这体现了众创空间作为创新创业服务平台的核心价值。众创空间通过提供场地、技术、人才、市场等资源和服务，帮助初创企业快速成长，实现商业化。

财政补贴和投资收入的作用。财政补贴和投资收入虽然占比不如服务收入高，但也是众创空间收入的重要来源。政府的财政补贴能够降低初创企业的成本，投资收入则反映了市场对众创空间及其孵化项目的认可和支持。

区域均衡发展仍需努力。虽然东部地区众创空间发展势头强劲，但中西部地区和东北地区的众创空间也有一定的发展。为了促进全国范围内的创新创业发展，需要继续加强政策引导和支持，推动各地区众创空间的均衡发展。

总的来说，众创空间在我国创新创业生态系统中扮演着越来越重要的角色，对推动经济增长、促进就业和培育新兴产业具有重要意义。未来，随着政策的进一步完善和市场需求的持续增长，众创空间有望继续保持快速发展态势，为我国经济的高质量发展注入新的活力。

4. 我国众创空间发展的服务现状

本书从我国众创空间当年服务的创业团队和初创企业数量、举办创新创业活动、开展创业教育培训、提供技术支撑服务的团队和企业数量、团队及企业当年获得投资总额等方面展示我国众创空间发展的服务现状。

根据图 3-6 可知，总体来看，2016—2021 年我国众创空间当年服务的创业团队和初创企业数量呈现较为稳定的发展态势，除 2016—2017 年出现了较大增长外，后续年份都较为稳定；分地区来看，东部地区的众创空间当年服务的创业团队和初创企业数量遥遥领先于其他地区，中部地区与西部地区差别不大，整体上中部地区占据一定优势，而东北地区远远落后于东部地区、中部地区和西部地区。

（家）

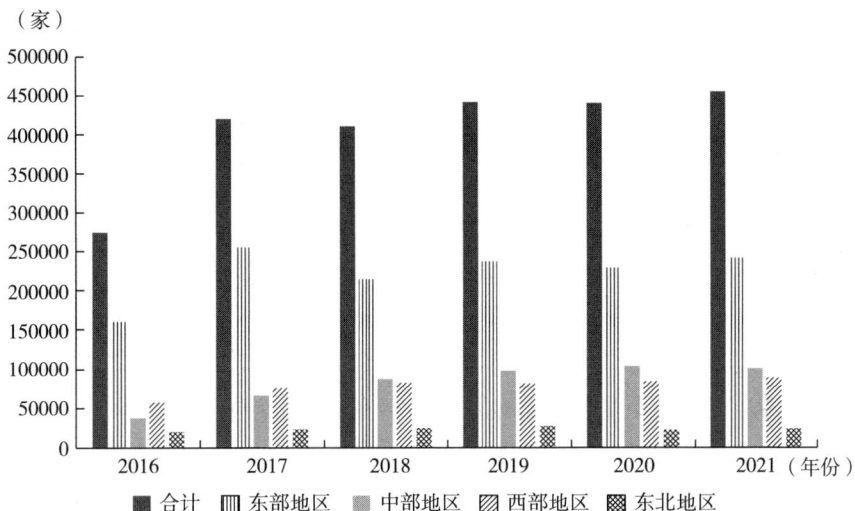

图3-6　2016—2021年我国众创空间当年服务的创业团队和初创企业数量

资料来源：2017—2022年《中国火炬统计年鉴》。

具体地说，2016—2021年，我国众创空间经历了从初创期到稳定期的转变，呈现出一种相对稳定的发展态势。这一时期的众创空间不仅数量上有所增长，更在服务质量和效率上也得到了显著提升。尤其是在2016—2017年，创业团队和初创企业数量的较大增长成为众创空间发展的一个重要里程碑，这一增长的原因是多方面的。首先，国家政策的引导和支持起到了关键作用。当时，国家出台了一系列鼓励创新创业的政策措施，如税收优惠、资金扶持、创业培训等，为创业者提供了良好的政策环境，这些政策不仅降低了创业门槛，也激发了全社会的创业热情。其次，随着"大众创业、万众创新"的提出，越来越多的人加入创业队伍。此外，当时的市场环境也相对宽松，这为创业团队和初创企业的发展提供了良好的土壤。

然而，随着时间的推移，这种增长势头有所放缓。一方面是因为市场饱和度的提高，创业难度加大；另一方面是因为经济环境的变化，如全球经济下行、国内经济结构调整等，对创业团队和初创企业造成了一定的冲击。尽管如此，众创空间仍然保持了稳定的服务输出，这体现了其强大的生命力和适应性。同时，也反映了我国在推动创新创业方面的坚定决心和不懈努力。

分地区来看，东部地区的众创空间在当年服务的创业团队和初创企业数量上遥遥领先，这与其地理位置、经济发展水平、政策支持等多方面因素有关。东部地区作为我国经济最为发达的地区之一，拥有更为完善的产业链、更为丰富的创新资源以及更为开放的市场环境。这些优势为创业团队和初创企业的发展提供了得天独厚的条件，吸引了大量的创业者和投资者。此外，东部地区的高校和科研机构众多，为创业团队提供了源源不断的人才和技术支持。这些因素共同促成了东部地区众创空间的繁荣发展。

相比之下，中部地区与西部地区的众创空间发展相对均衡，但整体上中部地区占据一定优势。这可能与中部地区近年来在产业结构优化、创新驱动发展等方面所做出的努力有关。中部地区在承接东部地区产业转移的同时，也注重培育本土创新企业，通过政策引导、资金投入等方式，推动创新创业的发展。同时，中部地区与东部地区在地理位置上相邻，便于两地之间的合作与交流，这也为中部地区的众创空间发展带来了一定的便利。

东北地区则远落后于东部地区、中部地区和西部地区。这可能与该地区的经济发展滞后、创新资源相对匮乏等因素有关。东北地区曾是我国的老工业基地，但随着经济结构的调整和产业升级的推进，该地区的经济发展面临一定的挑战。此外，东北地区的高校和科研机构数量相对较少，创新资源相对匮乏，这也限制了该地区众创空间的发展。为了推动东北地区的振兴发展，政府和社会各界需要加大对创新创业的支持力度，通过政策引导、资金投入等方式，帮助该地区的众创空间提升服务能力、优化创新环境。

总体来看，我国众创空间在 2016—2021 年呈现出较为稳定的发展态势，但也存在地区差异较大的问题。为了推动全国范围内众创空间的均衡发展，政府和社会各界需要加大对中部地区和西部地区，特别是东北地区的支持力度，通过政策引导、资金投入等方式，帮助这些地区的众创空间提升服务能力、优化创新环境。同时，也需要加强对众创空间的监管和评估，确保其健康有序发展。只有这样，才能推动我国创新创业事业的全面繁荣和发展。

综上所述，我国众创空间在 2016—2021 年取得了显著的成绩，但也面临一些挑战和问题。只有通过全社会的共同努力和支持，才能推动我国众创空间实现更加健康、稳定和可持续的发展。

根据图 3-7 可知,总体来看,2016—2021 年我国众创空间在创新创业活动的举办上呈现出一种波动起伏的发展态势。这一时期,众创空间不仅数量上有所增长,更在活动的质量和影响力上得到了显著提升。然而,这种发展并非一帆风顺,而是在波动中前行,这既反映了我国创新创业环境的复杂性,也体现了众创空间在适应和引领创新创业潮流中的努力。

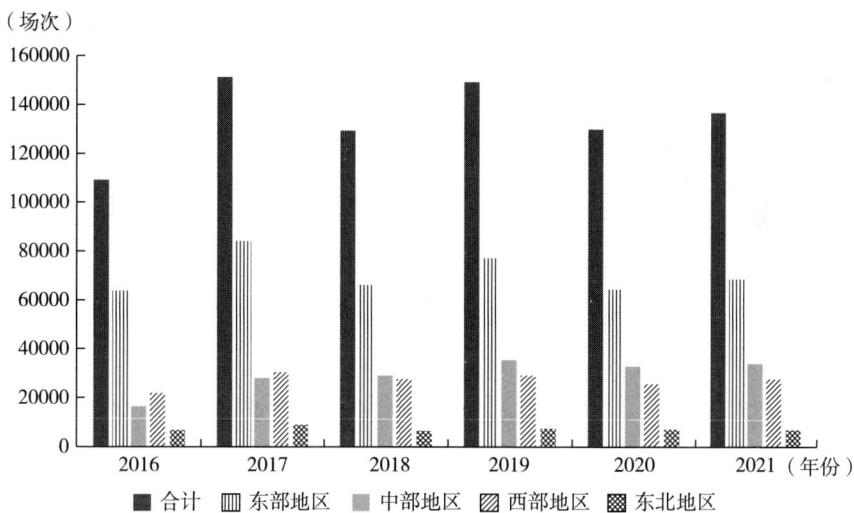

图 3-7 2016—2021 年我国众创空间当年举办创新创业活动情况

资料来源:2017—2022 年《中国火炬统计年鉴》。

2016—2017 年,众创空间举办的创新创业活动场次出现了较大增长,这主要得益于当时国家政策的强力支持和市场环境的积极变化。然而,随着时间的推移,这种增长势头有所放缓,甚至在某些年份出现了下降。这主要是因为创新创业活动的举办受到多种因素的影响,包括市场环境、政策变化、经济走势等。例如,当市场环境变得更为严峻时,创业者可能会更加谨慎,对创新创业活动的参与度也会有所降低。此外,政策的变化也可能对创新创业活动产生影响。当政策调整或取消时,一些依赖于政策支持的创新创业活动可能会受到影响。这种波动起伏的发展态势反映了我国众创空间在适应和引领创新创业潮流中的挑战。

分地区来看,东部地区众创空间在创新创业活动上领先,得益于地理、经济与政策优势。作为经济发达地区，东部地区拥有完善的产业链、丰富的创新资源和开放的市场环境，吸引了众多创业者和投资者。中部地区和西部地区众创空间的创新创业活动相近，中部地区略占优势。东北地区众创空间创新创业活动落后，或与经济发展滞后、创新资源匮乏有关。

综上所述，我国众创空间在举办创新创业活动方面取得了显著的成绩，但也面临一些问题和挑战。要实现众创空间的可持续发展，并为我国的创新创业事业做出更大的贡献，需要全社会的共同努力与支持。

根据图 3-8 可知，2016—2021 年我国众创空间在创业教育培训方面的发展呈现出有限的增长态势。尽管在此期间，创业教育培训的重要性被广泛认知，但实际进展却未能与预期相匹配，这反映出我国在创业教育培训领域仍面临诸多挑战。首先，从全国范围来看，众创空间在创业教育培训方面的投入和产出有限。尽管政策层面多次强调创业教育的重要性，并鼓励众创空间加强这方面的工作，但实际效果并不显著。这可能是因为创业教育培训需要投入大量的人力、物力和财力，而众创空间本身在资源和资金方面就存在一定的局限性。其次，从地区分布来看，东部地区在创业教育培训活动的开展方面占据了明显优势。这主要是因为东部地区经济发达，创新资源丰富，对创业教育培训的需求也相对较大。同时，东部地区的高校、科研机构等机构众多，为创业教育培训提供了丰富的人才和技术支持。因此，东部地区在创业教育培训方面的发展相对较快，活动数量和质量都相对较高。相比之下，中部地区、西部地区和东北地区在创业教育培训活动的开展方面则显得较为落后。这可能与这些地区的经济发展水平、创新资源分布及政策支持力度等因素有关。中部地区虽然近年来在经济发展和创新驱动方面取得了一定的成绩，但在创业教育培训方面仍需加大投入力度。西部地区和东北地区则由于受地理位置、经济基础等因素的制约，创业教育培训的发展相对滞后。

根据图 3-9 可知，2016—2019 年全国层面以及东部地区、中部地区、东北地区的众创空间在提供技术支撑服务的团队和企业数量上呈现不断上升的趋势。这一阶段的增长，可以归因于多方面因素的综合作用。首先，国家对创新创业的政策扶持力度不断加大，为众创空间提供了良好的发展环境。其次，随着技术的不断进步和创新创业的深入推进，越来越多的团队和企业开始寻求技术支撑服务，以满足其创新发展的需求。此外，众创空间自身也在不断提升服

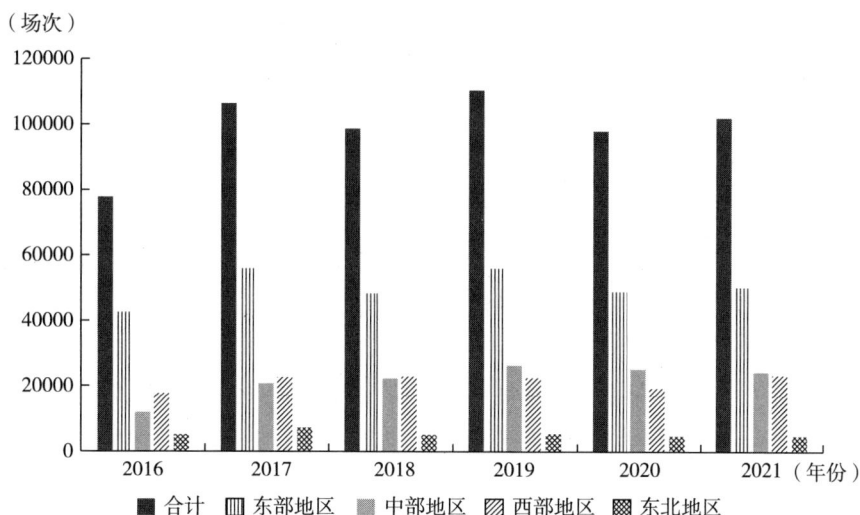

图3-8 2016—2021年我国众创空间当年开展创业教育培训情况

资料来源：2017—2022年《中国火炬统计年鉴》。

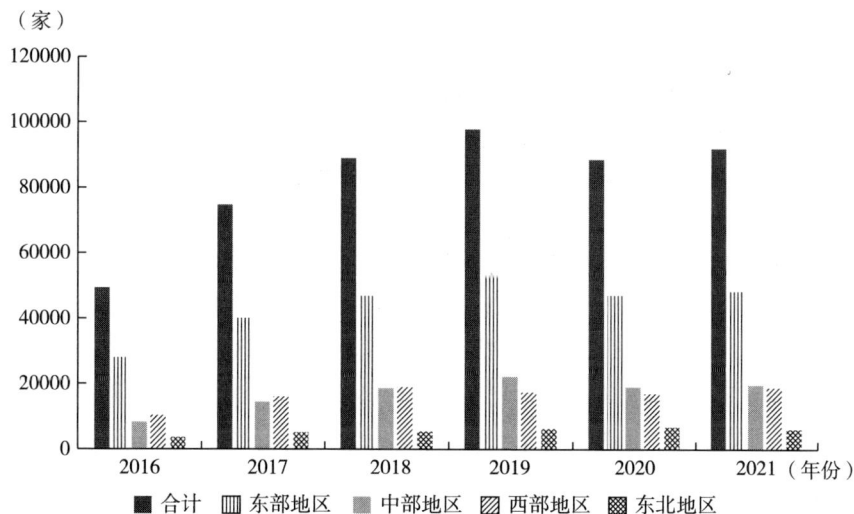

图3-9 2016—2021年我国众创空间当年提供技术支撑服务的

创业团队及初创企业数量情况

资料来源：2017—2022年《中国火炬统计年鉴》。

务能力，完善服务体系，吸引了更多的技术支撑服务提供者和用户。然而，自2020年开始，全国层面以及各地区的众创空间在提供技术支撑服务的团队和企业数量上逐渐出现下降的趋势。这可能是由于多种原因导致的。一方面，全球经济形势的变化和国内市场的波动可能对创新创业活动产生了一定的影响，导致部分团队和企业缩减了技术支撑服务的投入。另一方面，随着技术的不断发展和市场竞争的加剧，技术支撑服务的需求和供给也发生了一定的变化，部分团队和企业可能开始寻求更加高效、专业的技术服务，而不再依赖于众创空间提供的技术支撑服务。

分地区来看，东部地区的众创空间在提供技术支撑服务的团队和企业数量上远远领先于中部地区、西部地区和东北地区。这主要是因为东部地区经济发展水平较高，创新创业氛围浓厚，吸引了大量的创新资源和优秀团队。同时，东部地区的高校、科研机构众多，为技术支撑服务提供了丰富的人才和技术支持。相比之下，中部地区、西部地区和东北地区的众创空间在提供技术支撑服务的团队和企业数量上相对较少，这可能与这些地区的经济发展水平、创新资源分布及政策支持力度等因素有关。

综上所述，我国众创空间在提供技术支撑服务的团队和企业数量上呈现先上升后下降的趋势，地区差异明显。为了推动全国范围内众创空间的均衡发展和提高技术支撑服务的质量和效率，需要政府、企业和社会各界的共同努力和支持。通过加强政策引导、优化创新环境、完善服务体系等措施，有望推动我国众创空间实现更加健康、稳定和可持续的发展。

根据图3-10可知，在创业团队及初创企业当年获得投资总额方面，东部地区的众创空间表现尤为突出，占据了总体规模的绝大部分，这显示出东部地区在吸引投资方面的显著优势。与此同时，中部地区、西部地区和东北地区的众创空间在创业投资方面的表现相对较弱，几乎可以忽略不计。这种地域性的投资差异可能源于东部地区更为发达的经济环境、更丰富的创新资源以及更为成熟的投资市场。

从时间趋势上看，2016—2019年全国层面和东部地区的众创空间在创业团队及初创企业当年获得投资总额上呈现出不断上升的趋势。这一增长趋势表明，随着国家对创新创业政策扶持力度的加大以及市场环境的不断改善，越来越多的投资者开始关注并支持众创空间中的创业团队和初创企业。这一趋势也反映了投资者对于东部地区创新潜力和市场前景的积极预期。

（亿元）

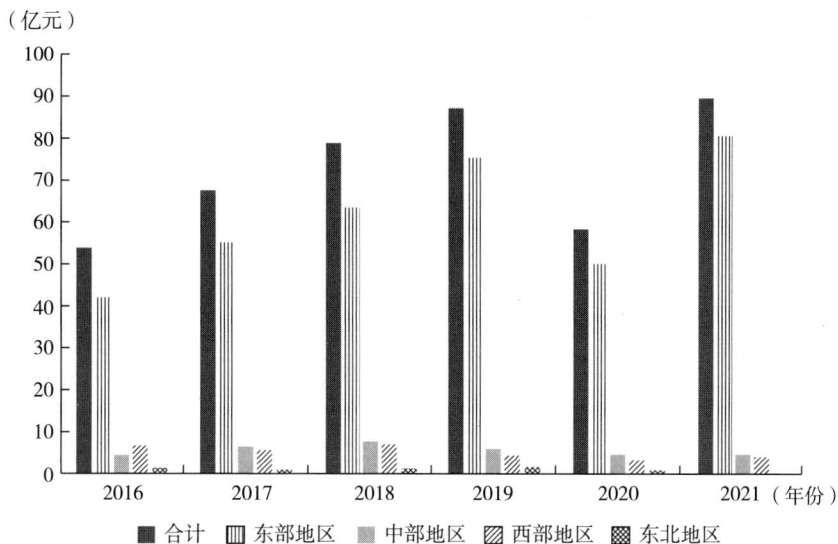

图 3-10　2016—2021 年我国众创空间的创业团队及
初创企业当年获得投资总额情况

资料来源：2017—2022 年《中国火炬统计年鉴》。

　　然而，值得注意的是，虽然东部地区在创业投资方面占据了绝对优势，但其他地区的众创空间也应积极寻求发展机会，加强自身的创新能力和吸引力。例如，中部地区可以依托其地理位置和产业基础优势，加强与东部地区的合作与交流，吸引更多的投资资源。西部地区和东北地区则可以依托自身的特色资源和产业优势，打造具有地区特色的众创空间，吸引投资者的关注。

　　此外，为了推动全国范围内众创空间的均衡发展和提高创业投资的整体水平，政府和社会各界也应加大支持力度。例如，政府可以出台更多针对众创空间的优惠政策，降低创业门槛和投资风险；同时，还可以引导社会资本流向中西部地区和东北地区的众创空间，促进这些地区的创新创业发展。

二、我国众创空间创新创业效率评价

1. 评价方法的选择

（1）传统 DEA 模型。DEA 方法是一种非参数估计方法，在处理多输入、多输出系统的相对有效性评价和生产前沿分析方面，具有其他参数估计方法所不具有的诸多优越性。现有效率测度研究也大多采用 DEA 方法中的各种模型，其中，应用最为广泛的是 DEA 方法中的 CCR 模型和 BCC 模型，美国著名运筹学家 Charnes 等（1978）提出 CCR 模型，将对 DMU（决策单元）的相对有效性评价延伸至多投入、多产出的情况中，是一种评估具有多投入多产出同类型 DMU 相对有效性的一种效率测度方法（Charnes 等，1978）。但是，CCR 模型对决策单元规模有效性和技术性同时进行评价，即 CCR 模型中的 DEA 有效的决策单元既是规模适当又是技术管理水平高的，若得到结果是 DMU 无效率的，则除了不恰当的投入产出，还可能是规模原因，故为了提升测度的有效性，深入了解规模报酬的状态，于是，Banker 等（1984）提出了规模收益可变的 BCC 模型，在 CCR 模型中增加一个凸性约束：$\sum_{j=1}^{n} \lambda_j = 1 (\lambda \geq 1)$，从而得到可变规模报酬（VRS）的 BCC 模型。

BCC 线性规划模型，如式（3-1）和式（3-2）所示。

$$
\begin{cases}
\max(\mu^T y_{j0} + \mu_0) = V_P \\
\omega^T X_j - \mu^T Y_j + \mu_0 \geq 0, \ j = 1, 2, \cdots, n, \\
\omega^T X_0 = 1 \\
\omega \geq 0, \ \mu \geq 0, \ \mu_0 \in E^1
\end{cases}
\tag{3-1}
$$

$$
\begin{cases}
\min\theta = V_D \\
s.t. \ \sum_{i=1}^{n} X_j \lambda_j + s^- = \theta x_{j0} \\
\sum_{i=1}^{n} Y_j \lambda_j - s^+ = y_{j0} \\
\sum_{i=1}^{n} \lambda_i = 1
\end{cases}
\tag{3-2}
$$

$s^- \geq 0; \ s^+ \geq 0; \ \lambda_j \geq 0; \ j = 1, 2, \cdots, n; \ \theta \in E^1$

上述线性规划若满足 $V_P = \mu^{0T} y_{j0} + \mu_0^0 = 1$，则决策单元 j_0 为弱 DEA 有效。若进而满足 $\omega^0 > 0$，$\mu^0 > 0$，则决策单元 j_0 为 DEA 有效。

在可变规模报酬假设下，可以将综合效率分解为纯技术效率和规模效率，相应地，生产规模状况成为制约决策单元效率的一个重要考量因素，从而可以判断它们对综合效率的影响。因此，本书采用传统的 DEA 模型（CCR 和 BCC

模型）来测度 30 个省份众创空间创新创业服务的静态效率。

（2）Malmquist 指数模型。由于传统 DEA 模型适合在决策单元之间进行横向比较，若要观察研究期内全要素生产率的时序变化情况，还需借助Malmquist 指数模型。Fare 等（1994）建立了用来测度全要素生产率变动的Malmquist 生产率指数（TFP），应用 Shephard 距离函数将 Malmquist 生产率指数分解为两个方面：①DMU 前后两个时期内的技术效率变化（TEC），即资源配置、管理水平和使用效率，反映 DMU 的实际产出与最优前沿面的距离，TEC 是规模报酬不变且要素自由处置条件下 t 与 t+1 时期之间的相对效率变化指数，主要由管理、制度改革等改善引起的效率提高；当 TEC>1 时，表示在该时期内，组织管理水平提高导致组织效率提高，出现追赶效应，反之下降。②技术进步指数（TC），TC 主要是技术创新、技术引进的结果，可以使生产可能性边界外移，在同样的要素投入下，潜在产出量得到提高，实际上是出现了技术创新，即创新效应。当规模报酬可变时，Fare（1997）又将技术效率变动（TEC）指数进一步分解为纯技术效率变动（PTEC）指数和规模效率变动（SEC）指数。其指数分解关系如下所示：TFP（全要素生产率变动指数）＝TEC（技术效率变动指数）×TC（技术进步指数）＝［PTEC（纯技术效率变动指数）×SEC（规模效率变动指数）］×TC。Malmquist 指数模型的具体计算过程如式（3-3）和式（3-4）所示：

$$M_t(y_t,\ x_t) = \frac{d_0^t(y_{t+1},\ x_{t+1})}{d_0^t(y_t,\ x_t)} \tag{3-3}$$

$$M_{t+1}(y_{t+1},\ x_{t+1}) = \frac{d_0^{t+1}(y_{t+1},\ x_{t+1})}{d_0^{t+1}(y_t,\ x_t)} \tag{3-4}$$

式中，$M_t(y_t,\ x_t)$ 表示基于 t 期的生产技术水平下，DMU_i 从 t 期到 t+1 期生产技术效率变动（相对技术效率变化）的 Malmquist 指数；$M_{t+1}(y_t,\ x_t)$ 表示基于 t+1 期的生产技术水平下，DMU_i 从 t 期到 t+1 期生产技术效率变动（相对技术效率变化）的 Malmquist 指数；$(y_{t+1},\ x_{t+1})$ 和 $(y_t,\ x_t)$ 分别表示 t+1 时期和 t 时期的产出和投入；d_0^t 和 d_0^{t+1} 分别表示 t 时期和 t+1 时期的距离函数。

根据以上两个公式，可构建一个衡量全要素生产率变化的 Malmquist 指数，如式（3-5）所示：

$$M_0 = \left[\frac{d_0^t (y_{t+1}, x_{t+1})}{d_0^t (y_t, x_t)} \times \frac{d_0^{t+1}(y_{t+1}, x_{t+1})}{d_0^{t+1}(y_t, x_t)} \right]^{1/2} \tag{3-5}$$

式中，M_0 表示一个企业在 $t+1$ 时期的 (y_{t+1}, x_{t+1}) 相对于在 (t) 时期的 (y_t, x_t) 生产率变化，若 $M_0>1$ 表示全要素生产率呈增长趋势，若 $M_0<1$ 则表示全要素生产率呈下降趋势。

在规模报酬不变情况下，Malmquist 指数具有良好的性质，它可以分解为综合技术效率变化指数（EC）和技术进步指数（TC），其分解过程如式（3-6）所示：

$$M_0 = \frac{d_0^{t+1}(y_{t+1}, x_{t+1})}{d_0^t(y_t, x_t)} \times \left[\frac{d_0^t(y_{t+1}, x_{t+1})}{d_0^{t+1}(y_{t+1}, x_{t+1})} \times \frac{d_0^t(y_t, x_t)}{d_0^{t+1}(y_t, x_t)} \right]^{1/2} = EC \times TC \tag{3-6}$$

在规模报酬可变情况下，EC 还可以进一步分解为纯技术效率变化（PTEC）和规模效率变化（SEC），其分解过程如下：

$$PTEC = \frac{d_0^{t+1}(y_{t+1}, x_{t+1})}{d_0^t(y_t, x_t)}$$

$$SEC = \left[\frac{d_0^{t+1}(y_{t+1}, x_{t+1})/d_{0c}^{t+1}(y_{t+1}, x_{t+1})}{d_0^{t+1}(y_{t+1}, x_{t+1})/d_{0c}^{t+1}(y_t, x_t)} \times \frac{d_0^t(y_{t+1}, x_{t+1})/d_{0c}^t(y_{t+1}, x_{t+1})}{d_0^t(y_t, x_t)/d_{0c}^t(y_t, x_t)} \right]$$

$$EC = PTEC \times SEC$$

2. 评价指标体系的构建

构建测度指标体系是测度众创空间创新创业效率的重要前提，测度指标体系在构建过程中需遵循科学性、可获取性等基本原则，紧密结合众创空间创新创业效率的基本内涵，真实反映众创空间的创新创业服务供给。众创空间作为创新创业服务平台，其出发点和落脚点是向创客团队和初创企业提供多样化创新创业服务，扮演着连接创业者与多方服务供给商的重要角色，创客通过进驻众创空间，借助众创空间这一平台自由对接各类服务供给商。其中，众创空间提供相应的创新创业服务，如提供物理空间（工位）、举办创新创业活动、开展创业教育培训等交流培训活动等，且众创空间作为公益性创新创业服务平台承担了一些社会责任，如吸纳就业等；创业者通过借助众创空间这一平台，将自身创新创业意愿转变为实际产品，生成一系列发明创造，从而形成大量知识产权。由此，构建众创空间创新创业效率测度指标体系（见表3-1）。

表 3-1　众创空间创新创业效率测度指标体系

维度	一级指标	二级指标	具体计算公式	单位
投入指标	人力投入	投入数量	众创空间服务人员数量	人
	财力投入	财政支持	享受财政资金支持额	千元
	物力投入	工位数	众创空间提供工位数量	个
产出指标	经济效益	众创空间总收入	"服务收入+房租"+"物业收入+投资收入+财政补贴+其他收入"	千元
	社会效益	吸纳就业	"创业团队+初创企业"（吸纳就业数）	人
	创新效益	知识产权	"创业团队+初创企业"（拥有有效知识产权数）	件

在构建众创空间创新创业效率测度指标体系时，我们需要确保指标能够科学、准确、全面地反映众创空间的投入和产出情况。根据表 3-1 可知，本书将众创空间创新创业效率的测度指标体系分为两个主要维度：投入指标和产出指标。投入指标包括了人力投入、财力投入、物力投入。其中，人力投入用人力投入数量来衡量，表示众创空间服务人员数量，反映其在人力资源方面的投入情况。财力投入以财政支持来衡量，表示众创空间享受的财政资金支持额，以千元为单位。这一指标反映了政府在资金方面的投入力度。物力投入用工位数来衡量，表示众创空间提供的工位数量，以个为单位。这一指标反映了众创空间在物理空间资源方面的投入情况。产出指标包括经济效益、社会效益、创新效益。其中，经济效益用众创空间总收入来衡量，反映众创空间的经济效益，通过计算"服务收入+房租""物业收入+投资收入+财政补贴+其他收入"的总和来得出，以千元为单位。这一指标能够体现众创空间在运营管理方面的成果。社会效益用吸纳就业来衡量，表示众创空间吸纳的就业人数，即"创业团队+初创企业"的数量，以人为单位。这一指标反映了众创空间在促进就业和社会贡献方面的表现。创新效益用知识产权来衡量，表示"创业团队+初创企业"所拥有的有效知识产权数量，以件为单位。这一指标是评估众创空间在推动创新创业和知识产权保护方面成果的重要指标。通过构建这样的指标体系，我们可以对众创空间的投入和产出进行全面的量化评估，从而更准确地衡量其创新创业效率。

3. 静态评价结果分析

从测算结果可知（见表 3-2），2016—2021 年我国 30 个省份众创空间创新创业综合效率整体上不太理想，根据年份和地区分别计算的综合效率均值都与 DEA 有效差距较大，说明我国众创空间发展情况未及预期，众创空间创新创业服务的有效性亟待提升。其中，连续 6 年众创空间创新创业综合效率达到 DEA 有效的仅有北京；有 5 年达到 DEA 有效的只有青海；有 4 年达到 DEA 有效的包括江西和黑龙江；有 3 年达到 DEA 有效的包括新疆、甘肃、吉林；只有 2 年达到 DEA 有效的包括辽宁、湖北、海南、云南；陕西、重庆、广西、广东、湖南、山东、福建、上海、浙江、江苏等省份没有达到过 DEA 有效。可见，众多经济发达地区的众创空间的发展并不理想，可以初步判断众创空间创新创业效率与地区经济发展水平没有绝对的正向关系。

表 3-2 2016—2021 年我国 30 个省份众创空间创新创业综合效率

省份	2016 年	2017 年	2018 年	2019 年	2020 年	2021 年	2016—2020 年均值
北京	1	1	1	1	1	1	1
天津	1	0.55	0.74	0.73	0.54	0.64	0.70
河北	0.71	0.43	0.62	0.88	0.54	0.71	0.65
山西	0.93	1	0.69	0.68	0.60	0.74	0.77
内蒙古	0.54	1	0.65	0.65	0.74	0.73	0.72
辽宁	1	0.94	0.77	1	0.72	0.71	0.86
吉林	0.49	1	0.63	0.62	1	1	0.79
黑龙江	1	1	1	0.90	0.90	1	0.97
上海	0.68	0.55	0.85	0.71	0.77	0.71	0.71
江苏	0.60	0.71	0.68	0.62	0.57	0.64	0.64
浙江	0.60	0.62	0.77	0.52	0.51	0.58	0.60
安徽	0.71	0.68	1	0.65	0.57	0.69	0.72
福建	0.58	0.53	0.71	0.79	0.55	0.57	0.62
江西	1	1	0.78	1	0.94	1	0.95
山东	0.64	0.54	0.63	0.52	0.47	0.63	0.57
河南	1	0.62	0.85	0.78	0.73	0.75	0.79
湖北	0.95	1	1	0.79	0.68	0.86	0.88
湖南	0.81	0.53	0.81	0.67	0.79	0.78	0.73
广东	0.67	0.56	0.63	0.84	0.66	0.65	0.67
广西	0.78	0.32	0.95	0.47	0.89	0.95	0.73

续表

省份	2016 年	2017 年	2018 年	2019 年	2020 年	2021 年	2016—2020 年均值
海南	0.48	1	0.88	0.78	0.74	1	0.81
重庆	0.56	0.65	0.55	0.67	0.68	0.60	0.62
四川	1	0.58	0.83	0.73	0.63	0.66	0.74
贵州	0.47	0.62	0.95	1	0.72	0.90	0.78
云南	0.51	0.52	0.81	1	1	0.81	0.77
陕西	0.61	0.56	0.68	0.63	0.49	0.58	0.59
甘肃	0.63	0.68	1	1	0.86	1	0.86
青海	1	0.96	1	1	1	1	0.99
宁夏	0.68	0.71	0.62	1	0.53	0.64	0.70
新疆	0.81	0.71	1	0.91	1	1	0.91
均值	0.75	0.72	0.80	0.78	0.73	0.78	

　　进一步观察表 3-3 可见，2021 年众创空间创新创业综合效率达到 DEA 有效的有北京、吉林、黑龙江、江西、甘肃、青海和新疆 7 个省份；其他 23 个省份均未达到 DEA 有效的前沿面，其中规模效益递减的省份有 18 个，规模效益递增的省份有 5 个。

表 3-3　2021 年我国 30 个省份众创空间创新创业综合效率及其分解结果

省份	综合效率	纯技术效率	规模效率	规模收益
北京	1	1	1	—
天津	0.642	0.649	0.990	drs
河北	0.705	1	0.705	drs
山西	0.743	0.840	0.884	drs
内蒙古	0.728	0.855	0.851	drs
辽宁	0.714	0.875	0.817	drs
吉林	1	1	1	—
黑龙江	1	1	1	—
上海	0.708	0.752	0.941	irs
江苏	0.636	0.720	0.883	drs

续表

省份	综合效率	纯技术效率	规模效率	规模收益
浙江	0.578	0.623	0.928	drs
安徽	0.694	0.817	0.850	drs
福建	0.566	0.568	0.998	drs
江西	1	1	1	–
山东	0.628	0.644	0.974	drs
河南	0.748	0.885	0.845	drs
湖北	0.861	0.976	0.882	drs
湖南	0.780	0.941	0.830	drs
广东	0.649	0.831	0.781	drs
广西	0.954	0.983	0.971	irs
海南	0.995	1	0.995	irs
重庆	0.597	0.701	0.852	drs
四川	0.664	0.714	0.929	drs
贵州	0.900	1	0.900	irs
云南	0.806	0.849	0.95	drs
陕西	0.577	0.620	0.931	drs
甘肃	1	1	1	–
青海	1	1	1	–
宁夏	0.635	0.810	0.784	irs
新疆	1	1	1	–
均值	0.7836	0.8551	0.9157	

注：①"irs"代表规模报酬递增；②"drs"代表规模报酬递减；③"–"代表规模报酬不变。

　　根据表3-3可知，2021年中国30个省份众创空间创新创业综合效率均值为0.7836，纯技术效率值为0.8551，规模效率值为0.9157，纯技术效率值严重抑制了2021年中国30个省份众创空间创新创业综合效率值的提高。

　　4. 动态评价结果分析

　　采用Malmquist指数测度众创空间的全要素生产率变化、技术效率变化、技术变化、纯技术效率变化和规模效率变化。首先，如表3-4所示，2016—2021年，30个省份众创空间创新创业效率（全要素生产率变化）呈现波动式上升变化，全要素生产率指数均值为1.071，表示众创空间创新创业效率年均增长率为7.1%。其中，2016—2017年的全要素生产率指数为1.203，表明相较于2016年，2017年的众创空间创新创业效率增长了20.3%，2018—2020年全要素生产率指数从1.115升至1.137，表明众创空间创新创业效率的增长速度有所提高。尽管2017—2018年、2020—2021年众创空间创新创业效率出现下降，但从整体趋势来看仍然是积极的。从分解项来看，技术进步指数的均值大于1，说明各省份众创空间的技术随时间推移而不断发展；技术效率变化指数的均值大于1，说明6年间物质投入的资源配置水平有所上升；纯技术效率变化指数的均值大于1，说明扣除规模效应后对前沿生产面的追赶效率上升；规模效率变化指数的均值大于1，说明众创空间的规模效率水平提高。表明规模效率对众创空间创新创业效率的提升有一定的贡献。综上所述，30个省份众创空间创新创业效率的增长动力主要来自技术进步。

表3-4　30个省份众创空间创新创业全要素生产率年度变化

日期	技术效率指数	技术进步指数	纯技术效率指数	规模效率指数	全要素生产率指数
2016—2017年	0.951	1.265	0.821	1.158	1.203
2017—2018年	1.146	0.800	1.245	0.921	0.917
2018—2019年	0.971	1.149	0.908	1.069	1.115
2019—2020年	0.923	1.232	1.053	0.876	1.137
2020—2021年	1.087	0.904	1.011	1.075	0.982
均值	1.016	1.070	1.008	1.020	1.071

其次，2016—2021年，四大地区的全要素生产率变化指数均值均大于1，说明众创空间创新创业全要素生产率逐年提升；从两个分解项的结果来看，四大地区众创空间创新创业效率提升主要来自技术进步的贡献，而其技术效率变化指数均小于技术进步指数；西部地区和东北地区的技术效率变化指数均值和技术进步指数均值都大于1，说明这两大地区对前沿生产面的追赶效率较理想；四大地区的技术进步指数均值都大于1，且东部地区最高，说明东部地区生产前沿面向前推进速度较快（见表3-5）。

表3-5 2016—2021年四大地区众创空间创新创业全要素生产率变化指数

区域	技术效率变化指数	技术进步指数	纯技术效率变化指数	规模效率变化指数	全要素生产率变化指数
东部地区	0.98	1.154	0.975	1.005	1.131
中部地区	0.945	1.058	0.985	0.959	1
西部地区	1.033	1.091	1.011	1.022	1.127
东北地区	1.03	1.039	1.041	0.988	1.07

三、我国众创空间创新创业效率的影响因素分析

1. 研究方法的选择

面板Tobit回归模型是一种适用于处理受限因变量（例如，取值范围在0~1的变量）的面板数据分析方法。在经济学中，Tobit模型常用于处理截断或归并数据，特别是在因变量被限制在某个范围内时。由于众创空间创新创业效率值恰好位于［0，1］区间内，这是一个典型的受限因变量情形，因此采用Tobit回归模型进行分析是合适的。面板数据（Panel Data）提供了多个观测对象（如不同的众创空间）在多个时间点上的数据，这增加了模型的样本量和信息含量，有助于更准确地估计参数和识别影响因素。在面板Tobit回归模型中，可以同时考虑个体效应和时间效应，以控制不可观测的异质性和潜在的时间趋势。通过面板Tobit回归模型，可以更加准确地识别影响众创空间创新创业效率的关键因素，为政策制定者和众创空间管理者提供有针对性的指导和建议。

2. 影响因素的选择

将以上测算得出的众创空间创新创业技术效率值作为被解释变量建立Tobit回归模型，使用Stata软件展开计量分析。选取影响众创空间创新创业技术效率的因素如下：

产业结构（SGDP）。产业结构通常用第三产业增加值与国内生产总值（GDP）的比值来衡量。第三产业主要包括服务业和高科技产业，这些产业的发展往往与创新和创业活动密切相关。因此，当产业结构中服务业和高科技产业的比重增加时，预期会对众创空间的创新创业效率产生正向影响，因为这些行业提供了更多的创新机会和市场空间。

教育投入水平（Pedu）。教育投入水平通常用区域内普通高等学校人均教育经费支出的对数来衡量。教育是提高创新能力和创业意识的重要途径，而教育投入的增加可以提供更多的教育资源和机会，从而培养出更多的创新型人才。这些人才可以为众创空间提供源源不断的创新动力和创业潜力，因此预期教育投入水平会对众创空间的创新创业效率产生正向影响。

政府补贴（Fund）。政府补贴通常用众创空间当年财政补贴总额的对数来衡量。虽然政府补贴可以为众创空间提供一定的资金支持和政策优惠，但过多的政府干预和补贴可能会降低市场机制的作用，导致资源配置效率降低。此外，过度的补贴可能会使众创空间产生依赖心理，缺乏自主创新和创业的动力。因此，预期政府补贴会对众创空间的创新创业效率产生负向影响。

运营模式（Income）。运营模式通常用投资收入和服务收入占众创空间总收入的比值来衡量。一个合理的运营模式可以确保众创空间的收入来源稳定，为创新创业活动提供持续的资金支持。同时，投资收入和服务收入的比例也可以反映众创空间的盈利能力和市场竞争力。因此，预期合理的运营模式会对众创空间的创新创业效率产生正向影响。

技术市场发展水平（Tma）。技术市场发展水平通常用技术市场成交额来衡量。技术市场的发展可以促进技术转移和转化，为创新创业活动提供更多的技术支持和市场机会。因此，当技术市场发展水平提高时，预期会对众创空间的创新创业效率产生正向影响。

综上所述，产业结构、教育投入水平、技术市场发展水平等因素预期会对众创空间的创新创业效率产生正向影响，而政府补贴可能对其产生负向影响。运营模式则是一个关键的中介变量，合理的运营模式可以确保众创空间的稳定运营和持续发展。当然，这些因素的影响程度和作用机制还需要通过实证研究来进一步验证和分析。

3. 实证结果分析

采用 LR 检验判断选择混合面板 Tobit 模型还是随机效应面板 Tobit 模型。检验结果显示，统计量为 10.25，P 值是 0.001，表明 LR 检验在 1% 的显著性水平下通过检验，说明随机效应面板 Tobit 模型优于混合面板 Tobit 模型，故选择随机效应面板 Tobit 模型较为合适。另外，虽然选择使用面板 Tobit 模型，但出于稳健性考虑，依然进行 OLS 回归估计分析（见表 3-6）。通过将 OLS 回归估计结果与面板 Tobit 回归结果比较可知，大多数解释变量的影响方向是一致的，仅在显著性上存在些许区别；而教育投入水平的回归系数在两种回归方法下存在差异，可能是由于将受限的被解释变量纳入 OLS 回归分析中，导致估计结果出现偏差。

表 3-6　2016—2021 年我国 30 个省份众创空间创新创业效率影响因素回归结果

变量	OLS	Tobit
SGDP	0.63*** (2.55)	0.505** (1.95)
Fund	-0.1*** (-2.7)	-0.107*** (-2.63)
Income	0.024** (2.21)	0.05** (2.1)
Pedu	-0.105 (-0.11)	0.09 (1.25)
Tma	0.14** (2.05)	0.25* (1.83)
常数项	3.21 (0.99)	0.5 (0.63)

注：*、**、***分别表示在10%、5%、1%的水平下显著。

回归分析结果表明，第三产业占 GDP 的比重显著正向影响众创空间创新创业效率，说明随着服务业占 GDP 比重越高，越有利于众创空间创新创业效率提升。众创空间作为创新创业服务平台，促进创业者和各类服务商间有效对接，为创业者提供投融资服务和技术支持等，因此服务业在 GDP 中占比越高表明当地的创业资源丰富程度越高，众创空间能够向创业者引入更多的创新创业服务商、提供更多创新创业资源，有助于提高众创空间创新创业效率。总之，随着服务业的发展，特别是与创新创业相关的服务业（如科技服务、金融服务、法律服务等）的繁荣，为众创空间提供了更丰富的资源和更广阔的市场。

政府补贴在显著负向影响众创空间创新创业效率，说明政府相关部门对众创空间的补贴越多，越不利于众创空间的创新创业。主要原因是，只有区域龙头众创空间等极为突出的众创空间，政府才会主动提供补贴，一般性众创空间若想获取政府部门的补贴，需迎合政府补贴的需求来做一些事情，这在一定程度上会影响众创空间创新创业服务的有效性。因此，随着多年的高速发展，当下的众创空间正面临重置期，以往政府部门"输血"的方式已不再适合当下的发展实际，政府补贴逐渐减缓是大势所趋。总之，研究结果强调了政府补贴需要更加精准和有效，避免对众创空间的市场化运营产生干扰。

运营模式显著正向影响众创空间创新创业效率，说明投资收入、服务收入在众创空间总收入中占比越高，越有利于众创空间的创新创业效率提升。众创空间的总收入包括财政补贴、租金和物业收入、投资收入、服务收入及其他收入。其中，租金和物业收入隶属于重资产运营模式，单纯的空间租赁已经不能维持众创空间的可持续运营；投资收入、服务收入隶属于众创空间轻资产运营模式，是众创空间在资产管理和服务转型上的重要体现，是众创空间运营模式的重要变革。总之，轻资产运营模式有助于众创空间更加灵活地响应市场变化，极大地促进了众创空间创新创业效率的提升。

教育投入水平不显著正向影响众创空间创新创业效率，说明区域人力资源在众创空间创新创业服务供给中未能发挥相应的作用。众创空间的创新创业服务供给离不开创新创业人才。一方面，高校提供更多更优质的创新创业教育、培养更多的创新创业人才，能够输送更为优质的创业者踊跃参与创新创业事业；另一方面，众创空间引入高校优质的教师资源为举办创新活动和创业培训工作注入活力，同时高校教师也是众创空间创业导师的重要来源。因此，当下众创空间亟须利用好区域高校人力资源优势，积极引入高校优秀的教师资源；另外，高校也需开展更多优质的创新创业教育，为"双创"事业培育更多的创新创业人才，从而为创新创业提供源源不断的动力。总之，虽然教育投入水平对众创空间创新创业效率的影响不显著，但并不意味着教育的作用不重要。可能的原因是教育投入与众创空间创新创业效率之间的关系是间接的，需要通过人才培养、科研产出等中介变量来产生影响。因此，需要进一步的研究来探索教育投入与这些中介变量之间的关系。

技术市场发展水平显著正向影响众创空间创新创业效率，说明技术市场不断成熟有利于众创空间的创新创业效率提升。促进科技成果产业化是众创空间的重要职能之一，技术市场的成熟为众创空间提供了丰富的科技创新资源，越发活跃成熟的技术市场将极大地促进科技创新资源的利用和转化；同时，技术市场成交额的不断提升一定程度上说明了市场对技术的旺盛需求，随着创新环境进一步优化，技术转移体系的形成与不断完善将为众创空间营造出更好的技术市场生态环境，一个活跃的技术市场可以为众创空间提供丰富的技术资源和创新机会，促进科技成果的转化和应用，从而促进众创空间创新创业效率不断提高。

第三节　我国众创空间发展存在的问题

一、众创空间区域发展不平衡

在我国经济版图中，众创空间作为创新创业的活力源泉，其重要性不言而喻。然而，当我们深入审视这一领域的现状时，不难发现一个显著而复杂的问题——众创空间在我国的地域分布与发展水平上存在显著的不平衡。这种不平衡不仅体现在空间布局上，更深刻地影响着创新创业资源的配置效率与机会的均等性，进而对全国范围内的创新创业生态产生深远影响。

众创空间的地域分布不均，是区域发展差异在创新创业领域的直接体现。东部沿海地区，依托其得天独厚的经济优势、丰富的科技资源和活跃的创新创业氛围，成为众创空间发展的高地。北京、上海、深圳、杭州等城市凭借强大的经济实力、完善的基础设施和开放的市场环境，吸引了大量初创企业和创业者的聚集，形成了多个具有影响力的众创空间集群。这些众创空间不仅数量众多，而且类型多样，涵盖了从科技研发、文化创意到"互联网＋"等多个领域，为创业者提供了广阔的舞台和丰富的资源。

相比之下，中部地区、西部地区和东北地区，由于历史、地理、经济等多重因素的制约，众创空间的发展显得相对滞后。这些地区虽然也拥有一定的创新创业潜力，但受限于资金、人才、技术等方面的不足，众创空间的数量少、规模小、服务水平有限。许多创业者在这些地区难以找到合适的孵化平台，创新创业的门槛相对较高，机会也相对较少。这种地域分布的不均，不仅导致了创新创业资源的过度集中和浪费，也加剧了区域经济发展的不平衡。

除了地域分布不均，众创空间在不同地区的发展水平也呈现出显著差异。

经过多年的探索与实践，东部地区的众创空间已经形成了较为成熟的孵化体系和服务模式。这些众创空间不仅拥有完善的硬件设施和先进的管理系统，还建立了与风险投资机构、金融机构、高校科研机构等紧密合作的网络，能够为初创企业提供从项目筛选、资金对接、技术指导到市场推广的全链条服务。这种高水平的孵化能力和服务质量，极大地提升了初创企业的成活率和成长速度，为区域经济的转型升级注入了强劲动力。

然而，在中部地区、西部地区和东北地区，众创空间的发展仍处于起步阶段。这些地区的众创空间往往面临着资金短缺、人才匮乏、政策支持不足等多重困境。由于缺乏有效的资源整合和合作机制，它们在项目筛选、资金对接、技术指导等方面存在明显短板，难以形成有效的创新创业生态。此外，这些地区的众创空间在服务质量上也存在不足，如服务内容单一、服务流程烦琐、服务效率不高等问题，影响了初创企业的满意度和忠诚度。这种发展水平的差异，不仅限制了中部地区和西部地区众创空间的自我发展能力，也制约了其在全国创新创业中的贡献度。

众创空间区域发展不平衡的原因是多方面的，涉及经济、政策、科技、文化等领域。首先，区域经济发展水平是决定众创空间发展的重要因素。东部地区作为我国经济最为发达的地区之一，拥有雄厚的经济实力和强大的市场需求，为众创空间的发展奠定了坚实的经济基础。中西部地区由于经济基础相对薄弱，市场需求不足，难以支撑众创空间的大规模发展。其次，政策支持力度也是影响众创空间发展的重要因素。政府在推动众创空间发展中扮演着重要角色，其政策导向和投入力度直接关系到众创空间的发展速度和质量。然而，不同地区的政府在政策支持和投入力度上存在差异。一些地方政府高度重视众创空间的发展，出台了一系列优惠政策措施，提供了良好的创业环境和服务；而一些地方政府对众创空间的发展重视不够，政策支持和投入有限，导致众创空间的发展受到制约。再次，科技资源分布不均也是导致众创空间区域发展不平衡的重要原因。科技资源是众创空间发展的重要支撑，包括高校、科研机构、创新平台等。东部地区拥有较多的高校、科研机构和创新平台，能够为众创空间提供丰富的科技资源和人才支持。而中部地区、西部地区和东北地区则科技资源匮乏，难以满足众创空间的发展需求。这种科技资源分布的不均，进一步加剧了众创空间区域发展的不平衡。最后，创业文化和氛围也是影响众创空间发展的重要因素。东部地区具有浓厚的创业氛围和积极的创业文化,这种文化氛围能够激发人们的创业热情和创新精神,为众创空间的发展提供了良好的社会环境。中部地区、西部地区和东北地区的创业氛围相对较弱,创业文化不够浓厚,这在一定程度上影响了众创空间的发展。

二、众创空间创业服务能力不足

在我国创新驱动发展战略的推动下,众创空间作为孵化创新创业的新兴平台,其重要性日益凸显。然而,近年来,众创空间在创业服务能力上暴露出的一系列问题,不仅制约了其自身的持续发展,也影响了我国创新创业生态的整体效能。以下是对众创空间创业服务能力不足问题具体而深入的剖析。

1. 服务覆盖面与深度的双重挑战

众创空间作为初创企业和创业团队的"孵化器",其核心使命在于提供全面、专业的服务支持,助力创业项目从概念走向市场。然而,从实际运行情况来看,众创空间在服务的覆盖面与深度上均面临严峻挑战。

首先,从服务覆盖面来看,尽管众创空间数量众多,但真正能够有效覆盖并服务于广大创业者的却寥寥无几。数据显示,2016—2021 年众创空间服务的创业团队和初创企业数量增长明显停滞,甚至出现下滑趋势。这一现象反映了众创空间在吸引和服务创业者方面能力的不足。这主要是由于众创空间服务模式单一,往往局限于提供基础的空间租赁和简单的行政支持,缺乏针对创业者实际需求的定制化、深度化服务。此外,部分众创空间在服务质量上参差不齐,缺乏有效的评估与监督机制,导致服务质量难以保证,进而影响了创业者的满意度和忠诚度。

其次,从服务深度来看,众创空间在提供高质量、专业化的创业服务方面仍存在较大差距。创业者在创业过程中,往往需要面对市场定位、技术研发、资金筹集、人才招聘等一系列复杂问题。然而,当前众创空间提供的服务往往停留在表面,难以深入解决创业者面临的这些核心难题。例如,在技术支撑服务方面,众创空间往往缺乏专业的技术团队和先进的技术平台,难以为创业者提供有效的技术支持和解决方案。在资金对接方面,众创空间虽然能够举办一些投融资对接活动,但实际效果有限,真正帮助创业者获得投资的案例并不多。

2. 创新创业活动活力不足与质量参差不齐

创新创业活动是众创空间的重要组成部分，也是衡量其活跃度和服务质量的重要指标。然而，近年来我国众创空间在举办创新创业活动方面表现出明显的活力不足和质量参差问题。

一方面，创新创业活动的频次和规模普遍偏低。这主要是由于众创空间在活动策划和执行能力上的不足所致。部分众创空间由于资金、人力等资源有限，难以投入足够的精力来策划和组织高质量的创新创业活动。同时，由于缺乏专业的活动策划和执行团队，一些活动在筹备和执行过程中常常出现各种问题，导致活动效果大打折扣。此外，由于市场推广和品牌建设不足，许多优秀的创新创业活动无法吸引足够的参与者和关注者，从而降低了活动的影响力和传播效果。

另一方面，创新创业活动的质量参差不齐。这主要体现在活动内容的创新性和实用性方面。一些众创空间在举办活动时往往缺乏深入的市场调研和需求分析，导致活动内容与实际需求脱节，难以满足创业者的实际需求。同时，部分活动在邀请嘉宾和设置议题时也缺乏科学性和针对性，导致活动水平不高、讨论不深入。此外，一些众创空间在举办活动时过于追求形式而忽略了实质内容，导致活动流于表面、缺乏深度。

3. 创业教育培训体系的薄弱与忽视

创业教育培训是提升创业者素质、增强创业项目成功率的重要手段。然而，在我国众创空间中，创业教育培训体系却呈现出明显的薄弱现象。

首先，创业教育培训资源的匮乏是制约其发展的首要因素。这主要表现在师资力量、培训课程和实践基地等方面。目前，许多众创空间缺乏具备丰富创业经验和成功案例的讲师团队，导致培训内容缺乏实战性和针对性。同时，由于缺乏系统的培训课程和完善的培训体系，创业者难以获得全面、有效的培训支持。此外，实践性的培训场地也是创业教育培训所必需的，但许多众创空间在这方面也存在明显的短板。这种资源的匮乏不仅限制了创业教育培训的开展范围和质量水平，也影响了创业团队的整体素质和创业项目的成功率。

其次，对创业教育培训重要性的认识不足也是导致其发展滞后的重要原因。一些众创空间过于关注项目的孵化和投资回报等短期利益而忽视了创业教育培训对于提升团队能力、增加项目成功率的长远价值。这种短视的做法不仅限制了众创空间自身的发展潜力，也损害了创业团队的利益。实际上创业教育培训不仅是提升创业者个人素质和能力的有效途径，也是构建良好创新创业生态、推动区域经济转型升级的重要支撑。

综上所述，我国众创空间在创业服务能力方面存在明显的不足和挑战。这些问题不仅制约了众创空间自身的持续发展，也影响了我国创新创业生态的整体效能。因此，我们需要深入剖析这些问题的根源并探索有效的解决路径以推动我国众创空间事业迈向新的发展阶段。

4. 技术支撑服务的薄弱：资源匮乏与能力局限

技术支撑服务在众创空间中的缺失，直接制约了创新创业项目的孵化与成长。首先，技术资源的匮乏是制约技术支撑服务的关键因素。这不仅体现在硬件设施的不足上，如缺乏先进的科研设备、实验平台等，更在于软件资源的缺失，即尖端技术人才的短缺和技术经验的匮乏。在快速迭代的科技领域，没有强大的技术团队和丰富的技术储备，众创空间很难为创业者提供及时、有效的技术支持。这种资源的匮乏使许多具有创新潜力的项目在关键技术环节上遭遇瓶颈，无法顺利推进。

其次，技术服务能力的有限也放大了技术支撑服务的短板。即便部分众创空间拥有一定的技术资源，但由于缺乏专业的技术服务团队和高效的服务机制，这些资源往往无法充分发挥作用。服务响应速度慢、服务质量不稳定等问题频发，导致创业者对众创空间的技术支撑服务失去信心。在激烈的市场竞争中，技术服务的效率与质量直接关系到创业项目的成败，因此，技术服务能力的不足成为众创空间亟待解决的重要问题。

5. 创业投资环境的严峻：渠道受限与意愿低迷

创业投资是初创企业成长的血液，而众创空间在投资支持方面的乏力，无疑为创新创业生态的健康发展蒙上了一层阴影。首先，投资渠道的有限性是制约创业投资支持的重要因素。在我国，初创企业往往面临融资难、融资贵的问题，而众创空间在拓展投资渠道方面同样面临诸多挑战。传统的投资渠道如银行贷款、风险投资等，对初创企业的审核标准严格、流程烦琐，使许多优质项目难以获得及时、足额的资金支持。此外，缺乏专门的投资机构和投资者也是制约投资渠道拓展的重要原因。在资金供给方面，众创空间缺乏多元化的投资主体，难以形成有效的投资合力。

其次，投资意愿的不足也是导致创业投资匮乏的重要原因。投资者对初创企业的风险评估往往更为谨慎，担心投资风险过高而回报不足。特别是在当前经济形势下，市场不确定性增加，投资者对投资项目的选择更加挑剔。同时，一些投资者对创业项目的行业前景、技术可行性等方面缺乏深入的了解和信心，使他们不愿轻易涉足陌生领域。这种投资意愿的低迷，进一步加剧了初创企业的融资困境。

三、众创空间运营管理不佳

在我国创新驱动发展战略的推动下，众创空间作为创新创业的重要孵化器，本应成为连接创业者与资源、市场与技术的桥梁。然而，通过深入分析众创空间的运营管理现状不难发现，创新创业在实际运营中面临着沟通互动不足、资源整合能力有限及管理和运营团队能力不足等多重挑战，这些问题严重制约了众创空间的服务效能和创新创业生态的健康发展。

1. 沟通互动的鸿沟：信息不对称与服务模式僵化

众创空间与初创企业之间的沟通互动是其服务效能的关键所在。然而，当前众创空间普遍存在的信息不对称问题，如同一条难以逾越的鸿沟，阻碍了双方的有效沟通。初创企业作为市场的直接参与者，往往对自身的技术、产品、市场定位及未来发展方向有着深入且独到的见解。然而，这些信息并未能充分、及时地传达给众创空间，导致后者在提供服务时往往难以精准对接企业的真实需求。这种信息不对称不仅源于双方对信息掌握程度的差异，而且更深层次地反映了众创空间在信息收集、处理及反馈机制方面的不足。

进一步地，服务模式的僵化也是加剧沟通互动不足的重要因素。许多众创空间在运营过程中，过于依赖既定的服务流程和模板，忽视了初创企业的个性化和差异化需求。这种"一刀切"的服务模式，不仅无法满足企业的多样化需求，还可能因缺乏针对性和灵活性而引发企业的不满和抵触。此外，僵化的服务模式还限制了众创空间自身的创新能力和响应速度，使其在面对快速变化的市场环境时显得力不从心。

2. 资源整合的困境：能力有限与分配不均

资源整合能力是众创空间的核心竞争力之一。然而，在实际运营中，众创空间在资源整合方面却面临着诸多挑战。首先，资源整合能力的不足是一个普遍存在的问题。众创空间需要整合的资源包括但不限于资金、技术、人才、市场渠道等，这些资源的获取和配置需要高度的专业性和敏锐的市场洞察力。但许多众创空间在资源整合方面缺乏必要的经验和能力，导致资源利用效率低下，无法为初创企业提供强有力的支持。

其次，资源分配的不合理也是制约众创空间发展的重要因素。在有限的资源条件下，众创空间需要在多个初创企业之间进行资源分配。然而，由于缺乏对初创企业实际需求和潜力的深入了解，众创空间在资源分配上往往难以做到公平、合理。一些具有潜力和发展前景的企业可能因为资源分配不足而错失发展良机，而一些资源需求较小或表现平平的企业却可能获得过多的资源支持，造成资源浪费。这种资源分配的不合理不仅影响了初创企业的发展动力，也削弱了众创空间的整体服务效能。

3. 管理与运营团队的短板：能力不足与效率低下

管理与运营团队是众创空间发展的核心驱动力。然而，当前众创空间在管理与运营团队建设方面存在诸多不足，严重制约了其服务质量和创新能力的提升。首先，管理与运营团队的能力不足是一个突出问题。众创空间作为一个高度专业化的服务平台，需要其管理与运营团队具备丰富的行业知识、敏锐的市场洞察力和卓越的管理能力。但许多众创空间的管理与运营团队在专业能力、管理经验和市场敏锐度等方面存在明显短板，导致其在面对复杂多变的市场环境时难以做出正确的决策和应对。

其次，运营效率低下也是制约众创空间发展的重要因素。运营效率的低下不仅体现在服务响应速度慢、服务质量不稳定等方面，更深刻地反映了众创空间在内部管理和流程优化上的不足。由于缺乏有效的内部管理机制和流程优化措施，众创空间在提供服务时往往显得力不从心，无法满足初创企业的快速响应和高效服务需求。这种运营效率的低下不仅损害了众创空间的声誉和形象，也削弱了其吸引和留住优质初创企业的能力。

综上所述，众创空间在运营管理方面存在的沟通互动不足、资源整合能力有限以及管理与运营团队能力不足等问题，已经成为制约其发展的重要瓶颈。这些问题不仅影响了众创空间的服务效能和创新创业生态的健康发展，也对其未来的可持续发展构成了严峻挑战。因此，众创空间需要正视这些问题，并采取有效措施加以解决，以推动其向更高水平、更高质量的方向发展。

四、众创空间与新技术融合滞后

众创空间作为创新创业的重要载体，对于推动经济发展、激发社会创造力具有重要意义。然而，当前众创空间的发展却陷入了停滞状态，需要寻找新的增长点和发展方向，数字技术等新技术的迅猛发展为众创空间提供了新的发展机遇。通过融合数字技术等新技术，众创空间可以优化资源配置、提升服务效率、拓展创新领域，从而实现转型升级和可持续发展。但当前许多众创空间在数字技术等新技术应用方面存在明显的滞后现象，这可能是因为对新技术的认知不足、资金短缺、人才缺乏等原因导致的。新技术如人工智能、大数据、云计算等的应用，可以显著提升众创空间的运营效率和服务能力，但目前这些技术的应用并不普遍，主要体现在信息技术基础设施不完善、数据分析处理能力不足、云计算和人工智能等先进技术未能得到广泛应用等方面。

1. 信息技术基础设施的滞后：硬件配备不足与软件应用滞后

众创空间作为创新创业的前沿阵地，其信息技术基础设施的完善程度直接影响到服务效率与用户体验。然而，现实情况却不容乐观，硬件与软件的双重滞后成为制约众创空间发展的首要障碍。

硬件配备不足的现状。在硬件层面，部分众创空间因资金短缺或观念滞后，未能及时升级计算设备、存储设备及网络设备。这些基础硬件的性能限制直接导致了数据处理效率低下、存储容量捉襟见肘及网络通信不稳定等问题。例如，一些众创空间仍在使用老旧的服务器，面对高并发的数据处理需求时显得力不从心，不仅延长了创业者的等待时间，也影响了项目孵化的进度。此外，网络设备的陈旧也导致网络延迟高、稳定性差，影响了远程协作与在线交流的效率。

软件应用滞后的挑战。与硬件配备不足相呼应的是，软件应用的滞后同样令人担忧。部分众创空间在操作系统、数据库管理系统及软件开发工具的选择上，仍停留在过时或非主流的版本上。这不仅限制了新技术的应用，还可能因系统不兼容或安全漏洞而引发风险。例如，某些众创空间仍在使用 Windows Server 的老旧版本，难以支持最新的云计算与大数据处理技术，导致服务创新受限。同时，过时的软件开发工具也限制了创业者的创新空间，使他们无法充分利用最新的编程语言和框架来开发高性能的应用程序。

2. 数据分析处理能力的短板：数据收集不全、分析工具缺乏与解读能力有限

在数字化时代，数据已成为众创空间运营与决策的核心资源。然而，当前众创空间在数据分析处理能力上的不足，严重制约了其利用数据驱动创新的能力。

数据收集不全的困境。数据收集是数据分析的第一步，但许多众创空间在这一环节就遭遇了挑战。由于缺乏完善的数据收集机制，导致数据来源不明确、采集流程不规范、数据存储与管理方式低效。这不仅使数据收集效率低下，还可能因为遗漏关键信息而影响到后续的数据分析与利用。例如，一些众创空间在收集创业者信息时，仅依赖于简单的问卷调查或口头交流，未能充分利用大数据与人工智能技术来全面、准确地获取创业者的需求与市场动态。此外，部分众创空间在数据存储与管理上也存在不足，导致数据质量参差不齐、难以统一处理。

分析工具缺乏的难题。在数据分析工具方面，许多众创空间同样存在短板。由于缺乏先进的数据分析工具和方法，导致数据处理效率低下、分析结果不准确。一些众创空间仍在使用传统的 Excel 或 SPSS 等软件进行数据分析，这些工具在面对海量、多样化的数据时显得力不从心。例如，在处理大规模用户行为数据时，传统的统计分析方法难以快速挖掘出用户行为模式与偏好特征，而机器学习与深度学习等新技术则能更有效地实现这一目标。但由于技术门槛高、成本投入大等原因，许多众创空间尚未引入这些先进工具。

数据解读能力有限的挑战。即使众创空间成功收集了足够的数据并拥有了先进的分析工具，也往往因为缺乏专业的数据分析人员或团队而无法充分解读数据背后的价值。数据分析是一项高度专业化的工作，需要深厚的统计学、数据挖掘与机器学习等背景知识。然而，许多众创空间由于规模有限、资金紧张等原因，难以吸引和留住这些专业人才。这导致他们在面对复杂的数据集时，往往只能进行浅层次的分析而无法深入挖掘其背后的价值。此外，数据分析团队的协作与培训也是影响数据解读能力的重要因素。一些众创空间在团队建设上缺乏系统性规划，导致团队成员之间沟通不畅、协作不力；同时，在员工培训与发展上也投入不足，使员工的数据分析能力难以得到有效提升。

3. 技术认知与资源投入的双重局限

在新技术日新月异的今天，众创空间对于云计算、人工智能等前沿技术的

认知深度直接决定了其应用的广度。然而，遗憾的是，许多众创空间在这一方面表现出明显的不足。首先，技术认知的局限性成为首要障碍。这些空间的管理者和团队成员往往受限于自身的知识结构和经验背景，对新技术的基本原理、应用场景及潜在价值缺乏深入理解和充分掌握。加之新技术本身具有较高的技术门槛和学习成本，使众创空间在引入和应用新技术时显得力不从心。具体表现为，在面对复杂的云平台搭建、大数据处理及人工智能模型训练等任务时，众创空间往往因技术储备不足而难以应对。

与此同时，资源投入的有限性进一步加剧了这一困境。众创空间作为初创型企业孵化平台，其资金来源主要依赖于政府补贴、风险投资及自身运营收入，这往往难以满足新技术研发和应用所需的高额投入。资金短缺不仅限制了众创空间在硬件升级、软件采购及人才引进等方面的投入，也使其难以承担新技术研发过程中的试错成本和风险。此外，人才资源的匮乏也是不可忽视的问题。众创空间在吸引和留住具备新技术研发和应用能力的高端人才方面存在困难，这直接导致其在新技术的研发和应用上缺乏足够的智力支持。

4. 应用场景模糊与跨部门协作不畅的困境

新技术的成功应用离不开明确的应用场景和有效的跨部门协作机制。然而，众创空间在这一方面同样面临着诸多挑战。首先，应用场景的模糊性使新技术难以在众创空间中发挥实效。许多众创空间在引入新技术时，往往缺乏明确的战略规划和应用目标，导致新技术与自身业务场景的结合不够紧密，甚至存在脱节现象。这种模糊性不仅使新技术难以在众创空间中落地生根，还可能因为应用不当而浪费资源、损害形象。

其次，跨部门协作的不畅进一步阻碍了新技术的有效融合与应用。众创空间内部涉及多个部门和团队，包括技术、市场、运营等，每个部门都有其独特的职责和利益诉求。然而，在新技术融合过程中，这些部门之间往往缺乏有效的沟通与协作机制，导致"信息孤岛"现象严重，资源配置效率低下。技术部门可能专注于技术的实现与优化而忽略了市场需求和用户反馈；市场部门则可能过于关注短期业绩和客户满意度而忽视了新技术的长远价值。这种部门间的隔阂与冲突不仅影响了新技术的融合进度，还可能对众创空间的整体运营造成负面影响。

此外，新技术在众创空间中的融合与应用还受到市场环境的制约。随着科技行业的快速发展和市场竞争的加剧，新技术层出不穷且更新换代迅速。众创空间在选择和应用新技术时，必须充分考虑市场环境的变化和趋势。但由于信息获取渠道有限、市场反应迟钝等原因，众创空间往往难以准确把握新技术的市场前景和应用潜力，导致在新技术融合过程中存在盲目性和不确定性。

第四章 大数据背景下众创空间的变革

本章致力于深入探讨大数据背景下众创空间发展的特征变革。随着信息技术的飞速发展，大数据已经成为推动经济社会发展的重要力量，特别是在促进创新创业方面，大数据与众创空间的结合展现出了巨大的潜力和价值。

首先，本章对大数据的特征进行详细分析，包括其巨大的数据量、多样的数据类型、快速的处理速度、低价值密度及数据的真实性等。这些特征不仅定义了大数据的本质，而且为众创空间提供了新的发展机遇。

其次，本章探讨在大数据背景下众创空间发展的提出契机。众创空间作为创新创业的重要载体，如何有效利用大数据资源，推动创新创业的深入发展，是当前亟待研究的问题。我们将分析大数据如何成为众创空间发展的新动力，以及大数据与众创空间之间的相互作用机制。

再次，本章重点分析大数据背景下众创空间发展的特征。这些特征包括数据驱动的创新模式、实时反馈的决策机制、高度灵活的资源配置方式等。通过深入研究这些特征，我们可以更好地理解大数据在众创空间发展中的作用，为众创空间的健康、快速发展提供理论支撑和实践指导。

最后，本章探讨大数据背景下的众创空间和传统的众创空间的区别。大数据背景下的众创空间和传统的众创空间在技术应用、服务模式、资源配置、创业生态构建等多个方面存在显著的区别。这些区别不仅体现了大数据技术在众创空间领域的广泛应用和深远影响，还展示了大数据背景下众创空间在推动创新创业、促进经济发展方面的巨大潜力和广阔前景。

第一节 大数据的特征分析

本章深入探讨了大数据的特征，这些特征对于理解众创空间在大数据时代的运行机制和制定相应对策至关重要。大数据的特征不仅影响了众创空间的发展模式，还为众创空间带来了新的机遇和挑战。以下是对大数据特征的详细分析：

1. 数据量巨大（Volume）

数据量巨大是大数据最为显著的特征之一。随着信息技术的不断进步和普及，全球的数据生成速度正在以前所未有的方式加快。这种增长不仅体现在数据总量的增加上，还体现在数据种类的多样性上。从传统的结构化数据，如数据库中的数字和事实，到非结构化数据，如社交媒体帖子、视频和音频文件等，都被纳入大数据的范畴内。

在众创空间这一创新创业的活跃场所中，这种数据量的增长尤为明显。众创空间汇聚了众多的创新者、创业者和企业，他们每天都在进行大量的创新活动，如新想法的产生、项目的推进、用户反馈的收集等。这些活动产生的数据量非常庞大，且多为非结构化数据，如文本、图片、视频等。为了有效地利用这些大数据，众创空间需要借助先进的数据处理和分析技术。这包括数据清洗、分类、聚类、预测、分析等一系列复杂的过程，以从海量数据中提取出有价值的信息。这些信息对于众创空间的运营者和管理者来说至关重要，可以帮助他们了解创新活动的趋势、用户的需求和市场的变化，从而做出更明智的决策。因此，大数据的"数据量巨大"这一特征在众创空间中得到了充分的体现，而有效地处理和分析这些数据则是众创空间实现创新创业目标的关键。

2. 数据种类繁多（Variety）

数据种类繁多是大数据的又一核心特征。在众创空间的环境中，这一点体现得尤为突出。众创空间作为一个多元化的创新平台，汇集了来自不同领域、不同背景的创新者和创业者，他们产生的数据自然也是多种多样的。除了传统的结构化数据，如文字描述、数字统计等，众创空间中还存在大量的非结构化数据。这些非结构化数据可能包括图片、音频、视频、社交媒体帖子等，它们通常以更为直观、生动的方式展示了创新活动的各个方面。例如，一张图片可能记录了一个创新产品的原型，一段音频可能捕捉了一个创意讨论的精彩瞬间，一个视频可能展示了某个创新项目的进展情况等。这些多样化的数据类型为众创空间带来了丰富的信息资源和巨大的价值潜力。然而，如何有效地整合和利用这些多样化的数据资源，确实是一个挑战。众创空间需要借助先进的数据处理技术和分析工具，对不同类型的数据进行针对性的处理和分析，以提取出有价值的信息。通过整合和分析这些多样化的数据，众创空间可以更好地了解创新活动的全貌和趋势，发现新的创新机会和商业模式，优化资源配置和决策过程，从而提升其创新能力和竞争力。因此，对于众创空间来说，有效地整合和利用多样化的数据资源，无疑是其实现创新目标和竞争优势的关键。

3. 处理速度快（Velocity）

处理速度快是大数据的又一关键特征，尤其在众创空间这样的环境中显得尤为重要。众创空间作为一个快速迭代和创新的场所，对数据处理的速度有着极高的要求。创新项目的推进速度迅猛，意味着决策者需要快速获取和分析数据以做出明智的决策。例如，在一个快速发展的初创企业中，团队可能需要根据市场反馈和用户数据来调整产品方向或优化营销策略。这时，如果能够快速处理和分析这些数据，企业就能迅速做出反应，抓住市场机遇。此外，随着物联网、移动互联网等技术的飞速发展，实时数据的获取和分析变得越来越容易。这种技术的发展进一步加快了众创空间的数据处理速度。通过实时监控和分析各种数据，如设备状态、用户行为、市场需求等，众创空间可以更加及时地发现问题、把握趋势，从而做出更加精准和有效的决策。

4. 价值密度低（Value）

价值密度低是大数据的最后一个核心特征，这一特征在众创空间中也表现得尤为明显。在众创空间内，随着创新活动的持续进行，会产生大量的数据，其中涵盖了各种各样的创新想法、项目进展、用户需求等信息。然而，在这些海量的数据中，真正有价值的信息可能只是其中的一小部分。为了有效地从这些数据中发现并提取出有价值的信息，众创空间需要借助先进的数据挖掘和分析技术。这些技术可以帮助我们识别出数据中的模式和趋势，从而发现那些具有潜在价值的信息。同时，专业的数据分析人员的参与也是至关重要的。他们具备丰富的知识和经验，能够更准确地判断哪些信息是有价值的，并为众创空间的运营和管理提供有力的支持。

5. 真实性（Veracity）

真实性是大数据中非常关键的一个特征，特别是在众创空间这样的复杂环境中。由于众创空间中的数据来源广泛且多样，可能包括各种传感器、用户输入、社交媒体、业务系统等，因此数据的质量和真实性可能会受到各种因素的影响。数据的真实性对于众创空间的运营和决策至关重要。不准确、不完整或虚假的数据可能导致错误的决策，进而对创新项目的进展和成功产生负面影响。因此，在使用大数据进行决策之前，必须对数据进行严格的验证和清洗。在众创空间中，确保大数据的真实性是一个持续的过程，需要技术、人员和流程的协同作用。只有这样，才能充分发挥大数据的价值，为创新项目的成功提供有力支持。

6. 数据关联性（Correlation）

数据关联性是大数据中另一个重要的特征，它揭示了不同数据点之间的复杂关系。在众创空间的环境中，这一点尤为重要，因为创新往往是由不同领域、不同来源的数据相互碰撞、融合而产生的。在众创空间中，各种数据之间往往存在着千丝万缕的联系。例如，用户的行为数据可能与产品的设计数据相关联，市场的趋势数据可能与技术的研发数据相关联。这些看似无关的数据点，在深入挖掘其关联性后，可能会发现意想不到的创新机会或潜在风险。为了有效挖掘和利用这些关联性，众创空间需要采用先进的数据分析技术和工具。例如，通过数据挖掘算法，可以发现隐藏在大量数据中的模式和趋势；通过机器学习技术，可以预测未来的市场走向或技术发展趋势。同时，专业的数据分析人员也需要具备跨领域的知识和能力，以便更好地理解和利用这些关联性。在众创空间中，深入挖掘和利用数据关联性不仅有助于发现新的创新点或预测潜在风险，还可以帮助优化资源配置、提升决策效率、增强市场竞争力。因此，数据关联性是大数据时代众创空间发展不可忽视的重要特征。

综上所述，大数据的特征对于众创空间的发展具有重要影响。在大数据时代背景下，众创空间需要积极应对这些特征带来的机遇和挑战，通过技术手段和管理创新来提升自身的数据处理和分析能力，从而更好地支持创新创业活动的发展。同时，政府和社会各界也应关注大数据在众创空间中的应用和发展，为其提供良好的政策环境和技术支持。

第二节　大数据背景下的众创空间

随着信息技术的迅猛发展和互联网的广泛应用，大数据已经渗透社会经济的各个领域，成为推动经济社会发展的重要力量。在创新创业领域，众创空间作为一种新型的创新创业服务平台，为创新创业者提供了低成本、高效率、便捷化的创新环境和资源支持。然而，传统的众创空间在运行机制上面临着信息不对称、资源配置不合理、创新能力不足等问题。因此，在大数据背景下，如何充分利用大数据技术的优势，推动众创空间的创新发展，成为当前亟待解决的问题。

一、大数据与创新创业的深度融合

大数据技术的快速发展为创新创业提供了新的机遇和挑战。一方面，大数据技术的应用可以帮助创新创业者更好地把握市场需求、挖掘创新机会、优化资源配置；另一方面，大数据技术的复杂性和多样性对创新创业者的能力和素质提出了更高的要求。因此，在大数据背景下，众创空间需要不断创新服务模式，提升服务质量，以满足创新创业者的需求。

1. 大数据为创新创业提供新机遇

在数字经济日益繁荣的今天，大数据已经成为推动创新创业的重要力量。大数据不仅是一种技术，更是一种全新的思维方式和商业模式。它打破了传统数据的局限，为创新创业提供了前所未有的机遇。

（1）深度洞察市场需求。传统的市场调研往往依赖于问卷、访谈等有限的方法，不仅效率低下，而且难以获取全面的信息。但在大数据的背景下，市场需求的洞察变得更为精准和高效。通过对海量数据的挖掘和分析，创新创业者可以实时了解市场趋势、消费者偏好、竞争对手策略等信息，为产品开发和市场定位提供有力支持。例如，一款新的智能手机在上市前，可以通过分析用户在社交媒体上的讨论、搜索记录和购买行为等数据，来预测该手机可能受到哪些人群的欢迎，以及哪些功能或设计是消费者最为关注的。这种精准的市场洞察能力，使创新创业者能够更加有针对性地开发产品，满足市场需求。

（2）发掘隐藏的创新机会。在大数据的浪潮中，隐藏的创新机会无处不在。通过深度分析和关联挖掘，我们可以从看似无关的数据中发现新的商业模式、产品设计或服务方式。这种创新不仅是技术上的，更是对商业模式、用户体验和市场策略的全方位创新。例如，通过分析用户的在线购物行为，我们可以发现某些商品之间的购买关联度很高，从而采用捆绑销售的策略。或者，通过分析用户的社交网络数据，我们可以发现用户的兴趣爱好和社交习惯，进而推出更加个性化的服务。这些创新机会的发掘，不仅为创新创业者提供了广阔的发展空间，也为市场带来了新的活力和增长点。

（3）优化资源配置，降低风险。在创新创业的过程中，资源的合理配置对于项目的成功至关重要。大数据技术的应用，使资源的配置变得更加精准和高效。通过对项目进展、市场需求、竞争态势等数据的实时监控和分析，创新创业者可以及时调整资源配置方案，确保项目的顺利进行。此外，大数据还可以帮助创新创业者降低风险。通过对历史数据和市场趋势的分析，我们可以预测项目可能面临的风险和挑战，从而提前制定应对策略。这种风险预警和应对能力，为创新创业者提供了更加稳健的发展环境。

（4）推动跨界融合，创造新价值。大数据技术的应用，打破了传统行业的界限，推动了不同领域之间的跨界融合。这种跨界融合不仅为创新创业者提供了更广阔的发展空间，也为市场带来了新的价值。

综上所述，大数据为创新创业提供了前所未有的新机遇。通过深度洞察市场需求、发掘隐藏的创新机会、优化资源配置和推动跨界融合等方式，大数据已经成为推动创新创业的重要引擎。

2. 大数据对创新创业者提出新要求

随着大数据技术的迅猛发展和广泛应用，创新创业领域正经历着前所未有的变革。大数据技术的引入不仅为创新创业带来了丰富的资源和无限的机遇，也对创新创业者提出了全新的要求和挑战。为了更好地应对这些挑战，创新创业者需要不断提升自身的能力，以应对大数据时代的各种变化。

（1）提高数据素养。在大数据背景下，数据已经成为创新创业的重要资源。创新创业者需要具备一定的数据素养，才能够更好地利用这些数据进行决策和创新。数据素养不仅是指对数据的收集和处理能力，更重要的是对数据的分析和解读能力。通过深入挖掘数据中的信息，创新创业者可以发现市场的潜在需求、洞察行业趋势，为自身的创新活动提供有力的支持。为了提高数据素养，创新创业者可以通过参加相关培训课程、阅读专业书籍和与数据专家交流等方式，不断提升自己的数据收集、处理、分析和解读能力。同时，创新创业者还需要培养自己的数据意识，学会用数据说话，将数据作为决策的重要依据。

（2）适应快速变化。大数据技术的应用使市场变化更加快速和复杂。创新创业者需要具备较强的适应能力和创新能力，才能及时应对市场的变化和挑战。在大数据背景下，市场的竞争格局已经发生了深刻的变化，传统的商业模式和营销手段已经难以适应新的市场环境。创新创业者需要时刻保持敏锐的市场洞察力，紧密关注市场动态，及时调整自身的战略和策略。同时，创新创业者还需要加强自身的创新能力，不断探索新的商业模式和产品服务。通过利用大数据技术对市场进行细分和定位，创新创业者可以更加精准地满足消费者的需求，打造具有竞争力的产品和服务。

（3）注重数据安全。在利用大数据进行创新创业的过程中，数据安全是一个不可忽视的问题。创新创业者需要加强对数据的保护和管理，防止数据泄露和滥用。随着大数据技术的普及，数据泄露和滥用的风险也在不断增加。一旦数据被泄露或滥用，不仅会对创新创业者的商业利益造成损害，还可能引发严重的法律风险和社会信任危机。因此，创新创业者需要建立完善的数据安全管理制度和机制，加强对数据的加密、备份和监控。同时，创新创业者还需要增强自身的法律意识和道德观念，遵守相关法律法规和道德规范，确保数据的合法使用和保护。

综上所述，大数据对创新创业者提出了全新的要求和挑战。创新创业者需要不断提高自身的数据素养、适应能力和创新能力，并注重数据安全，以应对大数据时代的各种变化。只有这样，才能够在激烈的市场竞争中脱颖而出，实现创新创业的成功。

二、众创空间发展面临的挑战与机遇

1. 众创空间发展面临的挑战

（1）信息不对称。在传统的众创空间中，由于信息流通不畅，创新创业者、投资者、服务提供者等各方之间存在信息不对称的问题，导致资源分配的不合理和市场效率的降低。

（2）资源配置不合理。众创空间作为创新创业的集聚地，需要有效地整合和利用各种资源。然而，由于信息不对称和缺乏有效的数据支持，众创空间在资源配置上往往难以达到最优状态。这限制了众创空间的创新效率和发展潜力。在众创空间中，信息不对称是一个普遍存在的现象。创新创业者、投资者、服务机构等各方之间往往缺乏有效的信息沟通和共享机制，导致资源分配的不均衡和不合理。这种信息不对称的现象不仅会降低资源配置的效率，还可能引发市场失灵和资源浪费。此外，众创空间在资源配置上缺乏有效的数据支持，也是一个不容忽视的问题。由于缺乏科学的数据分析和决策依据，资源配置往往依赖于主观判断和经验决策，难以达到最优状态。这不仅可能导致资源的浪费和滥用，还可能错失一些具有潜力的创新项目和合作机会。因此，建立健全的数据支持体系，提高资源配置的科学性和精准性，成为众创空间亟待解决的问题。

（3）创新能力不足。部分众创空间在创新服务、技术支持等方面存在短板，导致创新创业者的创新需求得不到满足。这不仅影响了创新创业者的积极性和创造力，也限制了众创空间作为创新创业平台的吸引力和竞争力。众创空间的服务体系应当涵盖从创意孵化、项目加速到市场拓展的全过程。但现实中，部分众创空间在提供创新服务时，往往无法满足创新创业者的多元化需求。这可能是由于服务团队的专业能力不足、服务流程不完善或是资源网络有限等原因造成的。服务短板的存在不仅使创新创业者在关键时刻得不到有效支持，还可能因为服务的不专业而导致项目发展受阻。在科技创新日益成为推动经济社会发展的关键动力的背景下，技术支持对于众创空间而言至关重要。然而，部分众创空间在技术支持方面存在明显不足，如缺乏先进的研发设备、专业的技术团队或是与高校、科研机构的合作不够紧密等。这使创新创业者在将创新想法转化为实际产品或服务时面临诸多困难，严重制约了创新成果的转化效率。

2. 众创空间发展面临的机遇

（1）大数据技术的助力。随着大数据技术的迅猛发展和广泛应用，众创空间迎来了全新的发展机遇。大数据技术为众创空间提供了强大的数据支持和决策依据，有助于其更加精准地了解市场需求和创新创业者的需求，从而优化资源配置，促进创新创业的高效发展。①大数据技术的核心作用。大数据技术通过收集、整合和分析各类创新资源，为众创空间提供了全面、准确的数据支持。这些数据不仅涵盖了市场需求、行业趋势、技术发展等多方面的信息，还包括创新创业者的个性化需求和偏好。通过对这些数据的深入挖掘和分析，众创空间可以更加精准地把握市场脉搏，为创新创业者提供更加精准、高效的服务。②优化资源配置。在大数据技术的支持下，众创空间可以实现对创新资源的优化配置。通过对创新创业项目的数据分析，可以准确评估项目的潜力和风险，为投资者提供更加科学、可靠的决策依据。同时，大数据技术还可以帮助众创空间实现对创新资源的动态管理和调整，确保资源的高效利用和价值最大化。③促进创新创业的高效发展。大数据技术的应用不仅有助于优化资源配置，还可以促进创新创业的高效发展。通过对市场需求和创新创业者需求的精准把握，众创空间可以为创新创业者提供更加贴合实际、具有针对性的支持和服务。这将有助于激发创新创业者的积极性和创造力，推动更多优秀项目的涌现和落地。

（2）个性化与精准化服务。在当今这个数据驱动创新与发展的时代，大数据技术已经成为推动众创空间向个性化与精准化服务转型的关键力量。通过深度挖掘和分析创新创业者的行为特征和需求偏好，大数据技术使众创空间能够提供更加符合创新创业者实际需求的服务，这不仅有助于提升创新创业者的满意度和忠诚度，还能进一步促进众创空间与创新创业者之间的紧密合作和共同发展。①深入理解创新创业者需求。大数据技术允许众创空间收集并分析创新创业者的各种数据，包括他们的项目选择、资源需求、市场定位、发展策略等。通过这些数据，众创空间可以深入了解创新创业者的行为特征、偏好和需求，从而为他们提供更加个性化的服务。②提供精准化服务。基于大数据的分析结果，众创空间可以为创新创业者提供精准化的服务。这包括为他们推荐合适的合作伙伴、提供针对性的技术支持、优化资源配置、协助他们进行市场定位和推广等。这种精准化的服务不仅可以提高创新创业者的成功率，也有助于众创空间实现更高效的资源利用。③提升创新创业者的满意度和忠诚度。个性化与精准化的服务能够更好地满足创新创业者的需求，从而提升他们的满意度和忠诚度。当创新创业者感受到众创空间对他们的关心和支持时，他们更有可能与众创空间建立长期的合作关系，推动众创空间的持续发展。④促进紧密合作与共同发展。随着众创空间与创新创业者之间合作关系的加深，双方可以共同探索更多的创新创业机会，实现资源共享和优势互补。这种紧密的合作不仅有助于推动创新创业生态的繁荣，也能为众创空间带来更多的发展机会和空间。

（3）优化创新环境。随着大数据技术的日益成熟，其在优化创新环境、提升创新能力与效率方面的作用日益凸显。对于众创空间而言，大数据技术的应用不仅能够帮助其深入了解创新创业者的需求，还能使其有效发现创新创业的热点和趋势，从而给创新创业者提供更加精准的支持和帮助。这些优势不仅有助于激发创新创业者的创造力和创新精神，还能为众创空间的持续发展注入新的活力。①精准洞察创新创业趋势。大数据技术通过收集、整理和分析大量数据，能够为众创空间提供关于创新创业的深入洞察。这些洞察不仅涵盖行业发展趋势、技术创新热点，还包括市场需求变化、竞争格局调整等重要信息。众创空间可以基于这些洞察，为创新创业者提供更具针对性的指导和支持，推动他们更好地把握市场机遇、实现创新突破。②优化资源配置。在创新环境中，资源的合理配置对于提升创新效率至关重要。大数据技术能够帮助众创空间实现资源的优化配置，确保资源能够流向最具潜力和价值的创新项目。通过数据分析，众创空间可以更加准确地评估项目的创新性和市场前景，为投资者提供更加可靠的决策依据，从而引导资源流向最需要的地方。③激发创新创业活力。大数据技术的应用还有助于激发创新创业者的创造力和创新精神。通过对创新创业者的行为特征、需求偏好等数据进行深入分析，众创空间可以为他们提供更加个性化的支持和服务，满足他们在创新创业过程中的多样化需求。这将有助于激发创新创业者的积极性和创造力，推动更多优秀项目的涌现和落地。④促进创新生态的繁荣。众创空间作为创新创业的重要载体，其内部创新生态的繁荣与否直接影响着创新创业的成效。大数据技术的应用有助于众创空间构建一个更加开放、包容、协同的创新生态。通过数据分析，众创空间可以发现不同领域、不同项目之间的潜在联系和合作机会，促进跨界融合和协同创新，从而推动整个创新生态的繁荣和发展。

综上所述，传统的众创空间在运行机制上面临着信息不对称、资源配置不合理、创新能力不足等问题。这些问题限制了众创空间的发展潜力和创新效率。同时，随着大数据技术的广泛应用，众创空间也面临着数据安全、隐私保护等方面的挑战。然而，大数据技术的出现也为众创空间的发展带来了前所未有的机遇。首先，大数据技术可以帮助众创空间更好地收集、整合和分析各类创新资源，提高资源配置的效率和准确性；其次，大数据技术可以帮助众创空间更好地了解创新创业者的需求和行为特征，提供更加个性化和精准的服务；最后，大数据技术可以帮助众创空间优化创新环境，提升创新能力和创新效率。

三、大数据背景下众创空间发展的提出

众创空间是在2015年1月国务院常务会议上正式提出的概念，并写入了《政府工作报告》。这一概念的提出是基于"大众创业、万众创新"的背景，旨在构建新型创业创新聚集交流平台，推动经济新常态下的产业结构转型升级。众创空间的发展源于科技部对北京、上海、深圳等地的创客空间、孵化器基地等创业服务机构进行调研后，总结各地为创业者服务的经验而提炼出的新概念。众创空间通过互联网技术与众人创业的理念结合，为创业者提供了工作空间、网络空间、社交空间和资源共享空间，打破了传统创业模式的局限，为创业者提供了一个集工作空间、网络空间、社交空间和资源共享空间于一体的综合性平台。它不仅为初创企业提供了物理空间的支持，更在资金、技术、市场、人才等方面为创业者提供了全方位的服务和资源支持。这种新型的创新创业聚集交流平台，极大地降低了创业门槛和成本，激发了全社会的创新创业热情，成为我国新经济时代中创新创业发展的显著标志。

在大数据背景下，众创空间的发展得到了进一步的推动。大数据技术为众创空间提供了强大的数据支撑和分析能力，使其能够更准确地把握创业者的需求和行为，从而提供更加精准的服务和资源支持。通过大数据分析，众创空间可以深入了解创业者的创业意愿、行业趋势、市场需求等信息，为创业者提供更加有针对性的创业指导和建议。同时，大数据还可以帮助众创空间优化资源配置，提高服务效率和质量，实现更加高效和精准的创新创业支持。

此外，大数据也为众创空间内的创新创业活动提供了更加广阔的舞台。在大数据的助力下，创业者可以更加便捷地获取和整合各类资源，实现跨界融合和创新发展。例如，通过大数据分析市场需求和消费者行为，创业者可以开发出更加符合市场需求的产品和服务；通过数据挖掘和分析行业趋势，创业者可以洞察行业前沿技术和商业模式，从而实现技术创新和商业模式创新。这些创新活动不仅使众创空间内部的创新创业氛围日益浓厚，也为整个社会的经济发展注入了新的活力和动力。

众创空间与大数据技术的融合不仅推动了众创空间自身的快速发展，也为大数据技术的应用提供了更加广阔的应用场景。在众创空间中，大数据技术的应用不仅局限于数据分析和资源优化配置等方面，还可以拓展到创业项目管理、创业风险评估、创业成果评估等多个领域。这些应用场景的拓展，不仅丰富了大数据技术的应用形式和内容，也为众创空间提供了更加全面和深入的服务支持。

总之，众创空间作为推动经济转型升级的重要力量，在大数据背景下得到了进一步的推动和发展。大数据技术的应用为众创空间提供了强大的数据支撑和分析能力，使其能够更加精准地服务创业者，推动创新创业活动的快速发展。同时，众创空间也为大数据技术的应用提供了更加广阔的应用场景，推动了大数据技术的不断创新和发展。未来随着技术的不断进步和应用场景的不断拓展，众创空间与大数据技术的融合将更加深入和广泛，为推动我国新经济时代的发展注入更加强劲的动力和活力。

第三节　大数据背景下众创空间发展的特征分析

随着信息技术的飞速发展，大数据已经成为当今社会的核心资源。在这一背景下，众创空间作为推动创新创业的重要平台，其发展也呈现出新的特征和趋势。本章将从多个维度详细阐述大数据背景下众创空间发展的特征，以期对众创空间的未来发展提供有益的参考。

一、数据驱动的创新决策

随着大数据时代的来临，数据已经成为驱动社会发展和创新的核心要素。

在这一背景下，众创空间作为连接创新创业者、资源与市场的桥梁，其决策过程也在发生深刻的变革。传统的决策模式更多地依赖于经验和直觉，而在大数据的赋能下，众创空间开始实现数据驱动的创新决策，这不仅提高了决策的科学性和准确性，也为创新创业活动注入了新的活力。具体体现在以下几个方面：

第一，大数据与创新决策的融合。大数据技术的出现为创新决策提供了前所未有的可能性。通过收集、整合和分析海量数据，众创空间能够洞察市场趋势、技术动态和用户需求，为创新创业活动提供更加精准的方向指引。这种数据驱动的创新决策模式，不仅改变了传统决策的局限性，也为众创空间的发展注入了新的动力。

第二，市场趋势的精准把握。在大数据背景下，众创空间可以通过对市场数据的深度挖掘和分析，发现市场的潜在需求和趋势。比如，通过分析用户行为数据、消费习惯等，众创空间可以预测某一领域的市场前景和发展趋势，从而为创业者提供更加精准的市场定位和策略建议。这种基于大数据的市场趋势分析，不仅提高了市场预测的准确性，也为创业者提供了更加可靠的市场参考。

第三，技术发展方向的洞察。技术创新是众创空间发展的重要驱动力。在大数据的支持下，众创空间可以通过对技术数据的分析，洞察技术的发展方向和趋势。比如，通过分析专利数据、科技论文等，众创空间可以了解某一领域的技术热点和发展动态，从而为创业者提供有针对性的技术指导和建议。这种基于大数据的技术发展方向洞察，不仅可以帮助创业者把握技术创新的脉搏，也可以为其在激烈的市场竞争中赢得先机。

第四，用户需求的深入理解。在大数据背景下，众创空间可以通过对用户数据的分析，深入理解用户的需求和偏好。比如，通过分析用户的行为数据、社交媒体数据等，众创空间可以洞察用户的真实需求和痛点，从而为创业者提供更加贴近市场的产品和服务。这种基于大数据的用户需求理解，不仅提高了产品和服务的针对性和有效性，也为创业者赢得了更多的市场份额和用户认可。

第五，潜在问题和风险的预警与干预。除了洞察市场趋势、技术发展方向和用户需求，大数据还可以帮助众创空间发现创业项目中的潜在问题和风险。通过对项目数据的实时监测和分析，众创空间可以及时发现项目运行过程中的问题和风险点，从而提前进行预警和干预。这种基于大数据的潜在问题和风险的预警与干预机制，不仅降低了项目的失败风险，也提高了创业项目的成功率和可持续性。

总之，数据驱动的创新决策在众创空间发展中具有重要的作用和意义。通过收集和分析大数据，众创空间能够更加精准地把握市场趋势、技术发展方向和用户需求，为创新创业活动提供更加科学、可靠的依据。未来随着大数据技术的不断发展和完善，数据驱动的创新决策将在众创空间发展中发挥更加重要的作用。因此，众创空间需要不断加强对大数据技术的应用和研究，提高分析和处理数据的能力，以更好地服务于创新创业活动和社会发展。同时，也需要关注数据安全和隐私保护等问题，确保大数据技术的健康发展。

二、平台化的运营模式

在大数据的时代背景下，信息技术的飞速发展使数据的收集、处理和应用变得前所未有的便捷和高效。对于众创空间这一创新创业的重要平台而言，大数据不仅为其提供了丰富的资源，还为其运营模式带来了深刻的变革。其中，最为显著的就是众创空间开始趋向于平台化的运营模式。这种模式的出现不仅极大地降低了创业者的门槛和成本，还显著提高了创新创业的效率和成功率。平台化运营模式是指众创空间通过搭建线上平台，将各类创新资源和创业力量汇聚于此，实现资源的优化配置和高效利用。这种模式的特点主要体现在以下几个方面：①资源整合能力。平台化运营模式使众创空间能够将各类资源进行有效整合，包括资金、技术、人才、市场等。通过线上平台，这些资源得以更加便捷地流通和共享，为创业者提供了更加丰富的选择。②服务提供能力。众创空间的线上平台可以为创业者提供一站式的创业服务。无论是项目孵化、融资对接，还是人才招聘、市场推广，创业者都可以在平台上找到相应的服务支持。这种一站式的服务模式大幅简化了创业流程，提高了创业效率。③交流合作能力。平台化运营模式促进了创业者之间的交流和合作。通过线上平台，创业者可以更加方便地进行信息共享、经验交流及项目合作。这种交流合作不仅有助于创业者之间的互助成长，也有助于形成创新创业的社群效应。

同时，大数据技术的引入对众创空间的平台化运营模式产生了深远的影响。具体表现在以下几个方面：①数据驱动的精准服务。通过收集和分析大量的数据，众创空间可以更加精准地了解创业者的需求和痛点，从而为其提供更加个性化的服务支持。这种数据驱动的服务模式不仅提高了服务的针对性和有效性，也提高了创业者的满意度和忠诚度。②资源匹配的高效性。大数据技术的应用使众创空间在资源匹配上更加高效。通过对各类资源的深度分析和智能匹配，众创空间可以为创业者提供更加精准的资源对接服务。这不仅降低了创业者的搜寻成本和时间成本，也提高了资源的利用效率和创新创业的成功率。③风险控制的精确性。在平台化运营模式下，众创空间可以通过数据分析对创业项目进行风险评估和预警。这种风险控制机制有助于及时发现潜在的问题和风险点，从而采取相应的措施进行干预和防范。这不仅降低了创业项目的失败风险，也提高了众创空间的整体运营质量和信誉度。

总之，大数据背景下众创空间的平台化运营模式为创新创业活动提供了更加便捷、高效的服务支持。通过资源整合、服务提供及交流合作等方式实现了资源的优化配置和高效利用。但同时，众创空间也需要关注数据安全与隐私保护、平台间竞争与合作以及服务质量和用户体验等问题并采取相应的对策进行应对。未来，随着大数据技术的不断发展以及创新创业环境的持续优化，众创空间的平台化运营模式将不断创新和完善，为更多的创业者提供更加全面、精准的服务支持，推动创新创业的蓬勃发展。

三、跨界融合的发展趋势

在大数据时代，数据的流动与交融为各行各业带来了前所未有的机遇与挑战。跨界融合成为一种趋势，不同的行业、领域开始相互渗透、相互融合，共同探索新的商业模式和创新路径。众创空间作为连接创新创业者与资源的桥梁，也在这一背景下展现出了跨界融合的发展趋势。通过与高校、科研机构、产业链上下游企业等的合作，众创空间正不断拓展自身的发展空间，推动着整个社会的创新创业进程。跨界融合是指不同行业、不同领域之间的交流与融合，通过资源的共享、优势的互补，实现共同发展和创新。在大数据背景下，跨界融合不仅有助于拓展众创空间的发展空间，也有助于推动整个社会的创新创业进程。具体来说，跨界融合的意义主要体现在以下几个方面：①资源共享。通过跨界融合，众创空间可以与其他产业、领域共享资源，包括技术、人才、资金等。这种资源共享不仅提高了资源的利用效率，也有助于降低创新创业的成本和风险。②优势互补。不同行业、不同领域具有各自的优势和特长，通过跨界融合，可以将这些优势进行互补，形成更强大的创新力量。例如，众创空间可以与高校、科研机构合作，利用其在技术研发和成果转化方面的优势，提高自身的创新能力和竞争力。③创新驱动。跨界融合为创新创业提供了更多的思路和方法，有助于推动整个社会的创新进程。通过与其他产业、领域的合作，众创空间可以不断探索新的商业模式和创新路径，为创新创业注入新的活力。

虽然跨界融合为众创空间带来了诸多机遇和优势，但同时也面临着一些挑战。例如，不同行业、不同领域之间的文化差异、沟通障碍等都可能影响到跨界合作的顺利进行。为了应对这些挑战，在进行跨界合作时，众创空间需要加强与合作伙伴之间的沟通与协调，确保双方能够充分理解对方的需求和期望，共同推动合作的顺利进行。信任是跨界合作的基础，众创空间需要与合作伙伴建立长期稳定的合作关系，通过互信互助实现共同发展。为此，可以建立相应的信任机制，如签署合作协议、设立共同基金等。跨界融合还需要具备跨界思维和跨界能力的人才支持。因此，众创空间需要加强对人才的培养和引进工作，打造一支具备跨界思维和跨界能力的人才队伍，为跨界合作提供有力保障。

总之，大数据背景下的跨界融合为众创空间带来了广阔的发展空间和创新机遇。通过与高校、科研机构、产业链上下游企业等的合作，众创空间可以不断拓展自身的业务范围和服务能力，推动整个社会的创新创业进程。然而，跨界融合也面临着一些问题和挑战，需要众创空间采取相应的对策进行应对。未来，随着大数据技术的不断发展以及创新创业环境的持续优化，我们有理由相信众创空间的跨界融合趋势将更加深入地为推动经济社会发展注入新的活力和动力。

四、个性化服务的提供

随着信息技术的迅猛发展和大数据时代的到来，用户对于服务的需求呈现出个性化和多样化的特点。众创空间作为创新创业的重要载体和平台，在这一背景下也面临着巨大的变革和挑战。为了更好地满足用户的不同需求，众创空间开始提供更加个性化、精准化的服务，以提升用户的满意度和忠诚度。本部分将深入探讨大数据背景下众创空间的个性化服务及其重要性，并结合实际案例进行分析。个性化服务需求是指用户根据自己的特点和需求，希望得到符合其个性化要求的服务。在大数据背景下，个性化服务需求的特点主要体现在以下几个方面：①定制化。用户希望服务能够根据自己的需求和偏好进行定制，以满足其个性化的要求。某些众创空间针对不同领域的创业者，提供了定制化的创业指导和培训服务。通过对创业者的需求和痛点进行深入分析，众创空间可以为其提供更加精准、有效的解决方案和支持。例如，针对初创期的创业者，众创空间可以提供基础的创业培训、法律咨询等服务；针对成长期的创业者，众创空间可以提供融资对接、市场推广等更高级别的服务。②精准化。用户希望众创空间能够准确理解自己的需求和意图，并提供相应的解决方案和支持。众创空间还可以根据创业者的特点和产品特性，提供个性化的市场推广服务。例如，针对某些具有创新性和独特性的产品，众创空间可以利用资源和渠道优势，为其进行针对性的市场推广和宣传，提高产品的知名度和市场份额。③多样化。用户对于服务的需求多样化，需要众创空间提供多种服务类型和方式，以满足不同用户的需求。众创空间可以根据创业者不同阶段的需求，提供差异化的融资服务。例如，对初创期的创业者，众创空间可以提供天使投资、创业孵化等融资支持；对成长期的创业者，众创空间可以提供风险投资、上市辅导等更高级别的融资服务。这种差异化的融资服务能够更好地满足创业者不同阶段的需求，推动其创业进程。

大数据技术为众创空间提供了强大的支持，使其能够更好地满足用户的个性化服务需求。具体表现在以下几个方面：①数据分析。通过收集和分析用户的行为数据、偏好数据等，众创空间可以深入了解用户的需求和痛点，为其提供更加精准、有效的服务。②用户画像。通过构建用户画像，众创空间可以对用户进行细分，为不同用户群体提供差异化的服务方案。③智能推荐。利用机器学习和人工智能技术，众创空间可以根据用户的历史行为和偏好，为其推荐相应的服务和资源，提高服务的针对性和效率。

总之，大数据背景下众创空间提供个性化服务已经成为一种趋势和必然。通过利用大数据技术及创新服务模式和手段，众创空间可以为用户提供更加精准、有效的服务方案和支持，推动创新创业的蓬勃发展。未来，随着大数据技术的不断发展以及创新创业环境的持续优化，我们有理由相信众创空间的个性化服务将更加成熟和深入地为创新创业注入新的活力和动力。同时，我们也期待众创空间能够不断创新和完善服务模式，以更好地满足用户的个性化需求，推动整个社会的创新创业进程不断向前发展。

五、动态调整与优化的能力

随着大数据技术的快速发展和应用，众创空间作为连接创新创业者和资源的平台，也开始展现其强大的动态调整与优化的能力。在大数据的支持下，众创空间不仅能够实时监测和分析运营数据，还能够根据市场的变化和需求的变化，及时调整和优化自身的服务模式和支持体系。这种能力不仅提升了众创空间的市场竞争力，也为创新创业者提供了更加优质、高效的服务和支持。动态调整与优化的能力是指众创空间在面对市场变化和需求变化时，能够迅速做出反应，及时调整自身的运营策略和服务模式，以适应新的环境和需求。这种能力主要体现在以下几个方面：①实时监测与分析。众创空间通过收集和分析大量的运营数据，能够实时监测自身的运营状态和服务效果，从而及时发现存在的问题和不足。②快速反应与调整。一旦发现问题，众创空间能够迅速做出反应，采取相应的措施进行调整和优化，以确保服务的质量和效率。③持续创新与改进。众创空间不仅关注当前的运营状态，还不断追求创新和改进，以满足用户不断变化的需求和市场变化。

大数据技术的应用为众创空间提供了强大的支持，使其具备了动态调整与优化的能力。具体表现在以下几个方面：①数据收集与处理。大数据技术能够帮助众创空间收集和处理大量的运营数据，为实时监测和分析众创空间的运营情况奠定基础。②数据挖掘与分析。通过数据挖掘和分析技术，众创空间能够深入挖掘数据背后的信息，发现潜在的问题和不足。③预测与决策支持。基于大数据的预测和决策支持技术，众创空间能够预测未来的市场趋势和需求变化，为创新创业者做出决策和调整方案提供有力支持。

总之，大数据背景下众创空间的动态调整与优化的能力对于其持续发展和市场竞争力的提升具有重要意义。通过实时监测和分析运营数据、快速反应与调整以及持续创新与改进等手段，众创空间能够更好地适应市场的变化和需求的变化，保持持续的创新能力和竞争优势。未来，随着大数据技术的不断发展和完善以及创新创业环境的持续优化，我们有理由相信众创空间的动态调整与优化的能力将更加强大和成熟，为创新创业提供更加优质、高效的服务和支持，推动整个社会的创新创业进程不断向前发展。

综上所述，大数据背景下众创空间的发展呈现出数据驱动的创新决策、平台化的运营模式、跨界融合的发展趋势、个性化服务的需求以及动态调整与优化的能力等特征。这些特征不仅反映了众创空间在适应和利用大数据方面的努力，也揭示了其在创新创业生态系统中扮演的日益重要的角色。未来，随着大数据技术的进一步发展和应用，众创空间的发展还将呈现出更多新的特征和趋势。因此，众创空间需要不断创新和改进自身的发展模式和服务体系，以适应不断变化的市场需求和创新创业环境。

第四节　大数据背景下的众创空间和传统的众创空间的区别

大数据背景下的众创空间和传统的众创空间在多个方面存在显著的区别，这些区别不仅体现在技术应用、服务模式上，还涉及资源配置、创业生态构建等多个层面。

第一，技术应用层面的区别。对于传统的众创空间而言，在基础技术应用方面，主要依赖于物理空间的建设和基础设施的完善，如提供办公场地、会议室、休息区等硬件设施，以及基本的网络服务；在信息化程度方面，虽然传统众创空间也会利用信息化手段进行管理和服务，但整体上信息化程度较低，数据收集、分析和应用的能力有限。对于大数据背景下的众创空间而言，在大数据技术应用方面，充分利用大数据技术，对海量数据进行收集、存储、处理和分析，以洞察市场趋势、创业者需求、资源分布等关键信息；在智能化服务方面，通过大数据技术的应用，众创空间能够提供更加智能化的服务，如智能推荐、精准匹配、风险评估等，提高了服务的效率和质量；在数据驱动决策方面，大数据为众创空间的运营管理提供了强有力的数据支持，使决策更加科学、精准和高效。

第二，服务模式与资源配置的区别。对于传统的众创空间而言，在服务模式方面，服务模式相对单一，主要提供办公场地、设备租赁、基础咨询等基础服务；在资源配置方面，传统众创空间往往受自身资源和能力的限制，难以为创业者提供全面、深入的支持。对于大数据背景下的众创空间而言，在多元化服务模式方面，通过大数据技术的应用，能够构建多元化的服务模式，如创业辅导、融资对接、市场推广、法律法务等一站式服务；在资源高效配置方面，大数据技术的应用使众创空间能够更加精准地识别创业者的需求和痛点，从而高效地配置各类资源，如资金、人才、技术等，为创业者提供更加精准、有效的支持。

第三，创业生态构建的区别。对于传统的众创空间而言，在物理空间聚合方面，主要通过物理空间的聚合来构建创业生态，即通过提供共享办公空间来吸引创业者入驻，形成一定的创业氛围和社区效应；在生态构建方面，往往受限于物理空间和自身资源的不足，难以形成完善的创业生态系统。对于大数据背景下的众创空间而言，在线上线下融合方面，不仅注重物理空间的聚合，还通过线上平台的建设和运营，实现线上线下的深度融合，这种融合不仅打破了物理空间的限制，还使创业生态的构建更加灵活和高效；在完善生态体系方面，通过大数据技术的应用和线上线下融合的模式，大数据背景下的众创空间能够构建更加完善的创业生态系统，这个系统不仅包括创业者、投资人、服务商等多元主体，还包括政策、资金、技术、市场等多种要素的有机结合和高效互动。

综上所述，大数据背景下的众创空间和传统的众创空间在技术应用、服务模式、资源配置、创业生态构建等多个方面存在显著的区别。这些区别不仅体现了大数据技术在众创空间领域的广泛应用和深远影响，还展示了大数据背景下众创空间在推动创新创业、促进经济发展方面的巨大潜力和广阔前景。

第五章　大数据背景下众创空间的运行机制构建研究

　　本书第四章深入剖析了大数据的特征及其对众创空间带来的新机遇，奠定了大数据与众创空间融合发展的理论基础。在此基础上，本章进一步探索了大数据背景下众创空间的具体运行机制构建，包括如何利用大数据特征（如数据量大、类型多样、处理速度快等）推动众创空间在创新模式、决策机制、资源配置等方面的变革，从而实现了从理论探讨到实践操作的逻辑跨越，确保了第四章的理论分析在第五章中得到有效应用与深化。

　　随着数字技术的飞速发展，其已逐渐渗透到经济社会的各个领域，成为推动现代化进程的重要力量。众创空间作为激发创新创业活力、促进经济转型升级的重要平台，其运营管理效率与效果直接关系到创新创业生态的发展质量。然而，在实际运营过程中，众创空间各主体间往往存在"数据孤岛"问题，导致资源分散、信息不畅，严重影响了众创空间的运行效率和服务质量。在此背景下，本章聚焦于大数据对众创空间运营管理的赋能作用，旨在构建一套有效的大数据背景下众创空间运行机制，解决"数据孤岛"问题，提升众创空间的运营效率和服务水平。通过深入剖析大数据背景下众创空间的要素构成、内在逻辑和运作方式，本书不仅为众创空间的创新发展提供了理论支持，也为实践中的运营管理提供了可操作的指导方案。通过本书的研究，我们期望能够为众创空间的运营管理提供新的思路和方法，推动众创空间向更高效、更智能的方向发展，为创新创业生态的繁荣发展贡献力量。

第一节　研究设计

一、研究方法的选择

在进行任何形式的研究时，选择合适的研究方法至关重要。研究方法的选择不仅关系到研究的深度和广度，更直接影响研究结果的准确性和有效性。在决定采用何种研究方法时，一个关键的因素是研究问题的性质。本书聚焦于探讨如何利用大数据技术推动众创空间的有效运作，并深入分析其背后的机制。这样的研究问题本质上是在探究"怎么样"的问题，即如何实施、如何运作，以及在这一过程中所涉及的各种因素和相互关系。案例研究方法特别适合这类探究过程或机制的研究。通过深入剖析具体的案例，我们可以更加清晰地理解数字技术在众创空间运行中的作用，以及这些作用是如何发生的。案例研究允许我们深入探索实际运作中的细节，包括成功的经验、遇到的挑战及应对策略等。此外，案例研究还具有灵活性，可以根据研究的进展和发现进行调整，从而更全面地揭示大数据背景下众创空间运行机制的复杂性。同时，案例研究方法也避免了过度依赖以往的经验证据和文献基础，尽管这些经验证据和文献基础对于研究具有重要的参考价值，但它们可能无法完全涵盖实际运作中的所有细节和变化。通过案例研究，我们可以更加直接地接触到实际运作的情况，从而更准确地把握大数据背景下众创空间运行机制的实际情况。综上所述，选择案例研究方法对于本书来说是非常合适的。它不仅能够满足对于"怎么样"的研究需求，还能够深入揭示大数据背景下众创空间运行机制的内在逻辑和运作过程。通过这样的研究，我们有望为大数据背景下众创空间的发展提供有力的理论支持和实践指导。

二、研究案例的选择

本书研究的目标是通过描述和分析所选案例，形成大数据背景下众创空间运行机制的相关理论，引导社会关注大数据与创新创业服务领域相结合的重要实践，从而为推动创新创业服务高质量发展提供基础理论支撑。为保证理论构建基础的典型性和实用性，考虑"可借鉴性""代表性"等案例选择原则，选择"中科心客"作为案例对象。中科心客创办于2015年初，荣获"国家众创空间"称号，拥有含高校院所、企事业单位等类型的大型数据库，搭建线上云平台，通过汇聚投融资资源和以江西省全省科技数据为依托，促进创业需求精准匹配，是国内科创领域领先品牌，能够代表大数据背景下众创空间的发展现状和未来方向。

三、研究数据的收集

为提高案例研究的信效度，本书遵循"三角验证"原则（陈章旺和黄惠燕，2020），采用多渠道的数据采集方式，使之相互补充和验证，具体包括以下几种：

第一，深度访谈。深度访谈是本书的重要信息来源，多次前往中科心客与总经理、副总经理及部门负责人互动交流，获取丰富的一手材料。

第二，现场观察。研究成员在调研过程中进行走访参观，通过实地观察收集相关材料，形成对大数据背景下众创空间运营管理实践的直观认识。

第三，公司发布的档案数据。研究人员还充分利用了中科心客自身发布的档案数据。这些数据作为企业内部管理的直接记录，具有高度的权威性和准确性，为研究提供了坚实的数据支撑，有助于我们更全面地把握企业的运营状况与发展趋势。

第四，第三方发布的相关资料。主要包括中国知网中相关的期刊文章、博硕士论文，万得数据库中权威机构发布的有关企业的研究报告、新闻报道等。

以上几种来源数据相互验证、相互补充，能够形成完整的证据链并实现三角验证，从而增强研究结论的说服力。

四、数据分析

在遵循 Corbin 和 Strauss（1998）所倡导的研究方法论的基础上，并借鉴魏江等（2016）的数据处理策略，本书对所收集的数据进行了系统性的编码分析。这一过程细分为以下三个关键环节：

第一，初步开放编码阶段。此阶段旨在将原始的场景资料进行分类整理，采用文献回顾与访谈者直接表述相结合的方式，深入挖掘数据中的核心信息点。通过这一过程，初步提炼出了一系列具体、直观的一级概念，这些概念直接来源于数据本身，为后续分析奠定了基础。

第二，主轴编码深化阶段。在完成了初步开放编码后，转而进行主轴式编码。这一步骤的核心在于对一级概念进行深入的比较与分析，旨在揭示它们之间的内在联系与逻辑结构。通过整合与归纳，提炼出了更为精炼且抽象的二级概念，这些概念不仅代表了数据中的关键要素，还反映了它们之间的复杂关系。

第三，选择性编码综合阶段。在这一阶段，我们从二级概念中进一步提取出核心概念，这些核心概念是整个研究的核心与灵魂。同时，在更广泛的理论框架下，寻找并整合与这些核心概念相关的其他概念，从而构建出一个更为全面、系统的汇总性概念框架。如图5-1所示，这一框架清晰地展示了从原始数据到核心概念，再到理论框架的演变过程，为深入理解研究问题提供了有力的支持。

基于上述材料，本书以创业生态系统理论为基础，聚焦于要素构成、内在逻辑与运作方式三个方面来分析。

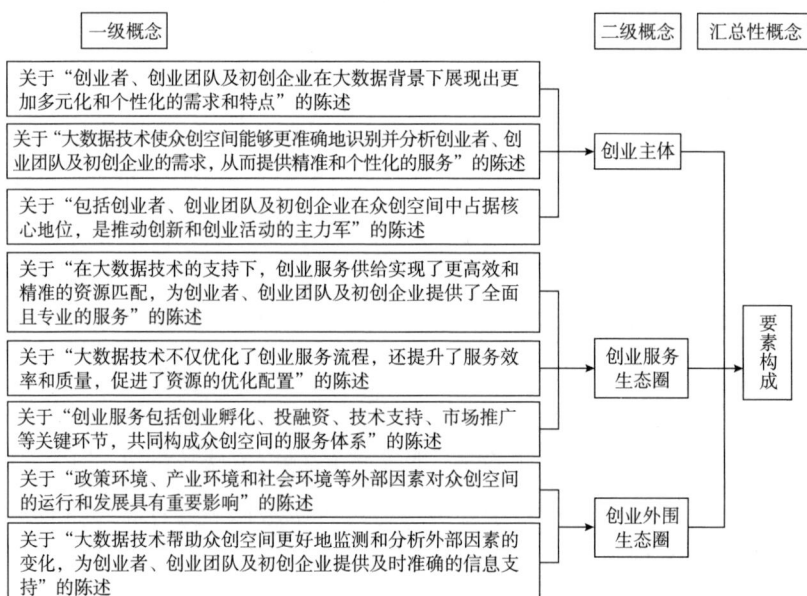

图5-1 多级编码的概念层次

一级概念	二级概念	汇总性概念

关于"在大数据技术的赋能下，众创空间能够深度剖析并精准定位创业者、创业团队及初创企业的多样化需求，进而与创业服务供给者形成高度契合的共识，为创新创业活动奠定坚实的合作基础"的陈述

关于"通过大数据分析工具实现了需求与资源的无缝对接，确保了创新创业活动的方向性和针对性，促进了各参与方目标的统一与协同"的陈述

关于"大数据技术的应用显著提升了众创空间在识别与满足创业者、创业团队及初创企业需求方面的能力，为后续的深度合作与资源共享奠定了良好的信任基础"的陈述

— 需求共识

关于"大数据不仅促进了资源的精准匹配，还激发了创新思维在不同主体间的碰撞与融合，加速了创新模式的探索与实践，从而促进众创空间持续发展"的陈述

关于"在大数据技术的支撑下，实现了从资源共享到知识共享、从单一服务到综合解决方案的跨越，为创新创业提供了全方位、多层次的支撑体系"的陈述

关于"众创空间内的创业者和创业服务供给者通过大数据平台实现了信息的高效流通与资源的优化配置，形成了紧密关系，共同推动创新创业活动的蓬勃发展"的陈述

— 协同共生

内在逻辑

关于"众创空间利用大数据分析工具深入挖掘价值创造点，引导各参与方共同探索价值增值路径，实现了经济、社会、文化等多维度的价值创造"的陈述

关于"通过大数据技术的精准引导，确保了价值创造活动的有效性和可持续性，促进了创新创业生态系统的整体繁荣"的陈述

关于"大数据技术的应用不仅提升了价值创造的效率和效果，还拓宽了价值创造的边界，使众创空间成为推动社会进步与发展的重要力量"的陈述

— 价值共创

一级概念	二级概念	汇总性概念

关于"在大数据技术的赋能下，众创空间实现了对创业需求的深度洞察，通过数据分析技术细化创业者、创业团队及初创企业的具体需求，构建了详尽的创业需求画像，为后续的精准化服务奠定了坚实的基础"的陈述

关于"众创空间能够主动倾听创业者的声音，利用大数据平台实时捕捉市场动态与趋势，从而快速响应并满足创业者的多元化、个性化需求"的陈述

关于"众创空间不仅解决了传统模式下需求识别不准确的问题，还促进了创业需求数据库的建立和完善，为众创空间的长远发展积累了宝贵的数据资产"的陈述

— 精准化识别

关于"众创空间运用大数据匹配算法，实现了创业需求与创业资源的精准化对接，有效提升了资源利用效率，确保了创新项目能够及时获得所需的资金、技术、市场等关键资源"的陈述

关于"通过大数据平台实现资源的优化配置和动态调整，为创新项目的成功孵化提供了有力保障"的陈述

关于"众创空间不仅为创业者提供了更加专业和个性化的服务，还促进了创业服务圈的整体升级和协同发展"的陈述

— 精准化对接

运作方式

关于"为确保众创空间的服务质量和运营效率，众创空间通过数字监督平台对运营管理过程进行实时监控和数据分析，确保各项服务能够按照既定目标和标准执行"的陈述

关于"通过数字监督平台，不仅提高了众创空间的管理水平，还促进了服务质量的持续改进和创新，为创业者提供了更加透明、高效、可信赖的创新创业环境"的陈述

关于"通过数字监督平台，众创空间能够及时发现并纠正运营管理中的问题，确保各项服务能够持续满足创业者的需求，推动创新创业活动的顺利开展和持续发展"的陈述

— 精准化监督

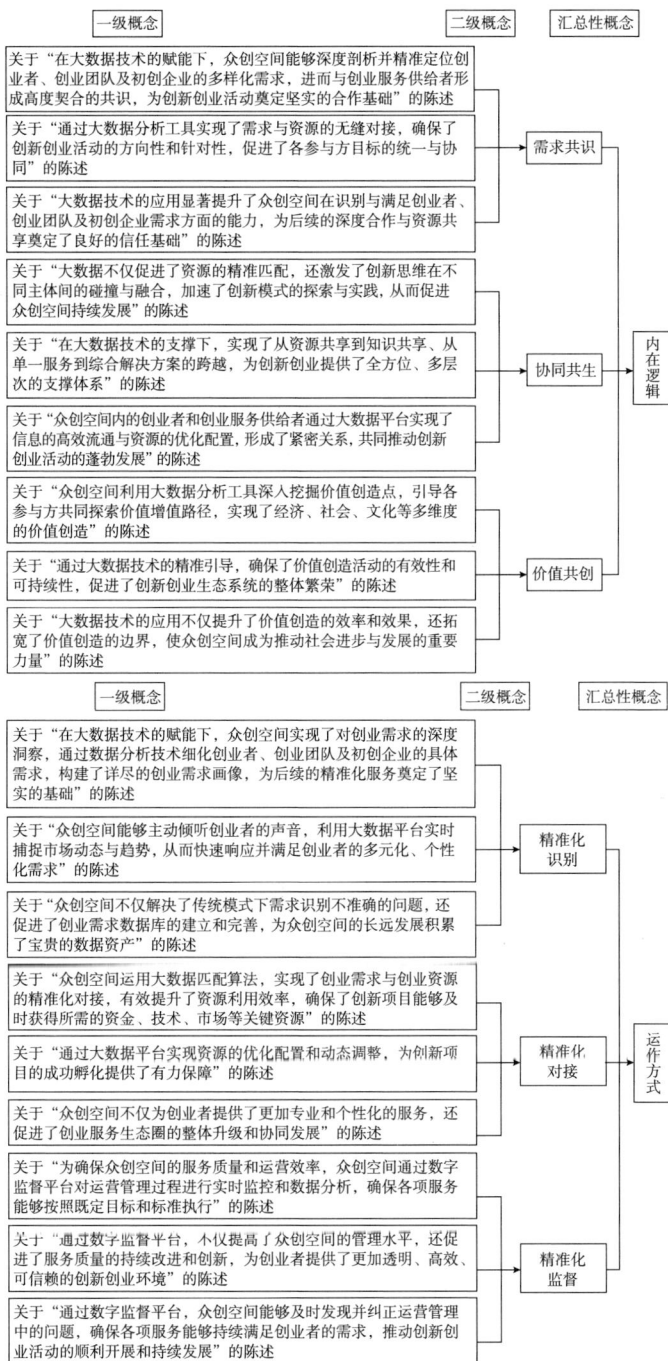

图 5-1　多级编码的概念层次（续）

第二节 大数据背景下众创空间的要素构成

一、理论框架

众创空间作为一个开放的创业生态系统，借鉴了创业生态系统理论，将创业生态系统划分为外围生态环境和内部生态群落。其中，外围生态环境包括政策、文化及基础设施等；内部生态群落包括创业企业、投资机构及政府等。因此，从创业生态系统视角出发，众创空间由创业主体、创业服务生态圈和创业外围生态圈三要素构成（见图5-2）。

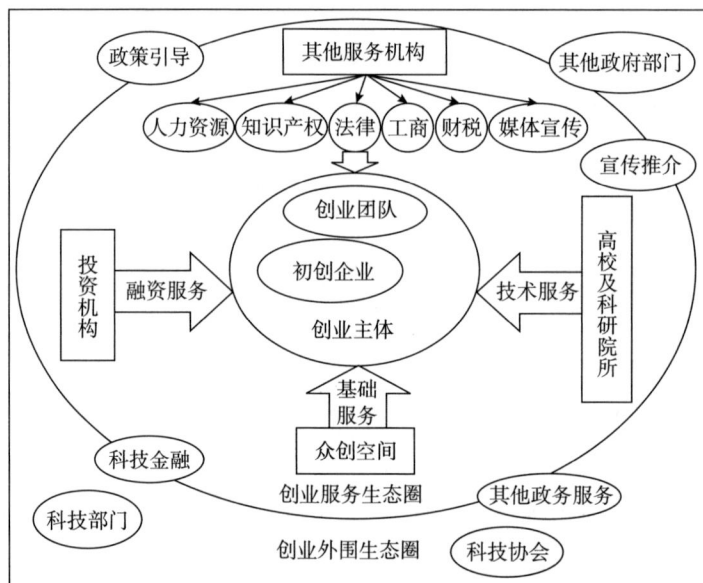

图5-2 众创空间要素构成模型

1. 创业主体

众创空间作为现代创新创业生态的重要组成部分，其存在合理性的根本依据在于创业主体，即那些充满激情和创意的创业团队和初创企业。在国家政策的大力扶持和社会环境的积极鼓励下，越来越多的个人和团队选择投身创新创业的浪潮中，他们构成了众创空间繁荣发展的核心动力。

创业团队往往是刚踏入创业领域的群体，他们拥有创新的想法和激情，但缺乏必要的创业资源和经验。众创空间为他们提供了一个汇聚资源、交流经验、共同成长的平台。在这里，创业团队可以获得来自导师的指导、投资者的关注、同行的支持，从而更加顺利地渡过创业初期的困难。初创企业虽然已经完成了企业的基本设立，但往往面临着资金、人才、市场等多方面的挑战。众创空间为这些初创企业提供了宝贵的资源和机会，帮助它们迅速补充所需的资金和人才，拓展市场渠道，实现快速成长。值得一提的是，创业人员的来源也呈现出多元化的特点。大学生自主创业、留学归国人员创业等不同背景的创业者都在众创空间中找到了自己的位置和发展空间。这种多元化的创业主体结构，不仅丰富了众创空间的内涵，也为创新创业生态带来了更多的活力和可能性。

创业主体不仅是众创空间实现自身价值的载体，更是推动其不断发展和完善的重要力量。随着越来越多的创业团队和初创企业入驻众创空间，其社会影响力也在不断扩大。这种影响力的提升，不仅有助于吸引更多的资源和关注，还能够进一步推动众创空间完善其创业服务职能，为创业者提供更加全面、高效的支持。

2. 创业服务生态圈

随着创新创业浪潮的兴起，越来越多的创业主体选择入驻众创空间寻求全方位的创业支持和服务。众创空间作为创业服务生态圈的核心组成部分，通过提供基础和增值服务，为创业主体搭建了一个高效、便捷、富有活力的创业平台。众创空间先是为创业主体提供必要的创业基础服务，包括办公空间和装备设施等。这些基础设施是创业主体开展日常工作和运营的基础，为他们的创业活动提供了必要的物质保障。通过提供舒适、便捷的办公环境，众创空间帮助创业主体降低创业初期的成本和风险，让他们能够更加专注于创新和业务发展。除了基础服务，众创空间还通过汇聚第三方服务机构，为创业主体提供丰富的创业增值服务。这些服务包括培训、工商注册、融资和技术支持等，旨在帮助创业主体解决创业过程中遇到的各种问题和挑战。其中，融资和技术支持是创业主体最为关注的服务之一。投资机构作为融资服务的主要提供者，为创业主体提供了多样化的融资渠道和方式，帮助他们解决资金缺口问题。高校院所则通过提供创业教育和技术服务，为创业主体输送优质创业者和专业人才，解决技术难题，引导他们开展正确的技术路线。这些增值服务的存在，不仅提升了众创空间的竞争力，也为创业主体提供了更加全面、高效的支持。

3. 创业外围生态圈

众创空间作为创新创业的重要载体，其有序发展离不开政府的大力支持和外围生态圈的构建。政府通过一系列政策和措施，从宣传推介、科技金融等方面为众创空间营造了良好的创业环境，促进了创业外围生态圈的形成和发展。

首先，政策引导与支持。政府出台了一系列鼓励众创空间有序发展的政策，这些政策不仅为众创空间提供了明确的发展方向和指导意见，还通过资金扶持、税收优惠等方式给了实质性的支持。例如，政府举办各类创业大赛，吸引域内外优质创业项目入驻众创空间，为创业者提供了展示才华和实现梦想的舞台。同时，政府还帮助众创空间开展政策申报工作，如申请省级或国家级备案，以便获得更大的政策支持和资源倾斜。

其次，科技金融服务的加强。政府在科技金融方面给予了众创空间极大的支持。通过建立创投基金、引导社会资本全面对接众创空间等措施，政府为创业者提供了多元化的融资渠道和资金支持。这不仅缓解了创业者的资金压力，还促进了科技创新和成果转化。此外，政府还鼓励金融机构为众创空间提供定制化、差异化的金融产品和服务，以满足不同创业者的需求。

再次，创业培训与指导。为了提升众创空间的运营水平和创业者的创业能力，政府积极对接上级部门和科技协会，开展系列创业培训活动。这些培训活动不仅涵盖了创业理念、市场分析、商业计划等内容，还邀请了成功创业者、行业专家等作为讲师，为创业者提供了宝贵的经验和建议。通过系统培训，众创空间的运营团队和创业者能够更好地应对创业过程中的问题和挑战，提高创业成功率。

最后，创业氛围的营造。政府还通过举办创业论坛、创业沙龙等活动，加强了创业者之间的交流与合作，营造了浓厚的创业氛围。这些活动不仅为创业者提供了展示项目、寻找合作伙伴的机会，还激发了更多人的创业热情和激情。同时，政府还加大对创业典型的宣传力度，通过媒体渠道和社交平台等广泛传播创业者的成功故事和经验教训，为更多人提供创业动力和信心。

二、案例分析

1. 创业主体

在科技飞速发展的当下，创新创业的热潮席卷全球。作为这一浪潮中的重要力量，中科心客为创业主体提供了一个充满活力与机遇的平台。在这个平台上，创业团队与初创企业共同生长，携手创造了一个又一个商业奇迹。

中科心客自成立以来，便吸引了众多创业团队与初创企业的目光。这里不仅有先进的科技设施与完善的服务体系，更有浓郁的创业氛围与无限的商业可能。截至 2024 年 12 月，已有超过 700 家初创企业选择在中科心客扎根，它们主要聚焦于人工智能、新能源等前沿科技领域，为整个创业生态注入了源源不断的创新活力。这些初创企业各具特色，有的专注于研发先进的算法技术，有的致力于开发环保的新能源产品，还有的深耕于医疗健康、金融科技等多个领域。它们带着不同的梦想与愿景，在中科心客的平台上相互碰撞、相互学习，共同推动着整个创业生态的繁荣与发展。

作为一家专注于创新创业投资的众创空间，中科心客在投资领域也取得了显著的成绩。其凭借敏锐的市场洞察力和独到的投资眼光，成功投资了趣店、谷宝农业、FILL 耳机、华通新能源及双天使生物科技等一批优质初创企业。这些企业的成功上市与快速发展，不仅为中科心客带来了丰厚的投资回报，更为整个创业生态树立了榜样与标杆。趣店作为中科心客早期投资的企业之一，凭借其独特的商业模式和创新的金融科技应用，迅速崛起成为行业内的领军企业。谷宝农业通过引入先进的农业技术与智能设备，实现了农业生产的智能化与高效化，为社会带来了巨大的经济效益。FILL 耳机以其卓越的音质和时尚的设计赢得了市场的青睐，成为年轻人追捧的潮流单品。华通新能源则专注于新能源技术的研发与应用，为推动绿色可持续发展做出了积极贡献。双天使生物科技则致力于生物医药领域的创新研究，为人类健康事业的发展贡献了自己的力量。

另外，为了进一步扩大创业生态的影响力与吸引力，中科心客在北京、杭州等地举办了"预见独角兽"线下路演等活动。通过这些活动，成功引入了诸多优质创业团队，为整个创业生态注入了新的活力与动力。这些优质创业团队带来了丰富的创新资源与项目经验，为中科心客的创业生态带来了更多的可能性与机遇。这些优质创业团队与中科心客原有的创业团队和初创企业相互学习、相互合作，共同推动了整个创业生态的快速发展与壮大。

2. 创业服务生态圈

在创新创业的浪潮中，中科心客以其独特的定位和全面的服务，成为投融资和技术服务主导型专业化众创空间的佼佼者。它不仅是一个简单的创业平台，更是一个为创业者提供全方位支持的生态系统。

中科心客深知资金对于初创企业的重要性，因此在投融资服务方面，它采取了多种策略，为创业者提供坚实的资金支持。一方面，中科心客建立了自有创投基金，如心客筑享基金、心客预见基金等，这些基金为初创企业提供了灵活多样的融资解决方案。另一方面，中科心客积极与外部投资机构建立紧密的合作关系，目前已与梅花创投、红杉资本等超过20家知名创投机构达成合作，共同为创业者提供更为广阔的融资渠道。这种投融资服务的创新与深化，不仅为创业者解决了资金难题，更为他们带来了与顶级投资机构接触的机会，从而提升了企业的知名度和影响力。

除了投融资服务，中科心客还非常注重技术服务。它接入了迈科技一站式技术创新服务平台，为创业者提供了超过2.1亿条高价值的科技创新资源数据，以及18万名科技创新及研发应用专家。这意味着，创业者在这里可以轻松找到他们所需的技术支持和创新资源，从而加速产品的研发和市场推广。此外，中科心客还与江西财经大学等高校院所建立了技术服务合作，为创业者提供了更为专业和系统的技术支持。这种高校与企业的合作模式，不仅促进了产学研的深度融合，更为创业者带来了更多的技术创新机会。

除了投融资和技术服务，中科心客还为创业者提供了媒体宣传和人才招聘等全方位服务。它与科创板日报、江西卫视等媒体建立了良好的合作关系，特别是在东方卫视、江西卫视打造的电视类创投真人秀节目《预见独角兽》，为发掘和培育优质创业项目提供了全新平台。这种媒体宣传策略，不仅提升了创业项目的知名度，更为创业者带来了更多的市场机会和合作伙伴。在人才招聘方面，中科心客与58同城达成了广泛合作，依托58同城为创业主体引进和招聘大量优秀人才。这种人才招聘服务的提供，为创业者解决了人才短缺的问题，帮助他们快速组建起一支高效、专业的团队。

总之，中科心客以独特的定位和全面的服务，成为投融资和技术服务主导型专业化众创空间的领跑者。它不仅为创业者提供了坚实的资金支持，更为他们带来了专业、高效的技术服务和全方位的创业支持。

3. 创业外围生态圈

在创新创业的浪潮中，一个完善的创业外围生态圈对于众创空间的成功运营和持续发展具有至关重要的意义。这个生态圈不仅为创业者提供了必要的资源、政策和市场机会，更营造了一个充满活力、互相支持、共同成长的良好环境。对于中科心客来说，其背后的创业外围生态圈就是其迅速崛起并持续领跑的关键所在。

地方政府在创业生态圈的建设中发挥着至关重要的作用。江西省科技厅等政府部门积极响应国家创新创业的号召，出台了一系列鼓励创新创业的政策措施。这些政策不仅为中科心客提供了资金、税收、人才等多方面的支持，还通过简化审批流程、优化营商环境等措施，降低了创业门槛，激发了市场活力。在这样的政策环境下，中科心客得以快速发展，吸引了大量优质创业项目和人才。

除了政策支持，创业赛事活动也是吸引优质创业项目的重要平台。中科心客在江西省科技厅等单位的支持引导下，成功举办了"洪城之星"创业大赛、中国创新创业大赛（江西赛区）等一系列创业赛事。这些活动不仅为创业者提供了一个展示自己才华的舞台，更通过媒体宣传、专家评审等方式，提高了项目的知名度和影响力。同时，这些活动也为中科心客筛选和引进了一批具有潜力的优质创业项目，为众创空间注入了新的活力。

在科技成果转化方面，中科心客同样走在了前列。通过与多家省内高校院所、企事业单位共同发起组建江西省技术转移产业联盟，中科心客成功搭建了一个产学研用紧密结合的科技创新平台。在这个平台上，高校院所的科研成果能够迅速转化为实际生产力，为创业者提供技术支持和创新资源。同时，企事业单位的参与也为创业者提供了更多的市场机会和合作空间。这种产学研用一体化的模式，不仅加速了科技成果的转化和应用，更推动了创新创业的深层次发展。

除了地方政府和高校院所的支持，中科心客还积极与各类金融机构、投资机构、媒体等建立紧密的合作关系。这些合作不仅为创业者提供了多元化的融资渠道和市场推广机会，更为中科心客带来了更多的资源和信息。通过多元合作，中科心客与众创空间内的创业者、合作伙伴等共同构建了一个互利共赢的生态系统。

综上所述，创业外围生态圈对于中科心客的成功运营和持续发展起到了至关重要的作用。在地方政府政策支持、创业赛事活动、技术转移产业联盟等多方力量的共同努力下，中科心客得以在优越的发展环境中不断成长壮大。未来，随着外围生态圈的不断完善和拓展，相信中科心客将继续为创业者提供更多的机遇和支持，共同推动创新创业事业迈向新的高峰。

第三节　大数据背景下众创空间的内在逻辑

一、理论框架

创业主体、创业服务生态圈和创业外围生态圈三者间相互作用、相互影响，实现层层递进的需求共识、协同共生、价值共创。其中，需求共识是基础，协同共生是核心，价值共创是目标。

1. 需求共识

在创业的广阔天地中，需求共识如同一座明亮的灯塔，为创业者和众创空间指明方向，确保他们在追求成功的道路上能够携手同行。真正了解创业需求，不仅是对创业者负责，更是对整个创业生态系统健康发展的保障。

创业需求并非单一、静止的存在，而是随着市场变化、技术发展和创业者的成长而不断演变。这些需求可能涉及资金、技术、人才、市场等多个方面，要求创业服务提供者具备敏锐的洞察力和深厚的专业知识。通过数字技术，可以更加精准地捕捉创业者的需求变化，为他们提供量身定制的服务。正确的创业服务决策是基于对创业需求的深入理解和全面分析，这要求决策者在掌握大量信息的基础上，运用科学的方法和工具，做出符合创业者实际需求的决策。只有这样，才能确保创业服务的高效性和针对性，为创业者的成功创造有利条件。

基于正确的创业服务决策，我们需要采取准确的创业服务行为。这些行为应该紧密围绕创业者的实际需求，提供切实可行的解决方案。例如，为创业者提供资金支持、技术转移、市场推广等具体服务，帮助他们克服创业过程中的种种困难。在众创空间中，信息不对称是一个普遍存在的问题。数字技术的出现为这一问题提供了有效的解决方案。通过大数据、人工智能等技术手段，我们可以实现信息的快速收集、分析和共享，缓解要素主体间的信息不对称现象。这不仅有助于提高创业服务的效率和质量，还能为创业者提供更加精准的服务支持。

形成创业需求共识是一个多方参与、共同协商的过程。在这一过程中，创业者和众创空间运营主体需要充分沟通、深入交流，共同识别和解决创业过程中的问题。这种共识的形成不仅有助于提高创业服务的针对性和有效性，还能促进创业者和众创空间之间的紧密合作和共同发展。需求共识的形成为后续创业服务供给打下了坚实的基础。在这一基础上，我们可以更加精准地定位创业者的需求，提供更加贴合实际的服务。同时，这也有助于提高创业服务的质量和效率，为创业者的成功创造更加有利的条件。

总之，需求共识是创业服务的核心与基石。通过深入了解创业需求、做出正确的创业服务决策、采取准确的创业服务行为以及利用数字技术缓解信息不对称等问题，我们可以推动创业主体和众创空间运营主体形成创业需求共识。这种共识将为后续创业服务供给打下坚实的基础，为创业者的成功创造更加有利的条件。

2. 协同共生

在创业的浪潮中，创业主体与创业服务生态圈之间建立起了一种协同共生的关系。这种关系不仅推动了创业主体的成长，也为创业服务生态圈注入了持续发展的动力。创业需求是创业服务产生的原动力。随着市场环境的不断变化和技术的飞速发展，创业者面临着前所未有的机遇和挑战。他们渴望得到资金、技术、人才等多方面的支持，以应对这些挑战并抓住机遇。创业服务生态圈则应运而生，为创业者提供了一站式的解决方案。这些服务不仅满足了创业者的多元化需求，还为他们提供了更加便捷、高效的服务体验。协同共生是创业服务生态圈的核心理念。这意味着创业服务供给者、创业主体和创业服务生态圈本身是相互协调、协同发展和共同进化的。在这个过程中，三者形成了一个紧密的生态系统，共同推动着创业生态的繁荣和发展。

创业主体借助创业服务生态圈满足其多元化创业需求。创业者在创业过程中，往往需要面对资金短缺、技术瓶颈、市场推广等难题。创业服务生态圈则提供了包括融资服务、技术支持、市场推广等在内的全方位服务，帮助创业者解决这些问题，这不仅加快了创业者的成长速度，也提高了他们的成功率。同时，创业服务生态圈也在不断探索自身盈利和可持续发展模式。通过与创业者的紧密合作，创业服务生态圈能够深入挖掘和利用优质创业项目，实现盈利。这种盈利模式的创新不仅为创业服务生态圈提供了持续发展的动力，也为其带来了更多的商业机会和发展空间。

协同共生的关系为创业主体和创业服务生态圈带来了多重效益。首先，它提高了创业服务的效率和质量。由于双方紧密合作、信息共享，创业服务能够更加精准地满足创业者的需求，提高了服务的针对性和有效性。其次，它促进了创业生态的健康发展。协同共生的关系有助于形成良好的创业生态环境，吸引更多的创业者和投资者加入，推动整个生态系统的繁荣和发展。最后，它为社会经济发展注入了新的活力。通过协同共生，创业主体和创业服务生态圈共同推动了创新创业的发展，为社会经济发展提供了新的动力和支撑。

3. 价值共创

在一个充满活力和创新的创业生态系统中，众创空间的三要素——创业主体、创业服务生态圈以及创业外围生态圈，都以利益最大化为导向。然而，由于各自性质和目标的不同，这些要素在追求利益最大化的过程中，共同创造了一个更加繁荣和有价值的创业生态系统。

创业主体是创业生态系统的核心，他们带着创业理想，通过项目孵化的方式，不断将创新的想法转化为实际的产品或服务。他们致力于解决社会问题，满足市场需求，同时也在追求自身价值的实现。在这个过程中，创业主体需要得到外部的支持和帮助，以实现其创业目标。创业服务生态圈则为创业主体提供了多元化的服务，包括融资、技术支持、市场推广等。这些服务不仅帮助创业主体解决了创业过程中的难题，也为其提供了更加高效和便捷的解决方案。创业服务生态圈通过提供这些服务，实现了自身的盈利和发展，同时也为创业主体创造了更大的价值。

投资机构在创业生态系统中扮演着重要的角色，它们通过挖掘优质创业项目，为创业主体提供资金支持，同时也实现了自身的盈利。高校院所则通过提供项目研发、成果转化等服务，为创业主体提供了技术支持和智力支持，推动了创业项目的快速发展。除了上述要素，创业外围生态圈也在激发区域创业活力、推动创新链和产业链更深层次融合方面发挥着重要作用。这些外围生态圈通过提供工商财税、法律等创业服务，为创业主体提供了更加全面的支持。同时，它们也通过鼓励创业实现就业，解决了大学生就业难等问题，为区域产业发展注入了新的活力。在这样一个协同共生的创业生态系统中，各要素之间通过广泛整合和有效配置创业资源，实现了价值共创。这种共创不仅体现在经济价值的增长上，更体现在社会价值、创新价值等多个方面。通过不断优化创业生态系统的结构和功能，我们可以进一步推动各要素之间的协同合作，实现更加高效和可持续的价值共创。

二、案例分析

1. 需求共识

在创业服务生态中，确保创业主体与众创空间之间达成需求共识，对于提升创业服务绩效具有至关重要的意义。然而，在现实情况中，创业主体往往因信息不畅、沟通不足等而陷入被动接受的困境。为了破解这一难题，中科心客积极创新服务模式，为创业主体打造多元化的创业需求表达渠道，以实现创业需求共识，进而提升创业服务绩效。

中科心客认识到，要想实现创业需求共识，首先需要构建多元化的创业需求表达渠道。为此，推出了网络平台（预见独角兽官网）和社交平台（南昌科技广场微信公众号等）等多种渠道，为创业主体提供多样化的选择。这些平台不仅便于创业主体随时随地提交创业需求清单，还能够让众创空间更直接地了解创业主体的真实需求，从而为提供精准服务打下基础。预见独角兽官网作为中科心客打造的专业化网络平台，为创业主体提供了便捷的创业需求表达渠道。创业主体可以在平台上详细列出自己的创业需求，包括资金、技术、市场等，以便众创空间能够更准确地了解他们的需求。同时，平台还提供了在线交流功能，便于创业主体与众创空间进行实时沟通，确保服务能够更加贴合实际。

除了网络平台，中科心客还通过社交平台（如南昌科技广场微信公众号等）为创业主体提供了更加灵活的需求表达方式。这些社交平台具有用户基数大、互动性强等特点，能够有效扩大创业需求的传播范围，吸引更多潜在的服务提供者的关注。同时，社交平台还能够为创业主体提供更加个性化的服务推荐，提高服务匹配的效率。为了进一步提升创业需求表达的准确性和有效性，中科心客还借助大数据、人工智能等数字技术，对创业主体的需求进行深入分析和挖掘。通过对大量数据的处理和分析，中科心客能够更准确地识别出创业主体的真实需求，为众创空间提供更加精准的服务建议。这不仅提高了创业服务的针对性，还有助于减少资源浪费，提高整体服务效率。

通过上述多方面的努力，中科心客为创业主体与众创空间之间达成创业需求共识奠定了基础。一方面，多元化的创业需求表达渠道让创业主体的需求能够被更广泛地传播和识别；另一方面，数字技术的应用提高了创业需求识别的准确性和有效性。这种双向互动的模式有助于形成更加紧密的合作关系，推动创业服务生态健康发展。通过打造多元化的创业需求表达渠道并借助数字技术的支持，中科心客为破解创业主体被动接受众创空间创业服务的困境提供了有效路径。这不仅有助于提升创业服务绩效，还能够推动整个创业生态系统的良性循环和发展。在未来的工作中，中科心客将继续优化和完善相关服务模式和技术手段，为更多创业主体提供更加高效、精准的服务支持。

2. 协同共生

在创业生态系统中，协同共生是一种理想的状态，它强调不同主体之间的相互依赖、相互促进，共同推动整个生态系统的繁荣与发展。中科心客作为一个专注于创新创业的平台，深刻理解了协同共生的重要性，并通过一系列实践活动，推动创业主体与投资机构之间的快速对接，实现了双方的共赢。

创业主体入驻中科心客众创空间的动机是多元且明确的，他们希望通过这一平台，获取一系列专业的创业服务，以满足其初创期的各种需求。这些需求包括但不限于资金支持、技术转移、市场资源、人才招聘等。中科心客作为一个集成了多种服务功能的创新创业平台，正好能够满足这些需求。与此同时，梅花创投等投资机构也在积极寻找具有潜力的创业项目，它们主要关注人工智能、智能制造等前沿领域，希望通过投资这些领域的优质项目，实现财务盈利的同时，也推动整个行业的发展。然而，寻找合适的投资项目并非易事，需要投资机构花费大量的时间和精力。正是基于双方的需求与期望，中科心客扮演了一个桥梁和纽带的角色，它通过将创业主体与梅花创投等投资机构接入同一平台，为双方提供了一个高效、便捷的对接渠道。这一平台不仅为创业主体提供了全方位的创业服务，同时也为投资机构展示了大量的优质创业项目。通过这种方式，中科心客不仅满足了创业主体的融资需求，也为投资机构找到了合适的投资项目，实现了双方的协同共生。

为了推动双方的快速对接，中科心客还采取了一系列具体的措施。例如，定期举办投融资对接会、项目路演等活动，为创业主体和投资机构提供面对面的交流机会。同时，还利用大数据、人工智能等技术手段，对创业项目和投资机构进行精准匹配，提高对接效率。这些实践措施取得了显著的效果：一方面，创业主体能够快速获得所需的资金支持，推动了其项目的快速发展；另一方面，投资机构也能够找到具有潜力的投资项目，实现了财务盈利。更重要的是，这种协同共生的模式对整个创业生态系统产生了深远的影响。它不仅促进了创业主体与投资机构之间的合作与交流，也推动了整个创业生态系统的繁荣与发展。在这个生态系统中，各种资源得到了更加高效的配置和利用，创新创业的活力得到了充分释放。

总之，协同共生是中科心客推动创业生态系统发展的重要理念和实践。通过搭建一个创新创业平台，将创业主体与投资机构紧密连接起来，实现了双方的共赢。

3. 价值共创

在一个蓬勃发展的创业生态系统中，创业主体、创业服务生态圈和创业外围生态圈三者之间的互动与协同至关重要。它们共同构成了一个相互依存、相互促进的价值共创网络。在这一网络中，中科心客作为重要的平台角色，通过广泛整合和有效配置创业资源，为各方提供了实现共同价值的机会。

创业主体是创业活动的核心，他们怀揣着创业理想，通过孵化创业项目来实现自我价值和社会价值。在中科心客这一平台上，创业主体能够获得全方位的创业服务支持，包括融资对接、技术支持、市场推广等。这些服务不仅帮助创业主体解决了创业过程中的难题，更为他们提供了实现创业理想的必要条件。创业服务生态圈为创业主体提供了多元化的创业服务，包括投资机构、法律服务机构、人力资源机构等。这些服务机构通过在中科心客平台上与创业主体进行紧密合作，不仅提高了自身的经营业绩，也为创业主体提供了更加专业、高效的服务。同时，这些服务机构之间的合作与交流也推动了创业服务生态圈的不断发展与完善。创业外围生态圈包括政府、高校、科研机构等，它们为创业活动提供了政策支持、人才培养、技术研发等方面的支持。在中科心客的助力下，创业外围生态圈与创业主体和创业服务生态圈形成了紧密的合作关系，共同推动了产业升级、就业增加等社会福利的增进。这种合作模式不仅促进了创业活动的繁荣与发展，也为区域经济的增长和社会的进步做出了积极贡献。

中科心客作为一个专注于创新创业的平台，通过广泛整合和有效配置创业资源，为创业主体、创业服务生态圈和创业外围生态圈创造了巨大的价值。截至 2022 年底，中科心客已成功帮助 200 多个创业主体对接全国知名投资机构超过 600 次，为 160 多个创业主体获得了超过 50 亿元的融资款。这些成果不仅证明了中科心客在价值共创方面的实力与成效，也为创业生态系统的持续发展注入了强大的动力。例如，FIIL 耳机作为一个新兴品牌，在中科心客的助力下成功落户江西南昌，并获得了来自梅花创投、心客筑享预见基金等超过亿元的融资。这一成功案例不仅展示了中科心客在创业服务方面的专业能力，也体现了价值共创模式对于创业主体和整个创业生态系统的重要性。如今，FIIL 耳机已成为江西省科技创新产品的优秀代表，为当地经济发展和社会进步做出了积极贡献。

总之，通过广泛整合和有效配置创业资源，中科心客为创业主体、创业服务生态圈和创业外围生态圈创造了巨大的价值。这种价值共创的模式不仅推动了创业活动的繁荣与发展，也为区域经济的增长和社会的进步做出了积极贡献。

第四节　大数据背景下众创空间的运作方式

一、理论框架

本节基于众创空间要素构成和内在逻辑分析，探讨如何构建大数据背景下众创空间的运作方式。首先，众创空间运营主体借助数字技术精准识别创业主体的创业需求，破解创业主体与众创空间之间的"数据孤岛"难题，实现创业主体与众创空间运营主体间的双向互动，从而达成创业需求共识。其次，借助数字技术精准对接创业需求，从而推动创业主体与创业服务生态圈之间的协同共生。最后，为有效落实创业服务的价值共创，众创空间借助数字技术精准监督创业主体与创业服务生态圈间的供求对接情况，执行创业主体与创业服务生态圈对众创空间运营主体的反向监督职能。

1. 创业需求精准化识别

有效识别创业需求是创业服务供给的前提，精准对接创业需求，能够促使创业主体与众创空间运营主体间实现创业需求共识。创业需求识别是指采集、整理和分析需求数据以获取全面真实的需求信息，为服务供给决策提供依据的过程。创业需求精准化识别旨在提升创业需求识别的精准性，一是提升真实可靠性，二是确保具体清晰化，三是要求实时动态。创业需求精准化识别包括创业需求精准化感知、挖掘和辨析三个层面。

（1）精准化感知。精准化感知是有效识别创业需求的前提，需求感知是基于数据判断需求的存在和内容，提供结构和关系描述的过程。创业需求的传统获取方式是被动型的，导致创业主体无法及时有效地向众创空间运营主体传递创业需求，从而降低了创业服务的有效性。因此，众创空间运营主体通过打造线下智慧交互设备，引入具备数据感知、采集、存储等功能的数字基础设施，借助人工智能等技术帮助提高创业主体的需求表达能力，通过视觉识别、人物特征分析及文字处理来获取创业需求信息，不断扩大创业需求表达范围，为精确感知创业需求提供技术条件，提升自动精准感知创业需求的能力。

此外，众创空间运营主体还通过搭建网络平台和微信社交软件帮助创业主体开辟创业需求信息传达新渠道。创业主体不仅可以迪过互联网平台上传需求清单，详尽表达自身创业需求；还可以借助微信公众号发布融资或技术等创业需求信息。基于上述多元化的创业需求表达方式，面对海量的半（非）结构化创业需求数据，众创空间借助云端数据仓库来进行存储，以便后续创业需求的进一步挖掘、辨析。

总之，在达成创业需求共识的过程中，创业主体首先需要有效地向众创空间传达创业需求信息，通过建立精准化、多元化的需求感知方式，获取更多创业需求数据，实现精准化需求感知，从而扭转以往创业主体被动接受众创空间创业服务的不足。

（2）精准化挖掘。通过精准化感知以获取大量创业需求数据，还需进一步挖掘需求信息，赋予其数据"智能"生命。为有效响应和进一步挖掘创业主体的创业需求，从创业需求的收集和监测两方面出发。创业需求的收集是指采用以 MapReduce 为代表的并行处理引擎等大数据技术对创业需求数据开展数据分析，通过大量廉价服务器实现大数据并行处理，混合处理海量结构化、半（非）结构化创业需求数据。如创业不同阶段都需融资，创业主体需提供资质信息以获取投资机构青睐，众创空间则借助数据挖掘、预测分析模型等了解创业主体资源和能力上的不足，若发现缺乏项目推广和市场营销等，众创空间则需提供针对性服务弥补该不足。

创业需求监测是指通过对创业需求数据与标准数据（创业需求清单）进行比较的方式，挖掘创业主体尚未认识到的切实需求，且对感知到的结构化、半（非）结构化创业需求数据进行提炼和分类储存，从而构建创业需求数据库。基于创业需求数据库，还需通过语义分析和文本分析等量化方法对创业需求进行主题建模，剖析创业需求的演化特征，明确创业主体在技术、融资、工商注册等方面的创业需求偏好，进而放大创业需求数据的价值，进一步挖掘创业需求，为创新服务的精准化供给提供依据。

（3）精准化辨析。创业需求的精准化感知和挖掘都立足于创业主体，为确保后续对接创业服务的真实可靠性，还需辨析创业主体需求数据的真伪，从而维护创业服务生态圈和创业外围生态圈的正当权益。

总之，创业需求精准化识别是提升众创空间创业服务质量和效率的关键。通过精准化感知、挖掘和辨析三个层面的努力，众创空间能够更加准确地理解创业主体的需求，提供更加精准的服务。这不仅有助于创业主体的成功，也有助于整个创业生态系统的健康发展。

2. 创业需求精准化对接

精准化识别创业需求，需有效落实需求精准化对接工作，合理配置创业服务资源，实现创业供需的精准智能匹配，为构建一个围绕创业服务协同共生的平台化网络奠定基础。众创空间运营主体通过网络平台实现创业服务资源的全方位接入，既包括工商注册、税务法律等基础性服务，也包括融资、技术等增值性服务。

第一，引导创业服务生态圈接入智能平台。为了实现创业需求与创业服务资源的精准对接，众创空间运营主体需要引导创业服务生态圈接入智能平台。

通过注册、认证和开通服务号等步骤，将各类服务机构、投资者、专家等资源纳入平台，为创业主体提供多样化的创业服务。例如，投资机构可以通过接入智能平台，为创业主体提供融资服务，解决其融资难的问题；同时，投资机构也可以通过平台筛选优质创业项目，实现双方的协同共生。

第二，定向采集和靶向定制服务机构，筛选、分类不同职能的服务机构。为了实现创业需求的精准对接，众创空间需要对服务机构进行定向采集和靶向定制。通过制定统一标准，按照所属领域、类型、阶段、来源等分类创业资源，推动对创业服务生态圈的类型划分。同时，通过网页浏览器插件工具延伸创业服务资源的传播广度和深度，将互联网和移动互联网有机结合起来，提高创业服务资源的传递效率。此外，众创空间还可以通过微信公众号等渠道，为创业主体提供实时、便捷的创业服务。

第三，合理配对创业需求与服务资源。在精准识别创业需求的基础上，众创空间需要合理配对创业需求与服务资源。通过线上办公系统或微信小程序等渠道，将最新创业服务资源实时自动传输给创业主体，为其搭建精准推送服务通道。这不仅可以大幅简化流程、提高对接效率，还能确保服务资源的准确性和有效性。同时，众创空间还可以通过多媒体联动的方式推介优质的创业服务项目和工具，如上传知名创业导师的演讲视频至移动互联网平台，从而拓展创业服务的有效范围。

3. 创业需求精准化监督

精准化对接创业需求，还需执行精准化评价、反馈等监督职能，积极落实数字赋能监督职能，通过实时监督众创空间运营管理全过程，特别是有效监督创业主体与创业服务生态圈间的供求活动，为后续创业服务提出改进意见。换言之，通过践行精准化监督职能，为后续新一轮的感知、挖掘、辨析和对接提供参考依据，从而形成生态闭环。数字技术能够覆盖众创空间运营管理全过程，通过利用语音和图像识别技术、机器视觉和智能定位等数字技术，实现创业服务过程中痕迹和记录的可追溯和可查询，推动创业服务过程监督手段的数字化转变，从而简化监督流程，降低监督成本，并及时预防和发现众创空间运营管理中可能存在的风险。

依托人工智能等数字技术，动态采集众创空间运营管理中的相关数据，既可以通过数据评价体系跟踪评价接收创业服务的创业主体，实时掌握创业项目的运营情况，全面了解创业主体的服务接收情况，也可以评价创业服务生态圈的创业服务供给情况，有效规范创业服务供给。同时，通过创业主体、创业服务生态圈协同合作，整合创业服务资源，在创业服务供给、评价、沟通和监管等方面构建监督平台，对创业主体的基础和增值服务开展平台化集成，为创业需求的精准化监督奠定基础。

不仅着眼于对创业主体与创业服务生态圈间供求活动的监督，当面临众创空间运营管理问题时，创业主体与创业服务生态圈作为众创空间的要素构成，基于数字监督平台还需反向加强对众创空间运营主体的监督职能。至此，围绕创业主体、创业服务生态圈和众创空间运营主体建立了覆盖范围广、数字程度高、可监控的监督数据库。同时，政府相关部门需定期组织针对众创空间运营绩效的专项监督活动，特别是对于监督数据库反映的诸多问题予以重点监督，从而及时发现和解决众创空间运营管理过程中可能存在的问题。

大数据背景下众创空间运行机制如图5-3所示。

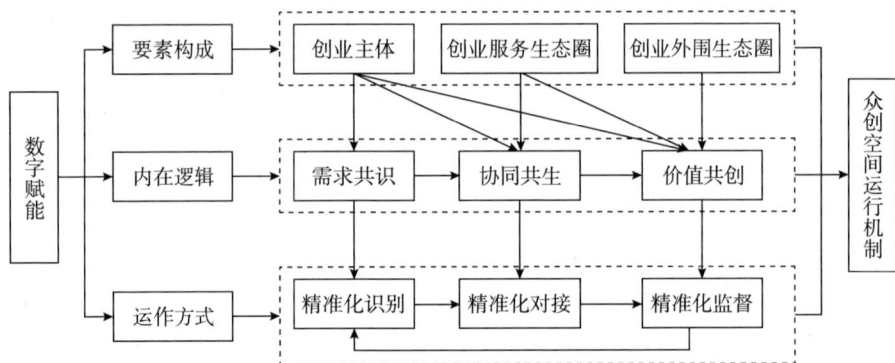

图5-3 大数据背景下众创空间运行机制

资料来源：方梓旭，徐莉. 数字赋能众创空间运行机制研究 [J]. 科研管理，2023，44（7）：105-113.

二、案例分析

1. 创业需求精准化识别

在当今的创业生态系统中，精准化识别创业需求是提升创业服务效率、推动创业项目成功的关键。中科心客深知此道，因此在创业服务领域不断探索和实践，形成了一套独特的创业需求精准化识别体系。这套体系以大数据和人工智能为核心技术，结合江西省科技数据资源，与众多创业服务平台、高校院所和企事业单位建立紧密合作，旨在全面、深入地了解创业主体的真实需求，为后续的创业服务提供精准供给依据。

中科心客运用大数据和人工智能等数字技术，对创业主体的创业活动痕迹进行深度挖掘和分析。这些活动痕迹包括但不限于创业主体的在线行为、项目进展、资金流动等。通过对这些数据的跟踪和判断，中科心客能够精准识别出各个创业主体的创业需求，从而构建创业需求数据库。这种基于大数据的识别方式，不仅提高了识别的准确性，还能够实时跟踪创业需求的变化，为创业服务提供动态调整的依据。为了更全面、更深入地了解创业需求，中科心客不仅依托江西省科技数据资源，还与省内的大量众创空间、科技企业孵化器等创业服务平台，以及高校院所和企事业单位建立了紧密的合作关系。这些合作伙伴的加入不仅为中科心客提供了更丰富的创业数据资源，还为其提供了更广阔的创业服务视野。同时，中科心客还接入了各主体的网络平台，实现了数据的共享和互通，进一步提高了创业需求识别的效率和准确性。

除了合作网络的构建和数据接入，中科心客还基于其关系和资源网络，在全国范围内收录了大量优质创业项目。这些项目涵盖了不同的领域和阶段，既有初创期的项目，也有成熟期的项目。通过对这些项目的收录和筛选，中科心客能够更全面地了解市场上的创业需求和趋势，为后续的创业服务提供更加精准的指导和支持。基于上述结构化、半（非）结构化创业数据，中科心客借助大数据技术进一步对海量的创业需求数据进行主题建模和比对分析。通过放大和深入挖掘创业需求价值，中科心客能够精准评判创业需求的真实性和可靠性，为后续创业服务的精准供给提供了依据。这种基于数据库的创业需求识别方式，不仅提高了识别的效率和准确性，还能够为创业服务提供更加全面、深入的支持。

为了更好地满足创业主体的需求，中科心客还打造了"预见独角兽"网络平台、"南昌科技广场"和"预见独角兽"微信公众号。这些平台为创业主体提供了便捷的需求发布渠道，创业主体可以通过上传需求清单或填入创业需求信息来向中科心客传达其需求。同时，网络平台还提供了投融资服务、技术服务等服务链接，为创业主体提供了更加全面、便捷的服务支持。在微信公众号中，创业主体可以填入包括技术和服务在内的各类需求信息。技术需求信息包括需求领域、研发类型、合作方式等内容，服务需求信息则包括融资需求、融资金额、企业服务需求等。这种全面的需求覆盖方式，使中科心客能够更全面地了解创业主体的需求状况，为后续的创业服务提供更加精准、全面的支持。

总之，通过大数据与人工智能的驱动、合作网络的构建与数据接入、创业项目的收录与筛选、创业需求数据库的构建与价值挖掘，以及网络平台的打造与需求发布渠道等多个方面的努力和实践，中科心客在创业需求精准化识别方面取得了显著的成效。这种精准化的识别方式不仅提高了创业服务的效率和准确性，还为创业主体提供了更加全面、深入的支持和指导。

2. 创业需求精准化对接

在当今高度竞争的创业环境中，创业需求的精准化对接显得尤为关键。它不仅关乎创业项目的成败，更对创业生态圈的健康发展具有深远影响。中科心客，因此致力于数字技术与创业需求数据库的有效对接，为创业主体提供精准化的服务渠道，从而推动创业项目与优质资源的精准匹配。

为了实现创业需求的精准化对接，中科心客采取了一系列措施。首先，通过注册、认证和开通服务号等步骤，中科心客积极引导创业服务生态圈接入其打造的"预见独角兽"网络平台、"南昌科技广场"和"预见独角兽"微信公众号。这一举措不仅为创业服务生态圈内的各类服务机构提供了便捷的接入渠道，还为其与创业主体之间的沟通交流搭建了高效的桥梁。目前，网络平台和微信公众号已吸引了深创投、中金公司等知名投资机构入驻。这些投资机构在平台上展示了其简介、项目需求和偏好投资轮次等信息，使创业主体能够更加直观地了解投资机构的偏好和需求。同时，投资机构也可以通过平台接触到更多优质的创业项目，从而实现双方的高效对接。

为了进一步提升创业需求对接的精准性，中科心客还成立了江西省技术转移产业联盟，该联盟由省内高校院所、企事业单位等组成，为创业主体提供了丰富的技术资源和创新支持。此外，中科心客还将网上技术市场等机构导入已有的网络平台和微信公众号平台，这些机构在技术支持、成果转化等方面具有丰富经验，能够为创业主体提供全方位的服务。中科心客依据创业需求数据库中的信息，运用大数据和人工智能技术对全国各地的创业项目进行了行业划分，如大消费、教育培训、医疗健康等。这一划分使创业主体能够更加方便地找到与其领域相关的项目，提高了对接的精准性。同时，中科心客还在平台上展示了创业项目的简介和需求信息，使投资机构和其他服务机构能够更加全面地了解项目情况，为后续的对接工作提供了有力支持。

在创业需求对接过程中，中科心客充分利用人工智能技术，根据创业主体的领域划分和创业需求（如融资需求、技术需求等），精准对接相应的创业服务生态圈。例如，对于具有融资需求的创业项目，中科心客会通过线上办公系统和微信小程序将相关信息及时推送给投资机构，促进双方的合作。同时，在对接过程中，中科心客还会为创业主体提供其他创业服务，如商业计划书打磨、财务担保等，以提升对接的成功率和效果。例如，中科心客曾成功帮助一个关于智慧门店的创业项目实现与投资机构的精准对接。在该案例中，中科心客首先通过创业需求数据库认定该创业项目具有融资需求且发展前景广阔。随后，利用人工智能技术筛选出与该创业领域相关的投资机构信息，并通过线上办公系统和微信小程序及时将相关信息上传给创业主体。在双方的互动沟通过程中，中科心客还提供了商业计划书打磨、财务担保等额外服务，最终有效促成了双方的合作。这一成功案例充分展示了中科心客在创业需求精准化对接方面的实力和成果。

总之，通过引导创业服务生态圈接入网络平台、成立技术转移产业联盟与导入机构、基于数据库的创业项目划分与展示以及使用人工智能技术实现精准对接等多项措施，中科心客在创业需求精准化对接方面取得了显著成效。这些举措不仅提高了创业项目与优质资源的匹配效率，还推动了创业生态圈的健康发展。

3. 创业需求精准化监督

在当今创业生态系统中，对众创空间运营管理的有效监督至关重要。它不仅关系到创业项目能否成功，更对创业生态圈的健康发展具有深远的影响。中科心客深知监督的重要性，因此尝试建立数字监督平台，对创业服务供给效果进行精准化监督，旨在提升众创空间的运营效率和服务质量。

为了实现对众创空间运营管理的全面监督，中科心客设立了专门的监督微信账号。该账号能够动态采集众创空间运营管理的全流程监督信息，特别关注那些违反众创空间运营管理制度的违规操作。例如，由于操作不规范而引入的低质创业项目、未及时提供创业服务导致的创业需求对接失败等。这些监督信息被实时上传至数字监督平台，为大数据背景下众创空间监督管理奠定了坚实的数据基础。数字监督平台具备实时上传和处理监督信息的功能。一旦监督微信账号捕捉到违规操作或其他需要关注的信息，它会立即将这些信息上传至平台。平台会对这些信息进行自动归类和整理，形成相应的监督数据档案。这不仅提高了监督工作的效率，还确保了监督信息的准确性和完整性。

为了充分掌握创业服务供求联动情况，中科心客基于创业需求数据库，使用数字技术汇聚了创业主体和创业服务生态圈的创业信息。在监督平台的基础信息系统中，建立了相应的创业供求联动数据档案。这些档案包括创业主体和创业服务生态圈的简介、创业需求和供给、信访举报等信息。这些信息作为创业服务绩效的重要参考依据，为监督评价提供了有力支持。为了确保创业供求联动数据档案的时效性和准确性，中科心客建立了实时更新模式。一旦收到创业主体和创业服务生态圈提供的信访举报、问题线索和处理意见等信息，监督平台会自动归类整理并传输至相应的数据档案中。这种动态更新的方式使监督数据库能够随时反映最新的创业服务供求情况，为政府相关部门提供及时、准确的监督评价依据。

政府相关部门在数字监督平台中扮演着重要的角色。它们围绕监督数据库定期对中科心客进行监督评价，这些评价不仅涵盖了创业服务供给的效果，还涉及众创空间运营管理的合规性和效率等方面。通过监督评价，政府相关部门能够及时发现并解决存在的问题，推动中科心客不断优化创业服务供给和提升众创空间运营效率。基于政府相关部门的监督评价结果，中科心客能够及时了解自身在创业服务供给和众创空间运营管理方面存在的不足。为了改进这些不足，中科心客会积极提供诸多解决方案。这些方案可能包括优化创业服务流程、提升服务人员素质、加强与众创空间的沟通协作等方面。通过实施这些解决方案，中科心客能够不断提升自身的服务水平和运营效率，为创业主体提供更加优质、高效的创业服务。

总之，通过建立数字监督平台并实现创业需求精准化监督，中科心客在众创空间运营管理方面取得了显著的成效。这不仅提升了创业服务供给的效果和众创空间的运营效率，还为创业生态圈的健康发展提供了有力保障。

第六章　大数据背景下众创空间的发展对策研究

在大数据背景下，众创空间作为创新创业的重要载体，其发展对策的制定与实施显得尤为重要。本章将针对大数据背景下众创空间面临的挑战和机遇，提出一系列具体的发展对策，旨在为众创空间的稳健运营和持续创新提供有力支持。

第一节　树立大数据治理理念，推出数字化创业服务模式

大数据技术的引入，首要问题是转变众创空间传统的运营管理理念，树立大数据治理理念，推出数字化创业模式，从而有效地促进创新创业生态的发展。

一、深化大数据治理理念

在当今这个数据爆炸的时代，大数据已成为推动社会进步与经济发展的关键力量。对于众创空间而言，深化大数据治理理念，不仅是提升运营效率、优化资源配置的必由之路，更是构建创新生态、激发创业活力的核心策略。以下将从明确数据战略、完善数据管理体系以及强化数据安全与隐私保护三个方面进行深入拓展，探讨如何在众创空间中有效实施大数据治理。

1. 明确数据战略

确立数据核心资产地位。在众创空间的发展蓝图中，数据应被明确视为一种无形资产，其价值与潜力远超传统资源。管理层需深刻认识到，数据不仅是

业务运营的记录者，更是决策制定的智囊团、创新服务的催化剂。因此，将数据置于战略高度，确立其作为核心资产的地位，是深化大数据治理的第一步。

制定清晰的数据治理蓝图。数据治理蓝图是指导众创空间数据工作的纲领性文件，它应包含明确的愿景、目标、组织架构及责任体系。愿景部分应描绘出通过大数据治理实现的创新生态愿景，如提升服务个性化、促进资源高效配置、加速创新成果转化等。组织架构上，应设立专门的数据治理委员会或部门，负责统筹协调数据治理工作，明确各部门在数据收集、处理、分析等环节中的职责与权限。

建立跨部门数据协调机制。众创空间内往往汇聚了来自不同领域、不同背景的创业者与项目，"信息孤岛"现象较为普遍。为打破这一壁垒，需建立跨部门的数据协调机制，促进数据在各部门间的自由流动与共享。这可以通过定期召开数据协调会议、建立数据共享平台、制定数据交换协议等方式实现。同时，应鼓励团队成员树立数据共享意识，认识到数据共享对于提升整体创新能力的重要性。

2. 完善数据管理体系

全生命周期管理。数据管理体系的构建应覆盖数据采集、存储、处理、分析、应用及销毁的全生命周期。在数据采集阶段，应明确数据来源、采集频率及质量标准，确保数据的真实性与完整性。在存储方面，需采用高效、安全的数据存储方案，支持数据的快速检索与备份。处理环节则注重数据的清洗、转换与整合，提高数据的可用性。在分析阶段，运用先进的数据分析工具与技术，挖掘数据背后的价值。在应用环节，将分析结果转化为实际行动或决策支持。最后，在数据销毁阶段，应遵守相关法律法规，确保敏感数据的安全销毁。

统一数据标准与规范。为确保数据的一致性和准确性，众创空间需制定统一的数据标准与规范，包括数据格式、命名规则、编码标准等方面。通过标准化管理，可以降低数据处理的复杂度，提高数据处理的效率与准确性，也有助于减少因数据不一致导致的误解与错误决策。

引入数据质量监控工具。数据质量是数据价值的基石，众创空间应引入先进的数据质量监控工具，对数据的完整性、准确性、时效性等方面进行定期评估。通过监控工具，可以及时发现数据质量问题并采取相应的纠正措施。此外，还可以利用数据质量报告向管理层及创业者展示数据质量状况，增强其对数据治理工作的重视与信任。

3. 强化数据安全与隐私保护

建立健全的数据安全管理体系。数据安全是大数据治理的基石，众创空间应建立健全的数据安全管理体系，包括制定严格的数据安全政策、加强数据加密与访问控制、实施定期的安全审计与风险评估等。数据安全政策应明确数据保护的原则、责任与处罚措施；数据加密与访问控制则通过技术手段确保数据在传输与存储过程中的安全性；安全审计与风险评估则是对数据安全管理体系的有效性进行持续监测与评估的重要手段。

加强用户隐私保护。在收集、处理用户数据时，众创空间应严格遵守相关法律法规及用户隐私政策。明确告知用户数据收集的目的、使用范围及保护措施是建立用户信任的基础。同时，应采取措施限制对敏感数据的访问与使用，防止数据泄露与滥用。此外，还应建立用户投诉与反馈机制，及时响应用户关于数据隐私的关切与诉求。

培养数据安全意识。数据安全不仅依赖于技术与管理手段，更离不开全体成员的安全意识。众创空间应定期开展数据安全培训与教育活动，提高员工及创业者的数据安全意识与防范能力。通过案例分析、模拟演练等方式加深员工对数据安全重要性的认识与理解，形成人人关注数据安全、人人参与数据治理的良好氛围。

综上所述，深化大数据治理理念对于众创空间而言具有重要意义。通过明确数据战略、完善数据管理体系、强化数据安全与隐私保护等措施的实施，可以构建出一个数据驱动、高效协同、安全可信的创新生态，为创业者提供更加优质、便捷的服务。

二、创新数字化创业服务模式

在当今这个日新月异的数字化时代，创业服务模式正经历着前所未有的变革。传统的创业孵化模式已难以满足多元化、快速变化的创业需求，因此构建线上线下深度融合、精准高效的数字化创业服务模式成为推动创新创业发展的重要途径。以下将从打造线上线下融合的创业孵化平台与实施精准化服务，提升孵化效能两大方面进行深入拓展，探讨如何在这一领域实现创新突破。

1. 打造线上线下融合的创业孵化平台

技术驱动，构建全链条数字化平台。在数字化创业服务平台的构建中，技术无疑是核心驱动力。通过集成云计算、大数据、人工智能、物联网等前沿技术，可以打造一个覆盖项目孵化全生命周期的数字化平台。该平台不仅提供基本的在线服务如项目展示、资源对接、在线辅导等，还利用虚拟现实（VR）、增强现实（AR）技术增强用户体验，使创业者能够在线上平台中模拟真实的创业场景，进行产品测试、市场调研等活动，极大地降低了试错成本和时间成本。

打破地域壁垒，实现全球资源高效配置。线上平台的优势在于其跨越地域限制的能力。通过构建全球化的数字网络，创业者可以轻松地触及世界各地的创新资源、市场信息和投资机遇。平台可以设立多语种界面，支持跨国界的项目展示与交流，促进国际间创业团队的合作与竞争。同时，利用区块链技术确保信息透明度和交易安全性，为跨境融资、知识产权保护等提供有力保障。

线下空间，沉浸式体验与深度交流的结合。尽管线上平台功能强大，但线下空间的独特价值仍不可替代。线下孵化空间应被打造成集工作、交流、展示、路演等功能于一体的综合性平台，为创业者提供沉浸式的创业体验。这里不仅是物理空间的聚集，更是思想碰撞、灵感激发的场所。通过定期举办创业沙龙、行业论坛、导师一对一辅导等活动，促进创业者之间的深度交流与合作，加速项目成长。

2. 精准化服务，提升孵化效能

大数据赋能，精准识别创业者需求。在数字化时代，数据是洞察创业者需求与痛点的关键。通过收集并分析创业者的基本信息、项目进展、市场反馈等多维度数据，利用大数据分析工具进行深度挖掘，可以精准把握创业者的个性化需求。例如，通过分析创业者的行业背景、技术专长、市场定位等信息，可以为其量身定制市场分析报告、竞品分析、用户画像等关键资料，帮助创业者更清晰地认识市场趋势和自身定位。

智能推荐系统，高效匹配资源。智能推荐系统是提升孵化效能的重要工具。基于大数据分析和机器学习算法，平台可以智能匹配最适合创业者的导师、投资人、合作伙伴等资源。这些资源不仅具备丰富的行业经验和资源网络，还能根据创业者的具体需求提供针对性的指导和支持。通过智能推荐系统，创业者可以更加高效地获取所需资源，加速项目成长。

动态评估与调整，确保孵化质量。为了确保孵化项目的质量和成功率，建立一套科学的评估体系至关重要。该体系应涵盖项目创意、商业模式、技术可行性、市场前景等多个方面，采用定量与定性相结合的方法进行评估。同时，建立动态跟踪机制，对孵化项目进行定期评估和反馈，及时调整服务策略和资源配置。对于表现优秀的项目，应给予更多的支持和资源倾斜；对于进展缓慢或存在问题的项目，则应及时介入指导，帮助其找到问题所在并制订解决方案。

构建创业生态系统，促进协同发展。数字化创业服务平台还应致力于构建一个开放、协同的创业生态系统。这个系统应包括政府、高校、科研机构、金融机构、行业协会等多方参与者，形成政产学研用一体化的创新网络。通过加强各参与方之间的沟通与合作，实现资源共享、优势互补和互利共赢。例如，政府可以提供政策支持和资金补助；高校和科研机构可以提供技术研发和人才培养；金融机构可以提供融资支持和风险管理服务；行业协会则可以提供行业信息和市场指导。这种协同发展的模式将极大地提升了创业孵化的整体效能和成功率。

综上所述，打造线上线下融合的创业孵化平台并实施精准化服务是提升数字化创业服务效能的关键举措。通过技术驱动、数据赋能、智能匹配和生态系统构建等措施的综合运用，可以推动创新创业活动更加高效、精准地发展，为经济转型升级和高质量发展注入强劲动力。

第二节　加强大数据专业人才建设，打造众创空间的人才保障体系

在大数据时代背景下，众创空间作为创新创业的重要载体，其高质量发展离不开大数据专业人才的有力支撑。为了构建一支高素质、专业化的大数据人才队伍，推动大数据技术在众创空间中的深度应用与落地，我们需要从人才培养、校企合作、激励机制等多个维度出发，制定更为精准、有效的策略。

一、构建系统化的人才培养体系

在大数据时代背景下，构建一套系统化、高效能的人才培养体系对于众创空间乃至整个社会的创新发展具有举足轻重的意义。这一体系不仅要求培养出具备扎实技术功底的专业人才，更需注重其创新思维、实践能力和持续学习能力的全面提升。以下将从定制化培养计划、实战化教学模式以及终身学习机制三个方面进行深入拓展，探讨如何构建这样一个适应时代需求的大数据人才培养体系。

1. 定制化培养计划

深入调研，明确需求导向。定制化培养计划的首要任务是深入调研众创空间及其所在行业对大数据人才的具体需求，这包括分析当前大数据技术的发展趋势、市场应用热点以及企业实际运营中遇到的问题和挑战。通过问卷调查、访谈、行业报告等多种方式收集信息，可以确保培养计划能够精准对接市场需求，避免教育与实际脱节。

跨界融合，打造复合型人才。在明确需求的基础上，众创空间应携手高校、科研机构，共同设计并实施跨界融合的大数据人才培养计划。该计划不仅涵盖大数据基础理论、数据分析、数据挖掘、数据可视化等核心技术课程，还应融入创新思维、项目管理、商业分析、法律法规等跨学科知识。通过跨学科课程的交叉融合，培养出既精通技术又熟悉市场与业务，具备良好沟通能力和团队协作精神的复合型人才。

个性化定制，满足不同需求。考虑到学生个体差异和兴趣偏好的不同，定制化培养计划还应提供个性化的学习路径和选修课程。通过引入导师制度、小班化教学等方式，为学生提供一对一的指导和个性化的学习建议。同时，鼓励学生根据自己的兴趣和职业规划选择合适的课程组合，实现个性化发展。

2. 实战化教学模式

企业真实案例引入课堂。在课程设置与教学内容上，实战化教学模式强调理论与实践的深度融合。众创空间应积极与企业合作，引入企业真实案例作为教学素材。通过剖析案例背景、问题挑战、解决方案等关键环节，让学生在模拟真实的工作环境中学习如何运用大数据技术解决实际问题。这种教学方式有助于激发学生的学习兴趣和动力，提高学习的针对性和实效性。

项目式学习与模拟创业竞赛。项目式学习是实战化教学模式的重要组成部分。通过组织学生参与实际的大数据项目研发、数据分析、数据可视化等工作，让其在实践中锻炼技能、积累经验。同时，可以定期举办模拟创业竞赛或数据分析大赛等活动，为学生提供展示自我、挑战自我的平台。这些竞赛不仅能够检验学生的学习成果和创新能力，还能够激发他们的创业热情和团队合作精神。

校企联合实验室与实训基地建设。为了进一步加强校企合作和产学研融合，众创空间应积极推动校企联合实验室或实训基地的建设。这些实验室或基地不仅为学生提供了接触大数据项目、参与技术研发的机会，还为企业提供了技术创新和人才培养的平台。通过共同研发项目、共享资源成果等方式，实现校企双方的互利共赢和共同发展。

3. 终身学习机制

建立在线学习平台。鉴于大数据技术的快速发展和不断更新换代的特点，众创空间应建立在线学习平台作为人才终身学习的重要渠道。该平台应汇聚国内外优质的教育资源和学习材料，涵盖大数据技术的最新进展、行业应用案例、前沿技术讲座等内容。通过在线学习平台，人才可以随时随地进行学习充电，紧跟技术前沿和发展趋势。

定期举办技术研讨会与专题讲座。除了在线学习平台，众创空间还应定期举办技术研讨会和专题讲座等活动。这些活动可以邀请行业专家、学者和企业领袖等作为主讲嘉宾，分享他们的研究成果和实践经验。通过面对面的交流和互动，人才可以深入了解大数据技术的最新动态和发展趋势，拓宽视野和思路。同时，这些活动也为人才提供了与同行交流学习、建立人脉网络的机会。

鼓励与支持自主学习与探索。在构建终身学习机制的过程中，众创空间还应积极鼓励和支持人才进行自主学习和探索。通过设立创新基金、科研项目资助等方式，为人才提供资金支持和资源保障。同时，建立激励机制和评价体系，对在自主学习和探索中取得显著成果的人才给予表彰和奖励。这种正向激励有助于激发人才的积极性和创造力，推动他们在大数据领域不断攀登新的高峰。

综上所述，构建系统化的大数据人才培养体系需要众创空间、高校、科研机构以及企业等多方面的共同努力和协作。通过定制化培养计划、实战化教学模式和终身学习机制的有机结合和深入实施，培养出更多适应时代发展需求、具备创新精神和实践能力的大数据专业人才，为社会的创新发展和经济转型升级贡献智慧和力量。

二、深化校企合作，实现共赢发展

在大数据浪潮席卷全球的今天，深化校企合作不仅是推动大数据技术创新与应用的必然选择，也是实现教育资源与企业资源优化配置、促进经济社会高质量发展的重要途径。众创空间作为创新创业的孵化器与加速器，更应积极与高校、科研机构携手并进，共同探索校企合作的新模式、新路径，实现双方的共赢发展。以下将从建立长效合作机制、协同推进科研项目及共建资源共享平台三个方面进行深入拓展，探讨如何深化校企合作，共绘大数据时代的辉煌篇章。

1. 建立长效合作机制

强化顶层设计，明确合作愿景。深化校企合作的首要任务是强化顶层设计，明确双方的合作愿景与战略目标。众创空间应主动与高校、科研机构对接，就大数据技术研发、人才培养、项目孵化等领域的合作进行深入交流与探讨，达成共识。在此基础上，签订具有法律效力的合作协议，明确合作范围、合作方式、责任义务及利益分配等关键条款，为双方的长远合作奠定坚实基础。

完善沟通机制，确保顺畅交流。为确保合作事项的顺利推进，众创空间与高校、科研机构应建立起定期沟通机制。通过设立联合工作组、召开联席会议等方式，定期就合作进展、存在的问题及解决方案等进行交流与协商。同时，利用现代信息技术手段，如建立微信群、钉钉群等线上交流平台，实现信息的即时传递与共享，确保双方沟通顺畅无阻。

灵活调整策略，适应环境变化。随着大数据技术的快速发展和市场环境的不断变化，校企合作也需保持灵活性与适应性。众创空间与高校、科研机构应密切关注行业动态和技术发展趋势，根据市场需求和技术变革及时调整合作策略与合作内容。通过不断优化合作机制与合作模式，确保双方的合作可以始终保持活力与竞争力。

2. 协同推进科研项目

联合申报重大项目，汇聚优势资源。众创空间应充分利用自身在创新创业方面的优势资源，与高校、科研机构联合申报并承担国家级、省级重大科研项目。这些项目应聚焦大数据技术在创新创业中的核心问题与应用场景，如数据挖掘、智能分析、隐私保护等。通过联合申报项目，可以汇聚双方在资金、人才、技术等方面的优势资源，形成合力，共同攻克技术难题，推动大数据技术的创新发展。

加强科研团队建设，提升创新能力。科研团队是科研项目成功的关键，众创空间与高校、科研机构应共同加强科研团队的建设与管理。通过引进高层次人才、培养青年骨干、优化团队结构等方式，提升团队的科研能力和创新能力。同时，加强团队间的交流与合作，促进知识共享与思维碰撞，激发新的创意与灵感。

加速科技成果转化，促进产业升级。科研项目的最终目的是推动科技成果的转化与应用。众创空间应积极搭建科技成果转化的桥梁与平台，促进高校、科研机构的科研成果向企业转移转化。通过技术转移、专利许可、合作开发等方式，加速科技成果的商业化进程，推动相关产业的升级与发展。同时，鼓励企业积极参与科研项目的研发与应用，形成产学研用一体化的创新体系。

3. 共建资源共享平台

构建大数据资源共享平台，降低应用成本。大数据资源是大数据技术应用的基础，众创空间应与高校、科研机构共建大数据资源共享平台，实现数据资源、计算资源、软件资源等的开放共享。这不仅可以降低众创空间在大数据技术应用上的成本投入，还能提高资源利用效率，促进技术创新与应用的快速发展。同时，通过平台上的数据共享与交流，有助于发现新的数据价值与应用场景，推动大数据技术的深入应用与普及。

推动产学研深度融合，激发创新活力。共建资源共享平台不仅是资源层面的共享与整合，更是产学研深度融合的重要体现。众创空间应充分利用平台上的资源优势与人才优势，推动产学研各方在技术研发、人才培养、项目孵化等方面的深度合作。通过产学研的深度融合与协同创新，激发新的创新活力与创业动力，推动大数据技术的持续创新与广泛应用。

加强国际交流与合作，拓宽合作视野。在全球化日益加深的今天，加强国际交流与合作对于提升校企合作水平具有重要意义。众创空间应积极推动与海外高校、科研机构及企业的合作与交流，学习借鉴国际先进经验与技术成果。

通过举办国际学术会议、开展联合研发项目等方式，拓宽合作视野与合作领域，提升校企合作的国际化水平与国际竞争力。同时，加强与国际组织的合作与对接，争取更多的国际资源与支持，为校企合作注入新的活力与动力。

三、构建全面的人才激励机制

在大数据时代，人才是推动众创空间创新发展的核心驱动力。为了吸引、留住并充分激发大数据专业人才的潜能，构建一套全面、科学、有效的人才激励机制显得尤为重要。以下将从竞争性与公平性并重的薪酬体系、多元化的职业发展路径、优越的工作环境与福利待遇及积极向上的企业文化与团队氛围四个方面进行深入拓展，探讨如何构建一个能够持续激发人才活力的激励机制。

1. 竞争性与公平性并重的薪酬体系

市场导向的薪酬策略。众创空间应密切关注大数据行业的薪酬市场动态，确保薪酬体系具有市场竞争力。通过定期的市场调研和薪酬分析，调整薪酬结构，确保关键岗位和核心人才的薪酬水平不仅不低于市场平均水平，甚至在某些关键领域具有明显优势。这种市场导向的薪酬策略能够有效吸引外部优秀人才，并增强内部员工的满意度和忠诚度。

科学的绩效评估体系。薪酬体系的公平性建立在科学的绩效评估基础之上。众创空间应建立一套全面、客观、可量化的绩效评估体系，从工作业绩、技能水平、创新能力、团队协作等多个维度对员工进行综合评价。通过定期的绩效评估，确保每位员工的贡献都能得到准确衡量和认可，并根据评估结果及时调整薪酬水平，实现"多劳多得、优绩优酬"的激励机制。

灵活的激励方式。除了基本工资，众创空间还应设立多样化的激励方式，如绩效奖金、项目奖金、股权激励等，以更好地激发员工的积极性和创造力。绩效奖金可以根据员工的季度或年度绩效表现进行发放，鼓励员工持续努力；项目奖金则针对具体项目的完成情况给予奖励，激励员工在项目执行中追求卓越；股权激励则是一种长期激励方式，将员工的个人利益与众创空间的长远发展紧密相连，增强员工的归属感和责任感。

2. 多元化的职业发展路径

个性化职业规划。众创空间应为每位大数据专业人才提供个性化的职业规划服务。通过深入了解员工的职业兴趣、技能特长和发展目标，为他们量身定制职业发展路径和成长计划。这有助于员工明确自己的职业方向和目标，减少职业迷茫和焦虑感，增强工作动力和满意度。

跨领域学习与成长。大数据技术的快速发展要求专业人才具备跨领域的知识和技能。众创空间应鼓励员工参与跨领域的学习和培训项目，如数据科学、机器学习、云计算等前沿技术的培训课程。同时，通过内部岗位轮换和跨部门合作项目等方式，让员工在不同领域和岗位上积累经验、拓宽视野，提升其综合素质和竞争力。

行业交流与影响力提升。众创空间应积极组织或参与行业交流会议、学术研讨会等活动，为大数据专业人才提供展示自己才华和成果的平台。通过参与这些活动，员工可以结识更多的同行和专家，了解行业最新动态和技术趋势，拓展人脉资源。同时，通过发表论文、参与标准制定等方式提升个人在行业内的知名度和影响力，为未来的职业发展奠定坚实的基础。

3. 优越的工作环境与福利待遇

现代化办公环境。众创空间应致力于打造现代化、舒适化的办公环境。通过合理规划办公空间布局、配备先进的工作设备和工具、提供充足的自然采光和通风条件等措施，为员工创造一个高效、舒适、创新的工作氛围。这种环境有助于激发员工的创造力和工作热情，提高工作效率和质量。

完善的福利待遇。除了基本工资和绩效奖金，众创空间还应提供完善的社保福利、节日福利、健康管理等福利待遇。这些福利待遇不仅能够解决员工的后顾之忧，让他们更加专注于工作本身；还能够增强员工的归属感和忠诚度，提升整体团队的稳定性和凝聚力。

关注员工心理健康。随着工作压力的增大和生活节奏的加快，员工的心理健康问题日益凸显。众创空间应关注员工的心理健康状况，提供必要的心理支持和职业辅导服务。通过设立心理咨询室、举办心理健康讲座、开展团队建设活动等方式帮助员工缓解压力、调整心态、保持积极向上的心态和工作状态。

4. 积极向上的企业文化与团队氛围

创新为核心的企业文化。众创空间应将"创新"作为企业文化的核心价值观之一。通过制定创新导向的发展战略、鼓励员工提出创新性的想法和建议、为创新项目提供资金和资源支持等措施营造一个鼓励创新、支持创新的企业文化氛围。这种文化氛围有助于激发员工的创新思维和创造力,推动众创空间在大数据领域不断取得新的突破和进展。

开放合作的团队氛围。众创空间应倡导开放合作的团队氛围。通过举办定期的团建活动、分享会、庆祝活动等方式增强员工之间的交流与合作;鼓励员工之间的知识共享和相互学习;建立跨部门合作机制,促进不同领域和岗位之间的协同合作。这种开放合作的团队氛围有助于增强员工的归属感和团队凝聚力;激发团队的创新精神和创造力;提升整体团队的协作能力和战斗力。

第三节 构建大数据服务平台,实现大数据背景下众创空间的互联互通

在大数据浪潮的推动下,构建高效、精准的大数据服务平台,对于促进众创空间之间的互联互通、加速创新创业生态的繁荣具有重要意义。本节将深入分析探讨大数据服务平台的建设目标、众创空间的数据资源整合以及大数据分析工具开发等关键环节,并提出更具针对性和深度的对策。

一、明确大数据服务平台的建设目标

在数字化转型的浪潮中,大数据服务平台作为连接数据资源与实际应用的关键桥梁,其建设目标不仅关乎技术实现,更在于如何精准对接市场需求,推动产业升级,同时确保数据的安全与隐私,以及平台的持续创新能力。以下将从"精准服务定位,聚焦核心价值"、"设定核心功能,强化技术支撑"、"确保数据质量与安全,构建信任基石"及"持续优化与升级,紧跟时代步伐"四个方面进行深入拓展,探讨如何构建一个高效、安全、可持续发展的大数据服务平台。

1. 精准服务定位,聚焦核心价值

深度洞察市场与精准构建用户画像。大数据服务平台的建设始于对市场的深刻理解和对用户的精准画像。这要求平台团队不仅要具备行业知识,还需运用大数据分析技术对目标用户群体的行为模式、消费习惯、需求偏好等进行全面剖析。通过构建用户画像,平台能够更准确地把握用户痛点,预测市场趋

势，为后续的服务设计提供有力支撑。

行业定制化解决方案。针对不同行业的特殊需求，大数据服务平台应提供定制化的解决方案。例如，在金融领域，平台可结合风险评估模型、欺诈检测算法等，为金融机构提供精准的风险管理服务；在零售领域，则可通过消费者行为分析，帮助商家优化库存管理、提升营销策略的精准度。这种行业定制化的策略，能够确保平台服务紧贴用户需求，实现价值最大化。

价值共创与生态构建。除了直接提供数据分析服务，大数据服务平台还应致力于构建开放合作的生态系统，邀请产业链上下游的合作伙伴共同参与价值创造。通过数据共享、技术合作、市场拓展等方式，促进资源的高效配置和协同创新，共同推动行业的数字化转型和升级。

2. 设定核心功能，强化技术支撑

构建高效的数据处理引擎。大数据服务平台的核心在于数据处理能力。为此，平台需构建高效、可扩展的数据处理引擎，支持海量数据的实时采集、存储、处理和分析。这包括采用分布式计算框架、流处理技术、内存计算等先进技术，提升数据处理的速度和效率，确保数据的实时性和准确性。

深化数据挖掘与分析能力。数据挖掘与分析是大数据服务平台的核心竞争力所在。平台应不断引入和研发先进的算法和模型，如机器学习、深度学习、自然语言处理等，提升数据分析的深度和广度。同时，注重数据可视化技术的应用，将复杂的数据分析结果以直观、易懂的方式呈现给用户，帮助用户快速洞察数据背后的价值。

智能化决策支持系统。基于强大的数据处理和分析能力，大数据服务平台应进一步构建智能化决策支持系统。该系统能够结合历史数据和实时数据，运用预测分析、模拟仿真等技术手段，为用户提供前瞻性的市场洞察和决策支持。通过智能化决策支持系统的应用，帮助企业降低决策风险，提高决策效率和准确性。

3. 确保数据质量与安全，构建信任基石

建立完善的数据质量管理体系。数据质量是大数据服务平台的生命线，平台需建立完善的数据质量管理体系，从数据采集、存储、处理到分析的全过程进行质量控制。通过制定严格的数据标准和规范，采用数据清洗、校验、去重等技术手段，确保数据的准确性、完整性和时效性。同时，建立数据质量监控机制，定期对数据质量进行评估和反馈，及时发现并解决问题。

构建全方位的数据安全防护体系。数据安全是用户最为关心的问题之一，大数据服务平台需构建全方位的数据安全防护体系，包括数据加密、访问控制、审计追踪、应急响应等多个方面。通过采用先进的加密技术和安全协议，确保用户数据在传输和存储过程中的安全性；通过严格的访问控制和权限管理，防止未经授权的访问；通过建立应急响应机制，及时应对数据安全事件，降低损失和风险。

增强用户隐私保护意识。在保护用户数据的同时，大数据服务平台还需增强用户隐私保护意识。通过制定隐私政策、明确告知用户数据收集和使用目的、提供数据访问和删除权限等方式，增强用户对数据隐私的掌控感。同时，加强用户教育和引导，提高用户对数据隐私保护的重视程度和自我保护能力。

4. 持续优化与升级，紧跟时代步伐

建立敏捷迭代机制。大数据服务平台的建设是一个持续优化的过程。平台需建立敏捷迭代机制，快速响应市场变化和用户需求。通过定期评估平台性能、收集用户反馈、分析市场趋势等方式，及时发现并解决问题；通过快速迭代和升级功能和服务模式，保持平台的竞争力和活力。

加强技术创新与研发投入。技术创新是大数据服务平台持续发展的关键。平台需加大技术创新和研发投入力度，积极引进和培养优秀人才；加强与高校、科研机构等合作伙伴的交流和合作；关注行业动态和技术发展趋势；不断探索和尝试新技术、新方法和新应用。

二、整合众创空间的数据资源

在众创空间这一充满活力的创新创业生态中，数据资源的有效整合与利用是推动创新、优化资源配置、提升服务效能的关键。以下将从"建立统一数据管理平台，实现数据集中管理""利用先进技术手段，提升数据预处理能力"两个方面进行深入拓展，探讨如何构建一个高效、协同的众创空间数据生态系统。

1. 建立统一数据管理平台，实现数据集中管理

强化平台基础设施建设。统一数据管理平台的建立，首先需要坚实的基础设施支撑。这包括高性能的服务器集群、大容量存储设备、高速网络连接等硬

件设施的部署，以及数据库管理系统、数据仓库等软件的选型与配置。通过构建稳定、可扩展的基础设施，确保平台能够承载海量数据的存储、处理和分析需求，为众创空间内的各类用户提供高效、稳定的数据服务。

实现数据集中存储与共享。在统一数据管理平台上，创新创业者信息、项目信息、政策信息、市场信息等关键数据将被集中存储。通过设计合理的数据架构和访问权限控制机制，实现数据的统一管理和共享。这不仅有助于减少数据冗余和不一致性，还能促进不同用户群体之间的数据交流与合作，加速创新成果的转化与应用。

促进数据驱动的决策制定。统一数据管理平台的建立，还将为众创空间的管理者提供强大的数据支持。通过实时监控和分析平台上的数据资源，管理者可以更加准确地把握市场动态、评估项目风险、优化资源配置，从而做出更加科学、合理的决策。这种数据驱动的决策制定方式，将大大提升众创空间的管理效率和服务水平。

2. 利用先进技术手段，提升数据预处理能力

引入数据挖掘技术，发现数据价值。数据挖掘技术是提升数据预处理能力的重要手段之一。通过运用数据挖掘算法和模型，对海量数据进行深度分析和挖掘，可以发现数据中的潜在价值和关联关系。这些发现不仅有助于揭示市场趋势、预测项目前景，还能为创新创业者提供有价值的决策支持信息。

应用数据清洗技术，提高数据质量。数据清洗是数据预处理过程中的关键环节。通过应用数据清洗技术，可以去除数据中的噪声和异常值，纠正数据中的错误和遗漏，提高数据的质量和可用性。这包括数据去重、缺失值填充、异常值检测与处理等一系列操作。通过数据清洗技术的应用，可以确保整合后的数据更加准确、可靠。

融合人工智能技术，实现自动化处理。随着人工智能技术的不断发展，其在数据处理领域的应用也日益广泛。通过融合人工智能技术，可以实现数据预处理的自动化和智能化。例如，利用自然语言处理技术对文本数据进行自动分类和摘要；利用机器学习算法对图像数据进行自动识别和标注等。这些技术的应用将大大提升数据预处理的效率和准确性，为后续的数据分析提供有力支持。

综上所述，整合众创空间的数据资源需要从建立统一数据管理平台、利用

先进技术手段两个方面入手。通过构建高效、协同的数据生态系统，促进数据资源的共享与利用，为创新创业者提供更加优质、高效的服务支持。

三、开发大数据分析工具

在众创空间乃至更广泛的创新创业生态系统中，大数据分析工具不仅是技术进步的象征，更是推动业务增长、优化资源配置、加速创新步伐的关键驱动力。以下将从"打造数据挖掘引擎，挖掘数据价值"与"聚焦于设计数据可视化工具，直观呈现数据"两个方面进行深入拓展，探讨如何通过大数据分析工具实现数据价值的最大化利用。

1. 打造数据挖掘引擎，挖掘数据价值

融合先进算法与模型，构建高效挖掘体系。数据挖掘引擎的核心在于其算法与模型的先进性，为了从海量数据中精准挖掘出有价值的信息和模式，我们需要不断融合最新的机器学习、深度学习等先进技术，构建一套高效、智能的数据挖掘体系。这包括但不限于聚类分析、分类预测、关联规则挖掘、时间序列分析等多种算法的应用。通过不断优化算法参数和模型结构，提高数据挖掘的准确性和效率，确保挖掘结果能够直接服务于创新创业者的决策制定和业务发展。

定制化解决方案，满足不同行业与场景需求。不同行业、不同场景下的数据挖掘需求各具特色，因此在打造数据挖掘引擎时，我们还需要注重定制化解决方案的开发。针对众创空间内不同领域的创新创业项目，提供针对性的数据挖掘服务。例如，在金融科技领域，可以重点挖掘用户信用数据、交易行为数据等；在医疗健康领域，则可能更关注疾病预测、药物研发等方面的数据挖掘。通过定制化解决方案的实施，帮助创新创业者更精准地把握行业趋势和市场需求。

强化数据安全与隐私保护，确保合规使用。在数据挖掘过程中，数据安全与隐私保护是不可忽视的重要问题。我们需要建立完善的数据安全管理体系，确保数据挖掘活动在合法、合规的框架内进行。这包括加强数据加密、访问控制、审计追踪等安全措施的实施；同时，严格遵守相关法律法规要求，对涉及个人隐私的数据进行脱敏处理或匿名化处理。通过强化数据安全与隐私保护，为数据挖掘引擎的广泛应用提供坚实保障。

2. 聚焦于设计数据可视化工具，直观呈现数据

创新设计理念，提升用户体验。数据可视化工具的设计应始终围绕用户体验展开，我们需要创新设计理念，注重工具的易用性、美观性和交互性，通过简洁明了的界面设计、丰富的图表类型和定制化选项，帮助用户快速上手并高效利用工具。同时，加强用户反馈机制的建设，及时收集并响应用户需求和建议，不断优化产品功能和用户体验。通过提升用户体验，激发用户对数据可视化工具的热爱和依赖。

深度挖掘数据故事，助力精准决策。数据可视化不仅是将数字转化为图表的过程，更是挖掘数据背后故事、揭示数据之间关联关系的重要手段。因此，在设计数据可视化工具时，我们需要注重数据故事的挖掘和呈现。通过智能分析算法和人机交互技术的结合，帮助用户发现数据中的规律和趋势；同时，提供丰富的交互功能，如筛选、排序、缩放等，让用户能够自由探索数据并深入挖掘其中的价值。通过深度挖掘数据故事并直观呈现给用户，助力他们做出更加精准、科学的决策。

支持多平台与多设备访问，实现数据无缝对接。随着移动互联网的普及和云计算技术的发展，用户对于数据可视化工具的访问需求也日益多样化。因此，我们需要支持多平台与多设备的访问功能，确保用户能够随时随地通过个人计算机（PC）、手机、平板等终端设备访问和使用数据可视化工具。同时，加强工具与各类数据源之间的无缝对接能力，实现数据的实时更新和共享。通过多平台与多设备访问的支持以及数据无缝对接的实现，为用户提供更加便捷、高效的数据可视化服务。

案例实践与案例库建设，促进知识共享与传承。为了更好地推广和应用数据可视化工具，我们还需要加强案例实践与案例库的建设工作。通过收集并整理成功的案例实践经验和成果让用户参考学习；同时建立案例库并不断更新完善其内容，鼓励用户分享自己的案例实践经验和心得体会，形成良好的知识共享与传承氛围。通过案例实践与案例库的建设工作，不仅可以提升用户对数据可视化工具的认知度和信任度，还可以激发他们的创新思维和创造力，为众创空间内的创新创业活动注入新的活力和动力。

综上所述，开发大数据分析工具是众创空间内提升数据价值、优化资源配置、加速创新步伐的重要举措之一。通过打造高效智能的数据挖掘引擎和直观

易用的数据可视化工具，我们可以帮助创新创业者更精准地把握市场动态和业务趋势，做出更加科学、合理的决策，从而推动众创空间乃至整个创新创业生态系统的持续健康发展。

第四节　创新大数据技术，强化众创空间技术储备

在大数据浪潮的推动下，众创空间作为创新创业的重要载体，其技术储备与创新能力直接关乎其核心竞争力及可持续发展能力。本节将深入探讨如何通过激发技术创新活力、引进先进大数据技术以及推动技术应用落地，全面提升众创空间的技术储备与生态构建，为创新创业者提供更加优质、高效的服务与支持。

一、激发技术创新活力

在创新驱动发展战略的引领下，众创空间作为培育创新创业生态的重要载体，其核心使命之一便是激发技术创新活力，为经济社会发展注入不竭动力。以下将从"设立多元化技术创新奖励体系"、"强化技术研发资金支持"及"深化产学研合作，促进技术创新"三个方面进行深入拓展，探讨如何构建一套全面、高效、可持续的创新激励机制。

1. 设立多元化技术创新奖励体系

构建全面覆盖的奖励框架。多元化技术创新奖励体系应是一个全方位、多层次的架构，旨在满足不同创新创业者的需求和期望。除了传统的资金奖励和荣誉证书，还应探索更多元化的激励方式。例如，设立"创新创意大赛"，鼓励团队和个人提出新颖独特的创意方案，通过公众投票、专家评审等方式评选出优胜者，并给予奖金、创业指导、市场对接等全方位支持。此外，还可以设立"技术创新之星"评选，表彰在特定技术领域取得重大突破的个人或团队，提升其行业影响力和社会认可度。

强化媒体宣传，扩大影响力。媒体宣传是提升技术创新奖励体系影响力的重要手段。众创空间应充分利用各类媒体平台，包括社交媒体、行业媒体、专业网站等，对获奖项目和个人进行广泛宣传报道。通过讲述创新故事、展示创

新成果、分享创新经验，激发更多人的创新热情，营造全社会关注创新、支持创新的良好氛围。同时，加强与主流媒体的合作，提升报道的深度和广度，让技术创新成为引领社会发展的重要力量。

建立持续跟踪与反馈机制。技术创新奖励体系不应仅止于颁奖仪式，更应关注获奖项目和个人后续的发展情况。众创空间应建立持续跟踪与反馈机制，定期收集获奖项目的进展信息、市场反馈及遇到的困难与挑战，并提供必要的支持和帮助。通过这种方式，不仅可以让获奖者感受到持续的关怀和支持，还能及时发现并解决创新过程中出现的问题，推动项目持续健康发展。同时，根据跟踪结果不断调整和完善奖励体系，确保其始终与创新创业的实际需求保持同步。

2. 强化技术研发资金支持

拓宽资金来源渠道。技术研发资金是支撑技术创新的重要物质基础，众创空间应积极拓宽资金来源渠道，形成多元化的资金筹集机制。除了政府引导基金，还应积极吸引社会资本、风险投资、企业捐赠等多种形式的资金支持。通过举办资金对接会、路演活动等方式，为创新创业者与投资者搭建交流平台，促进资金与项目的有效对接。同时，加强与金融机构的合作，创新金融产品和服务模式，为技术研发提供更加灵活多样的融资方案。

优化资金使用效率。在资金筹集到位后，如何高效使用资金成为关键。众创空间应建立科学的资金管理和使用机制，确保资金精准投放到具有潜力和前景的技术研发项目上。通过设立项目评审委员会、引入专业第三方机构进行项目评估等方式，提高项目筛选的准确性和公正性。同时，加强对资金使用过程的监管和审计力度，确保资金专款专用、安全高效。此外，还应鼓励创新创业者采用灵活多样的资金使用方式，如分阶段投入、成果导向型资助等模式，提高资金使用的灵活性和针对性。

强化风险管理意识。技术研发项目往往伴随着较高的风险，众创空间在提供资金支持的同时，也应强化风险管理意识，建立健全的风险防控机制。例如，通过设立风险准备金、引入保险机制等方式降低项目失败的风险；通过加强项目团队的风险教育和培训提高其风险识别和应对能力；通过建立健全的退出机制确保在项目失败时能够及时止损并回收部分投资。这些措施的实施可以有效降低技术研发项目的风险水平，提高资金使用的安全性和稳健性。

3. 深化产学研合作，促进技术创新

建立紧密的合作关系网络。产学研合作是推动技术创新的重要途径之一，众创空间应积极与高校、科研机构等建立紧密的合作关系网络，共同开展技术研发、人才培养和成果转化等活动。例如，通过建立联合实验室、共建研发中心等方式深化合作层次；通过定期举办学术交流会、技术研讨会等活动促进思想碰撞和知识共享；通过签订合作协议明确双方的权利和义务，确保合作顺利进行。这些措施的实施可以形成优势互补、资源共享的协同创新格局，推动技术创新与产业升级的深度融合。

推动科技成果转化与应用。科技成果的转化与应用是产学研合作的最终目的，众创空间应积极推动高校和科研机构的科技成果向市场转化和产业化应用。例如，通过建立科技成果转化平台、举办科技成果对接会等方式为科技成果与市场需求之间搭建桥梁；通过提供市场调研、产品测试、商业模式设计等服务帮助创新创业者将科技成果转化为具有市场竞争力的产品或服务；通过引入风险投资、天使投资等金融资源为科技成果转化提供资金支持。这些措施的实施可以加速科技成果的转化与应用，推动创新创业活动的快速发展。

二、引进先进大数据技术

在当今这个数据驱动的时代，大数据技术的迅猛发展正深刻改变着各行各业的面貌，为创新创业提供了前所未有的机遇与挑战。众创空间作为促进科技创新与创业孵化的重要平台，其技术实力的提升直接关系到创新创业项目的成功率与竞争力。因此，积极引进先进大数据技术，构建高效、智能的技术支撑体系，成为众创空间发展的必然选择。以下将从紧跟技术前沿、建立合作机制以及构建高素质人才队伍三个方面进行深入拓展。

1. 紧跟技术前沿，积极引进并融合先进技术

深化技术洞察，把握发展趋势。众创空间需建立专门的技术情报收集与分析团队，利用大数据、人工智能等技术手段，实时监测国内外大数据技术的最新进展，包括但不限于数据挖掘算法的优化、数据可视化工具的革新以及数据预测模型的精准度提升等。通过深度分析技术趋势，为众创空间的技术引进与自主研发提供科学依据，确保技术引进的前瞻性和有效性。

强化技术评估与筛选。在引进先进技术时，众创空间应建立严格的技术评

估体系，综合考虑技术的成熟度、稳定性、安全性及与现有系统的兼容性等因素。通过专家评审、试点应用、效果评估等环节，筛选出最适合自身需求和发展方向的技术并进行引进。同时，注重技术的可定制化与二次开发能力，以便更好地满足创新创业者的个性化需求。

促进技术融合与创新。引进先进技术只是第一步，更重要的是将其与众创空间现有的技术体系相融合，形成具有自主知识产权的创新技术。众创空间应鼓励跨学科、跨领域的技术交流与合作，通过举办技术沙龙、创新大赛等活动，激发技术人员的创新思维，推动大数据技术与人工智能、物联网、区块链等新兴技术的深度融合，为创新创业项目提供更加全面、智能的技术支持。

2. 建立与行业领先企业的深度合作机制

构建战略联盟，共享资源。众创空间应积极寻求与国内外大数据行业领先企业的合作机会，通过签订战略合作协议、共建联合实验室等方式，建立长期稳定的合作关系。这种合作不仅有助于众创空间获得先进的技术平台、丰富的数据资源和专业的技术支持，还能通过资源共享、优势互补，共同推动大数据技术的创新与应用。

深化市场对接，拓展应用场景。领先的大数据企业通常拥有广泛的客户群体和丰富的市场经验，众创空间可以借助这些资源，为创新创业项目提供市场对接服务。通过组织项目路演、企业参观、客户对接会等活动，帮助创新创业者了解市场需求、明确产品定位、拓展销售渠道。同时，鼓励创新创业项目与领先企业开展合作研发，共同探索大数据技术在各行业的应用场景，推动技术成果的快速转化与商业化。

强化培训与交流，提升团队能力。与领先企业的合作还应包括人员培训与技术交流。众创空间可以邀请企业专家来访授课，分享行业前沿知识、技术经验和管理理念；同时，组织技术人员到企业参观学习，深入了解企业的技术架构、业务流程和运营模式。这种双向交流有助于提升众创空间技术团队的专业素养和创新能力，为技术创新提供坚实的人才保障。

3. 培养与引进并举，构建高素质技术人才队伍

完善人才培养体系。众创空间应建立完善的人才培养体系，包括制订详细的人才培养计划、设置合理的培训课程、建立科学的考核机制等。通过内部培训、外部研修、项目实践等多种方式，提升技术人员的专业技能和创新能力。

同时，鼓励技术人员参与行业交流、学术研讨等活动，拓宽视野、激发灵感。

建立激励机制，激发创新活力。为了激发技术人员的创新活力，众创空间应建立完善的激励机制。这包括设立技术创新奖励基金、提供晋升机会和薪酬待遇、授予技术股权等。通过物质奖励与精神激励相结合的方式，让技术人员感受到自己的价值被认可、努力有回报，从而更加积极地投入到技术创新工作中去。

加大人才引进力度。在注重内部培养的同时，众创空间还应加大人才引进力度。通过制定具有竞争力的招聘政策、提供优厚的福利待遇、打造良好的工作环境等方式，吸引具有丰富经验和专业技能的优秀人才加入。同时，建立灵活的人才引进机制，如兼职顾问、项目合作等方式，充分利用外部人才资源为众创空间的技术创新贡献力量。

综上所述，众创空间在引进先进大数据技术的过程中，应紧跟技术前沿、建立合作机制、构建高素质技术人才队伍。通过这三个方面的努力，不仅可以提升众创空间自身的技术实力与创新能力，还能为创新创业者提供更加精准、高效的数据服务与支持，推动创新创业项目的成功孵化与快速成长。

三、推动技术应用落地

在大数据时代，技术的力量不仅在于其本身的先进性，更在于其能否有效融入实际业务进而促进产业升级与变革。众创空间作为连接技术与市场的桥梁，其角色尤为关键。以下将从"将大数据技术融入日常业务运营"、"拓展技术应用场景，促进产业融合"及"构建技术应用生态，推动成果转化"三个方面进行深入拓展，探讨如何更有效地推动大数据技术的价值实现。

1. 将大数据技术融入日常业务运营

精准客户画像，优化服务体验。众创空间应充分利用大数据技术，构建精准的客户画像系统。通过收集并分析创新创业者的基本信息、行为数据、项目进展等多维度信息，实现对客户需求的深刻理解。基于此，众创空间可以提供更加个性化的服务方案，如定制化的市场分析报告、精准的资源对接建议等，从而提升服务质量和客户满意度。同时，通过数据分析不断优化服务流程，减少不必要的环节，提高服务效率，为创新创业者创造更加顺畅的创业环境。

数据驱动决策，提升管理效能。大数据技术的应用还应贯穿于众创空间的管理决策之中。通过构建数据驱动的决策支持系统，众创空间可以实时掌握运营数据，如入驻项目数量、孵化成功率、资源利用效率等，为管理决策提供科学依据。例如，利用数据预测技术，众创空间可以提前预测市场变化，调整资源配置策略；通过分析项目数据，评估项目潜力和风险，为投资决策提供有力支持。这种基于数据的决策方式，能够显著提升众创空间的管理效能和决策准确性。

创新业务模式，拓展收入来源。大数据技术的应用还为众创空间带来了新的业务模式和创新机会。众创空间可以基于数据分析结果，开发新的增值服务，如市场趋势预测等，为创新创业者提供更加全面的支持。同时，还可以利用大数据技术进行精准营销，吸引更多的潜在客户和合作伙伴。此外，众创空间还可以探索数据交易、数据服务等新兴业务领域，拓宽收入来源，增强可持续发展能力。

2. 拓展技术应用场景，促进产业融合

深化行业合作，探索跨界应用。众创空间应积极与不同行业的领先企业和机构建立合作关系，共同探索大数据技术在各行业的应用潜力。通过跨界合作，可以打破行业壁垒，实现资源共享和优势互补。例如，在金融领域，众创空间可以与银行、投资机构合作，利用大数据技术进行风险评估和信用评级；在医疗领域，可以与医疗机构合作，利用大数据技术进行疾病预测和健康管理。这种跨界合作不仅能够推动大数据技术的广泛应用，还能够促进产业之间的深度融合与创新。

搭建平台生态，促进协同创新。为了更好地推动大数据技术的跨界应用，众创空间还应积极搭建平台生态。通过构建开放、共享的平台环境，吸引不同领域的创新创业者、企业、研究机构等加入其中。在平台上，各方可以共享数据资源、技术成果和市场需求信息，开展协同创新活动。例如，可以组织跨行业的技术交流会、项目对接会等活动，促进不同领域之间的知识共享和思维碰撞；可以建立联合实验室或研发中心，共同研发新技术、新产品。这种平台生态的构建，将有力推动大数据技术的跨界融合与创新发展。

推动标准制定，规范市场秩序。在推动大数据技术的跨界应用过程中，众创空间还应积极参与相关标准的制定工作。通过制定统一的数据标准、接口标准和安全标准等，规范市场秩序，保障各方权益。同时，众创空间还可以利用自身的影响力，推动行业自律和诚信体系建设，营造健康有序的市场环境。这将有助于提升大数据技术的普及率和应用效果，促进产业的健康发展。

3. 构建技术应用生态，推动成果转化

建立技术转移机制，促进成果转化。为了加速大数据技术的成果转化和应用推广，众创空间应建立高效的技术转移机制。这包括建立技术评估体系、技术交易平台和技术转化服务体系等。通过技术评估体系，对科技成果进行客观、全面的评估；通过技术交易平台，实现科技成果与市场需求的有效对接；通过技术转化服务体系，为创新创业者提供从技术研发到市场应用的全链条服务。这种技术转移机制的建立，将有效降低技术转化的成本和风险，提高科技成果的转化率和应用价值。

搭建技术服务平台，提供全方位支持。众创空间还应积极搭建技术服务平台，为创新创业者提供全方位的技术支持和服务。这包括提供云计算、大数据处理、人工智能等基础设施服务；提供数据分析、数据挖掘、数据可视化等技术服务；提供技术咨询、技术培训、技术解决方案等咨询服务。通过技术服务平台的建设和运营，众创空间可以吸引更多的创新创业者入驻并开展技术创新活动，同时也可以通过平台运营获得稳定的收入来源和品牌影响力。

引入资本支持，加速商业化进程。在推动大数据技术的成果转化过程中，资本的支持尤为重要。众创空间应积极引入风险投资、孵化器等资源支持，为创新创业者提供资金和市场对接等方面的帮助。风险投资机构的投资可以为创新创业项目提供充足的资金支持；孵化器的孵化服务可以帮助创新创业项目快速成长并实现商业化。

第五节　加强数字化监管，筑牢众创空间合规经营的基石

在数字经济蓬勃发展的背景下，众创空间作为创新创业的重要平台，其数字化监管的加强不仅关乎市场的健康有序发展，更直接影响到消费者权益的保护与技术创新环境的营造。本节将深入探讨如何通过构建全面、高效的数字化监管体系，确保众创空间的合规经营，同时促进数字经济的高质量发展。

一、构建多维度数字化监管框架

在数字经济蓬勃发展的背景下，数字众创空间作为创新创业的重要载体，其健康有序的发展对于推动经济转型升级具有重要意义。然而，随着技术的不断进步和业务的快速扩展，数字众创空间也面临着诸多监管挑战。因此，构建一个多维度、数字化的监管框架显得尤为迫切。以下将从完善法规与政策体系、强化跨部门协同监管及引入智能化监管工具三个方面进行深入拓展，以期为数字众创空间的监管提供全面、有效的解决方案。

1. 完善法规与政策体系

细化法律条文，明确责任边界。在制定和完善数字众创空间的相关法律法规体系时，首先应细化法律条文，明确各方责任边界。包括明确众创空间的运营主体、入驻项目、服务提供商等各方在数据使用、隐私保护、知识产权等方面的权利与义务。其次应针对数据收集、处理、存储、传输、共享及销毁等全生命周期各环节，制定具体可行的操作规范和标准，确保每一步操作都能在法律框架内有序进行。

建立灵活更新机制，适应技术变革。面对快速变化的数字技术和市场环境，法规政策体系必须具备高度的灵活性和适应性。因此，应建立灵活的法规更新机制，定期对现有法规进行评估和修订，确保其能够紧跟技术发展趋势和市场变化。同时，鼓励社会各界参与法规制定过程，充分听取行业专家、企业代表、学者及公众的意见和建议，并达成共识，提升法规的科学性和可操作性。

加强国际合作，应对跨国挑战。数字众创空间的监管不仅限于国内，还涉及跨国数据流动、跨境服务提供等复杂问题。因此，政府应加强与国际组织的合作与交流，积极参与国际规则的制定和完善，推动建立全球统一的数字监管标准。同时，加强与其他国家和地区的监管合作，共同应对跨国数据保护、网络安全等挑战，为数字众创空间的国际化发展提供有力保障。

2. 强化跨部门协同监管

构建联合监管机制，打破信息壁垒。跨部门协同监管是数字众创空间监管的必然要求。政府应推动建立联合监管小组或平台，整合各相关部门的监管资源和力量，实现信息共享、联合执法和协同处置。通过构建统一的监管信息系统和数据共享平台，打破"信息孤岛"现象，提高监管的透明度和效率。同时，明确各部门在联合监管中的职责分工和协作机制，确保监管工作有序开展。

加强行业协会与第三方评估机构的作用。行业协会和第三方评估机构在数字众创空间监管中发挥着重要作用。政府应加强与行业协会的合作与沟通，引导其制定行业标准和自律规范，推动行业健康发展。同时，支持第三方评估机构开展独立、客观的评估工作，为政府决策提供科学依据。通过引入行业自律和第三方评估机制，形成政府主导、多方参与的监管格局，提升监管的权威性和公信力。

提升公众参与度，构建共治格局。公众是数字众创空间的重要利益相关方之一。政府应积极提升公众参与度，通过公开征求意见、举行听证会等方式，广泛听取公众的意见和建议。同时，加强宣传教育工作，提高公众对数字众创空间及其监管重要性的认识和理解。通过构建政府、企业、行业协会、第三方评估机构及公众共同参与的共治格局，形成强大的监管合力效应。

3. 引入智能化监管工具

开发智能化监管系统，实现实时监测。利用大数据、人工智能等先进技术，开发智能化监管系统是数字众创空间监管的重要方向。该系统应具备实时监测、预警和评估等功能，能够对众创空间的运营活动进行全方位、全天候的监控。通过数据分析技术，系统能够自动识别异常行为和潜在风险点，为监管部门提供及时、准确的预警信息。同时，系统还能够对监管效果进行评估和反馈，为监管政策的调整和优化提供数据支持。

利用区块链技术增强数据透明度。区块链技术以其去中心化、不可篡改等特性在数据监管领域展现出巨大潜力，政府可以探索将区块链技术应用于数字众创空间的监管中，通过构建基于区块链的监管数据平台，实现数据的透明化、可追溯化。在该平台上，所有监管数据都将被加密存储并分布式记录于区块链上，确保数据的真实性和安全性。同时，监管部门和公众可以通过授权访问该平台获取所需信息，实现数据共享和协同监管。

推动智能合约在监管中的应用。智能合约是一种基于区块链技术的自动执行合约条款的计算机程序。在数字众创空间监管中，可以探索将智能合约应用于监管协议的制定和执行中。通过智能合约技术，监管部门可以与众创空间运营主体、入驻项目等各方签订具有法律效力的监管协议，并将协议条款以代码形式嵌入智能合约中。一旦触发预设条件或发现违规行为，智能合约将自动执行相应条款并采取相应措施。

二、建立专业化、数字化的监管机构

在数字经济时代，数字众创空间作为创新生态的核心组成部分，其健康、有序的发展离不开一个高效、专业的数字化监管机构。这一机构的建立，不仅是对现有监管体系的升级与完善，更是对未来数字经济治理模式的积极探索。以下将从设立专项监管机构、强化监管队伍建设及推行监管沙盒制度三个方面进行深入拓展，以期构建一个更加全面、专业的数字化监管体系。

1. 设立专项监管机构

确立独立性与权威性。政府应明确设立一个专门的数字化监管机构专注于众创空间的数字化监管工作，这一机构需具备高度的独立性和权威性，能够独立于其他政府部门之外行使监管职权，确保监管决策的公正性和客观性。同时，该机构应直接由高层政府或立法机构负责，以便在需要时能够迅速获得必要的支持和资源。

构建跨部门协作机制。虽然专项监管机构具备独立性，但其工作并非孤立无援；相反，它应与其他相关政府部门保持紧密合作，共同构建跨部门协作机制。这种机制旨在打破部门壁垒，实现信息共享、资源互补和联合执法，以应对数字众创空间监管中的复杂问题。通过定期召开联席会议、建立信息共享平台等方式，确保各部门之间的顺畅沟通与合作。

内部专业部门协同作战。为了更好地履行监管职责，专项监管机构内部应设立多个专业部门，包括技术部门、法律部门、市场部门等。技术部门负责跟踪和研究数字技术的发展趋势，为监管提供技术支持；法律部门负责解读和制定相关法律法规，确保监管工作的合法性和合规性；市场部门则负责监测市场动态，分析众创空间的发展状况，为监管决策提供参考依据。这些部门之间应形成协同作战的监管力量，共同应对数字众创空间监管中的各种挑战。

2. 强化监管队伍建设

专业培训与继续教育。监管人员的专业素养和能力水平直接影响到监管工作的质量和效果。因此，专项监管机构应加强对监管人员的专业培训，不断提升其数字素养和监管能力。培训内容应涵盖数字技术、法律法规、案例分析等多个方面，确保监管人员能够熟练掌握监管工具和方法，准确判断违规行为。同时，建立继续教育机制，鼓励监管人员不断学习新知识、新技能，以适应数字经济的快速发展。

建立激励机制与职业发展规划。为了吸引和留住优秀人才，专项监管机构应建立科学合理的激励机制和职业发展规划。通过提供具有竞争力的薪酬待遇、晋升机会和职业发展路径等方式，激发监管人员的工作积极性和创造力。同时，关注监管人员的职业成长和个人发展，为其提供更多的学习和实践机会，帮助其实现个人价值和社会价值的统一。

加强国际交流与合作。数字经济是全球性的经济形态，数字众创空间的监管也需要借鉴国际先进经验。因此，专项监管机构应加强与国际同行的交流与合作，学习借鉴他们在数字化监管方面的先进做法和成功经验。通过举办国际研讨会、参与国际合作项目等方式，拓宽视野、提升能力，为数字众创空间的国际化发展提供有力支持。

3. 推行监管沙盒制度

探索试点模式，降低创新门槛。监管沙盒制度是一种创新性的监管模式，旨在为新技术、新模式提供一个相对宽松的监管环境。在数字众创空间领域推行监管沙盒制度，可以鼓励创新创业者大胆尝试新技术、新模式，降低其创新门槛和成本。通过设立特定区域或领域作为沙盒试验区，可以让众创空间在符合一定条件的前提下进行试点运营。在沙盒内，监管机构将密切监控试点活动的情况，及时评估风险并采取相应措施。

风险评估与监管调整。在沙盒试验期内，监管机构应加强对试点活动的风险评估工作，通过收集和分析相关数据和信息，对试点活动可能带来的风险进行全面评估。根据评估结果，监管机构可以及时调整监管措施和策略，确保试点活动在可控范围内进行。同时，监管机构还应与试点主体保持密切沟通与合作，共同解决试点过程中遇到的问题和困难。

促进创新与合规的平衡。监管沙盒制度的最终目的是实现创新与合规的平衡。在鼓励创新的同时，监管机构也要确保众创空间的运营活动符合法律法规和监管要求。通过构建完善的监管机制和体系，确保众创空间在创新过程中不偏离正轨、不触碰法律红线。同时，监管机构还应积极引导众创空间加强自律管理和社会责任意识，共同维护数字经济的健康发展秩序。

三、制定精细化、数字化的监管标准

在数字经济时代，数字众创空间作为创新创业的重要载体，其健康发展不仅依赖于技术的革新和市场的繁荣，更离不开一套精细化的数字化监管标准。这些标准旨在确保众创空间在运营过程中能够充分保障数据安全与隐私、维护网络管理与信息安全，并促进合规运营与风险管理的有效实施。以下将从明确数据安全与隐私保护标准、设立网络管理与信息安全标准以及推广合规运营与风险管理标准三个方面进行深入拓展，以期为数字众创空间的规范化、标准化发展提供有力支撑。

1. 明确数据安全与隐私保护标准

细化数据加密与访问控制要求。数据安全是众创空间运营的核心问题之一，在制定数据安全标准时，应详细规定数据加密的算法、密钥管理、加密范围等具体要求，确保敏感数据在传输和存储过程中得到充分的保护。同时，明确访问控制策略，包括用户身份验证、权限分配、访问审计等环节，防止未经授权的访问和数据泄露。通过实施严格的数据加密和访问控制，为众创空间的数据安全筑起一道坚实的防线。

强化数据备份与恢复机制。数据备份与恢复是应对数据丢失或损坏的重要措施，在制定标准时，应明确规定数据备份的频率、方式、存储位置等要求，确保数据的完整性和可用性。同时，建立数据恢复演练机制，定期进行数据恢复测试，以验证备份数据的有效性和恢复流程的可行性。这样，在发生数据丢失或损坏事件时，能够迅速恢复数据，减轻损失。

完善隐私政策制定与执行。隐私保护是众创空间必须面对的重要议题，在制定隐私保护标准时，应要求众创空间制定详尽的隐私政策，明确告知用户其个人信息如何被收集、使用、共享和保护。同时，建立隐私政策执行机制，确保隐私政策得到有效执行。对于违反隐私政策的行为，应制定明确的处罚措施和投诉处理流程，保障用户的合法权益。

建立数据泄露应急响应机制。数据泄露是数据安全领域的重大风险，为了及时应对数据泄露事件，应建立数据泄露应急响应机制。该机制应包括数据泄露的发现、报告、评估、处置和后续改进措施等环节。在发现数据泄露事件后，应立即启动应急响应流程，迅速评估泄露范围和影响程度，并采取有效措施进行处置。同时，对事件原因进行深入分析，总结经验教训，完善相关制度和流程，防止类似事件再次发生。

2. 设立网络管理与信息安全标准

构建安全可靠的网络架构。网络架构是众创空间网络环境的基础，在制定网络管理标准时，应明确网络架构的设计原则、拓扑结构、设备选型等要求，采用分层、分区的网络架构设计确保网络的可靠性和可扩展性。同时，合理配置安全设备，如防火墙、入侵检测系统（IDS）、入侵防御系统（IPS）等，构建多层次的防御体系，抵御网络攻击和威胁。

加强安全设备配置与管理。安全设备的配置与管理直接关系到网络安全的实际效果，在制定标准时，应详细规定安全设备的配置参数、策略设置、日志管理等要求，确保安全设备能够准确识别并阻断恶意流量，有效防范网络攻击。同时，建立安全设备的管理机制，包括定期巡检、升级维护、故障排查等环节，确保安全设备的稳定运行和有效防护。

实施全面的安全审计与监控。安全审计与监控是保障网络安全的重要手段，在制定标准时，应要求众创空间建立全面的安全审计与监控体系，对网络环境进行实时监测和记录。通过部署安全审计系统、流量分析工具等技术手段，收集并分析网络流量、系统日志等信息，及时发现并处置潜在的安全风险。同时，建立安全事件报告和处理机制，确保安全事件得到及时响应和妥善处理。

3. 推广合规运营与风险管理标准

明确合规运营要求。合规运营是众创空间可持续发展的基石，在制定合规运营标准时，应明确众创空间在业务运营中需遵循的法律法规和监管要求，这包括资质审查、业务监管、信息披露等多个方面。要求众创空间在运营过程中严格遵守相关法律法规和监管要求，确保业务活动的合法性和合规性。同时，加强与监管机构的沟通和协作，及时了解监管动态和政策变化，确保众创空间能够紧跟监管步伐。

强化风险评估与处置能力。风险评估是众创空间风险管理的关键环节，在制定风险管理标准时，应要求众创空间建立全面的风险评估体系，对业务运营中的潜在风险进行定期评估。通过识别、分析、评价等步骤，确定风险等级和优先级，并制定相应的风险应对措施和处置预案。同时，加强风险监测和预警机制建设，及时发现并处置潜在风险隐患。

四、强化数据安全保护体系

在数字化时代，数据安全已成为众创空间稳健发展的基石。随着数据量的爆炸性增长和数据泄露事件的频发，构建一套完善的数据安全保护体系显得尤为重要。以下将从加强数据安全制度建设、加强员工安全培训两个方面进行深入拓展，以期为众创空间的数据安全提供全方位、多层次的保障。

1. 加强数据安全制度建设

完善数据安全管理制度框架。众创空间应建立健全的数据安全管理制度体系，确保数据安全工作有章可循、有据可依。首先，明确数据安全责任人和管理团队，建立清晰的职责分工和问责机制。其次，制定详细的数据安全管理制度，包括数据分类分级标准、访问控制规范、安全审计流程、应急响应预案等，确保数据在采集、传输、存储、使用、销毁等环节都得到妥善保护。此外，还应建立数据安全风险评估机制，定期对数据安全状况进行全面评估，及时发现并整改潜在的安全隐患。

强化数据安全政策执行与监督。制度的生命在于执行，众创空间应建立有效的数据安全政策执行与监督机制，确保各项制度得到有效落实。通过设立专门的数据安全监督部门或岗位，负责监督数据安全政策的执行情况，对违规行为进行严肃处理。同时，建立数据安全绩效考核制度，将数据安全工作纳入员工绩效考核体系，激励员工积极参与数据安全管理工作。此外，还应加强与监管机构的沟通与协作，及时报告重大数据安全事件，接受监管机构的指导和监督。

促进数据安全文化的形成。数据安全不仅是一项技术任务，更是一种文化理念。众创空间应积极营造数据安全文化氛围，将数据安全意识融入企业的日常运营中。通过举办数据安全宣传活动、分享数据安全案例、设立数据安全奖项等方式，提高全体员工对数据安全的认识和重视程度。同时，鼓励员工积极参与数据安全管理工作，提出建设性意见和建议，共同推动数据安全文化的形成和发展。

2. 加强员工安全培训

制订系统的培训计划。员工是数据安全的第一道防线，众创空间应制订系统的培训计划，对全体员工进行数据安全意识和技能的培训。培训内容应涵盖数据安全基础知识、安全操作规范、应急响应流程等方面。通过定期举办培训活动、邀请专家授课、发放培训资料等方式，提高员工对数据安全的认识和重视程度。同时，建立培训效果评估机制，对培训效果进行定期评估和调整。

创新培训方式与方法。为了增强培训效果，众创空间应不断创新培训方式与方法，采用线上线下相结合的方式，利用网络平台和移动应用等新技术手段开展培训活动。通过模拟演练、案例分析、互动问答等形式增强培训的趣味性和互动性。同时，鼓励员工自主学习和分享经验，建立学习型组织氛围，促进员工之间的交流和合作。

建立员工安全考核机制，为了确保培训效果得到落实，众创空间应建立员工安全考核机制，将数据安全纳入员工绩效考核体系，将数据安全表现作为员工晋升和奖励的重要依据之一。通过定期考核和评估员工的数据安全意识和技能水平，对表现优秀的员工给予表彰和奖励；对存在安全隐患的员工进行督促和指导；对严重违反安全规定的员工进行严肃处理。通过奖惩并重的考核机制激励员工积极参与数据安全管理工作，共同维护数据的安全。

第六节 构建大数据背景下众创 空间的全方位公共服务体系

在大数据时代的浪潮中，众创空间作为创新创业的重要孵化器，其成功与否不仅依赖于个体创业者的智慧和努力，更离不开一个完善、高效、全面的公共服务体系作为支撑。本节旨在深入探讨如何构建这一体系，通过技术转移转化服务、知识产权保护服务、融资支持服务以及全方位服务体系建设四个维度，为大数据背景下的众创空间提供强有力的支撑和保障，促进创新创业的蓬勃发展。

一、技术转移转化服务

在创新驱动发展战略的引领下，技术转移转化作为连接科研创新与市场应用的桥梁，其重要性日益凸显。为了更有效地促进科技成果的商业化进程，提升国家整体创新能力，我们需要从构建高效技术转移转化平台与强化产学研合作机制两个方面入手，进行深入的探索与实践。

1. 构建高效技术转移转化平台

整合多方资源，打造一站式服务平台。构建高效技术转移转化平台的首要任务是整合政府、高校、科研机构、企业以及中介机构等多方资源，形成合力。这一平台应不仅是一个信息交换的场所，更应是一个集技术咨询、评估、交易、孵化、融资、法律服务于一体的综合性服务平台。通过大数据、云计算等现代信息技术手段，平台能够实现对海量技术供需信息的智能分析与精准匹配，有效降低信息不对称带来的交易成本与风险。

创新技术服务模式，提升服务效能。在技术转移转化的过程中，服务模式的创新至关重要。平台应积极探索线上与线下相结合的服务模式，如在线技术市场、虚拟实验室、远程协作平台等，打破地域限制，实现资源的优化配置与高效利用。同时，平台还应提供定制化服务，针对不同行业、不同企业的具体需求，提供个性化的技术解决方案与咨询服务，提升服务的针对性和实效性。

举办多样化活动，促进产学研深度融合。为了进一步推动产学研之间的深度合作，平台应定期举办技术交流会、成果展示会、创新创业大赛等活动，这些活动不仅为科研人员提供了展示最新研究成果的舞台，也为企业提供了寻找合适技术项目的机会。通过面对面的交流与碰撞，产学研各方能够更深入地了解彼此的需求与优势，从而建立起更加紧密的合作关系。

加强国际合作，拓宽技术转移转化渠道。在全球化的背景下，技术转移转化已不再是单一国家内部的事务，平台应积极拓展国际合作渠道，与国际知名技术转移机构、科研机构、企业等建立合作关系，共同开展跨国技术转移项目。通过引进国外先进技术和管理经验，提升国内企业的技术水平和市场竞争力，同时将国内优秀的科技成果推向国际市场，实现互利共赢。

2. 强化产学研合作机制

完善政策体系，提供制度保障。政府应出台一系列政策措施，为产学研合作提供有力的制度保障，这些政策包括设立联合研发基金、税收优惠、贷款贴息、风险投资引导等，以激发产学研各方的合作积极性。同时，政府还应加强对产学研合作项目的跟踪管理和绩效评估，确保合作成果的有效转化和应用。此外，政府还应建立健全的知识产权保护体系，为产学研合作提供坚实的法律保障。

建立长效合作机制，促进深度融合。产学研合作不应仅仅停留在项目层面的合作上，而应建立起长效的合作机制。高校和科研机构应与企业建立紧密的合作关系，共同开展技术研发、人才培养、成果转化等工作。通过共建实验室、研发中心、产业学院等实体机构，实现科研资源与市场需求的深度融合。同时，企业也应积极参与高校的科研活动，为高校提供实践基地和资金支持，共同培养具有创新精神和实践能力的高素质人才。

推动科技成果转化，实现经济效益与社会效益双赢。科技成果的转化是产学研合作的最终目的，为了加速科技成果的商业化进程，政府应加大对科技成果转化的支持力度。一方面，通过设立科技成果转化基金、提供贷款担保等方式，降低科技成果转化的资金门槛；另一方面，通过建设科技成果展示交易中心、举办科技成果拍卖会等活动，拓宽科技成果的转化渠道。同时，政府还应加强对科技成果转化的宣传和推广工作，提高社会对科技成果的认知度和接受度。

加强人才培养与交流，提升创新能力。人才是产学研合作的核心要素，为了提升产学研合作的创新能力，政府应加大对人才培养的投入力度。一方面，通过设立奖学金、助学金等方式鼓励优秀学生投身科研工作；另一方面，通过举办学术交流会、研讨会等活动促进科研人员之间的交流与合作。此外，政府还应鼓励企业引进高层次人才和海外留学人员回国创业就业，为产学研合作注入新的活力。

综上所述，构建高效技术转移转化平台与强化产学研合作机制是推动科技成果向现实生产力转化的重要途径。通过这两方面的努力，我们可以加速科技成果的商业化进程，提升国家整体创新能力，为经济社会的持续健康发展提供有力支撑。

二、知识产权保护服务

在知识经济时代，知识产权已成为企业核心竞争力的重要组成部分，对于众创空间内的初创企业和创新项目而言，知识产权保护更是其生存与发展的关键所在。因此，从提升知识产权保护意识和完善知识产权保护服务体系两个方面入手，构建全方位、多层次的知识产权保护体系，对于激发创新活力、促进经济高质量发展具有重要意义。

1. 提升知识产权保护意识

深化宣传教育，普及知识产权知识。政府应持续加大知识产权保护的宣传力度，通过多样化的宣传渠道和形式，如线上课程、短视频、微信公众号、社交媒体等，将知识产权相关法律法规知识普及到更广泛的受众群体中。特别是针对众创空间内的创业者、科研人员及企业员工，应定期举办培训班、讲座、研讨会等活动，邀请知识产权专家、律师等专业人士进行授课，深入浅出地讲解知识产权的基本概念、重要性、申请流程、维权途径等内容，帮助他们树立正确的知识产权观念，提高自我保护能力。

强化案例警示，增强风险意识。除了正面的宣传教育，政府还应通过发布知识产权侵权典型案例、分析侵权行为的危害性和法律后果等方式，对创业者进行警示教育。这些案例应涵盖不同行业、不同领域，既有成功的维权经验分享，也有惨痛的侵权教训反思。通过案例学习，创业者可以更加直观地认识到知识产权侵权的风险和代价，从而在日常经营中更加注重知识产权的保护和管理。

鼓励主动申请，增强市场竞争力。政府应出台一系列激励措施，鼓励和支持创业者积极申请专利、商标等知识产权。例如，可以设立知识产权申请补贴、奖励制度，对成功获得知识产权的企业给予一定的资金支持或税收优惠；同时，还可以建立知识产权快速审查通道，缩短审查周期，提高申请效率。通过这些措施，可以激发创业者的创新热情，促进更多高质量的知识产权成果涌现，从而增强企业的市场竞争力和可持续发展能力。

2. 完善知识产权保护服务体系

设立专门机构，提供一站式服务。政府应设立专门的知识产权保护机构或依托现有机构，如知识产权局、科技局等，为众创空间提供全方位、一站式的知识产权保护服务。这些机构应配备专业的知识产权服务人员，包括专利代理人、商标代理人、律师等，为创业者提供从知识产权申请、审查、授权到维权、交易等全链条的服务。同时，还应建立健全的服务流程和标准，确保服务的专业性和高效性。通过一站式服务，可以大大降低创业者在知识产权保护方面的成本和难度，提高他们的满意度和获得感。

加强协作联动，形成保护合力。知识产权保护工作涉及多个部门和领域，需要政府、司法、执法、行业协会等多方协作联动，政府应加强与司法、执法部门的沟通协调，建立信息共享、联合执法等机制，加大对侵犯知识产权行为的打击力度。同时，还应积极与行业协会、中介机构等建立合作关系，共同开展知识产权培训、咨询、评估等服务工作。通过多方协作联动，可以形成保护合力，为创业者提供更加全面、有力的知识产权保护支持。

推动信息化建设，提升服务效能。随着信息技术的快速发展，信息化建设已成为提升知识产权保护服务效能的重要手段，政府应积极推动知识产权保护信息化建设工作，建立知识产权数据库、信息平台等基础设施，实现知识产权信息的快速查询、共享和利用。同时，还可以利用大数据、人工智能等先进技术手段对知识产权侵权行为进行监测和预警，及时发现并处理侵权问题。通过信息化建设，可以大大提高知识产权保护服务的智能化水平和响应速度，为创业者提供更加便捷、高效的服务体验。

拓展国际合作，融入全球保护体系。在全球化的背景下，知识产权保护已不再是单一国家内部的事务，为了更好地保护我国企业的知识产权利益，政府应积极拓展国际合作渠道，与国际知识产权组织、其他国家的知识产权保护机构等建立合作关系。通过参与国际知识产权规则制定、加强跨国知识产权执法合作等方式，推动形成更加公正、合理、有效的国际知识产权保护体系。同时，还可以利用国际资源为我国企业提供海外知识产权布局、维权等服务支持，帮助它们更好地融入全球市场竞争中。

综上所述，提升知识产权保护意识和完善知识产权保护服务体系是构建全方位、多层次知识产权保护体系的重要措施。通过这两方面的努力，我们可以为众创空间内的创业者提供更加全面、有力的知识产权保护支持，激发他们的创新活力，促进经济高质量发展。

三、融资支持服务

在大数据背景下，众创空间作为创新创业的重要载体，其发展与壮大离不开强有力的资金支持。因此，从设立创业投资基金和引导社会资本进入两个方面入手，构建多元化、多层次的融资支持服务体系，对于促进众创空间内的项目孵化、企业成长以及产业升级具有重要意义，以下是对这两个方面的进一步拓展与深化。

1. 设立创业投资基金

明确投资定位，聚焦重点领域。创业投资基金的设立应明确其投资定位和目标，即专注于支持大数据、云计算、人工智能等前沿科技领域的创新创业项目。通过深入研究行业趋势、技术动态及市场需求，精准识别并投资具有高增长潜力、技术领先性和市场应用前景的项目。同时，还应关注绿色环保、生物医药、新材料等战略性新兴产业，以及传统产业转型升级中的创新项目，为经济的高质量发展提供动力。

创新运作模式，提高资金使用效率。创业投资基金应采用市场化、专业化的运作模式，引入专业投资机构、管理团队及行业专家参与基金的管理和决策。通过设立投资决策委员会、风险控制委员会等机构，建立科学、严谨的投资决策流程和风险控制机制。此外，还可以采用分阶段投资、组合投资、跟投等灵活多样的投资策略，根据项目的实际进展和市场反馈调整投资方案，提高资金的使用效率和投资回报率。

强化监管评估，确保资金有效使用。为了确保创业投资基金能够真正发挥引导和扶持作用，政府应加强对基金的监管和评估工作。一方面，要建立完善的监管制度体系，对基金的募集、投资、退出等各个环节进行全程监控和风险防范；另一方面，要定期对基金的投资绩效进行评估和考核，重点考察其投资项目的数量、质量、成长速度及经济效益等指标。对于表现优异的基金给予表彰和奖励；对于存在问题的基金则要及时督促整改或采取相应的措施。

拓展资金来源，增强资本实力。为了保障创业投资基金的持续稳定运作，政府应积极拓展资金来源渠道。除了政府出资，还应鼓励和支持社会资本、企业资金、个人资金等多元化资本参与基金的设立和增资扩股。通过引入市场竞争机制和优化投资环境等方式吸引更多优质资本加入基金行列，同时还可以通过发行债券、上市融资等方式拓宽基金的融资渠道和资金来源。

2. 引导社会资本进入

优化政策环境，降低投资风险。政府应出台一系列政策措施，为社会资本进入众创空间提供有力的政策支持和保障。通过税收优惠、财政补贴等方式降低社会资本的投资成本和风险；通过简化审批流程、提高行政效率等方式优化投资环境；通过加强知识产权保护、完善法律法规体系等方式保障投资者的合法权益。这些措施将有效激发社会资本的投资热情和积极性，促进更多资金涌入众创空间。

搭建投融资对接平台，促进资本与项目有效对接。为了促进资本与项目的有效对接，政府应搭建多样化的投融资对接平台，这些平台可以包括线上线下的投融资信息交流平台、项目路演展示会、创业大赛等活动形式。通过这些平台，创业者可以展示自己的项目和产品优势，吸引投资者的关注和青睐；而投资者可以深入了解项目的市场前景、商业模式及团队实力等信息，从而做出更加明智的投资决策。此外，政府还可以邀请专业投资机构、银行、证券公司等金融机构参与平台的建设和运营工作，为投融资双方提供更加专业、高效的服务支持。

加强信用体系建设，完善风险防控机制。信用体系是保障投融资活动顺利进行的重要基础，政府应加强信用体系建设工作，建立健全的信用信息共享机制、信用评价机制及失信惩戒机制等。通过采集和整合企业、个人等主体的信用信息数据资源，形成全面、准确、及时的信用信息报告；同时利用大数据、云计算等先进技术手段，对信用信息进行深度挖掘和分析处理。此外，还应加强对失信行为的惩戒力度和曝光度，提高失信成本和社会监督效果，营造诚信守法的良好投融资环境氛围。

推动金融创新，拓展融资渠道。随着金融科技的快速发展和金融市场的不断创新变革，传统融资方式已难以满足众创空间内多样化、个性化的融资需求。因此，政府应积极推动金融创新工作，拓展融资渠道和方式以满足不同层次、不同阶段的融资需求。例如，可以鼓励和支持金融机构开展股权众筹、债权融资、供应链金融等新兴融资业务；为众创空间内的初创企业和中小企业提供更加灵活便捷的融资解决方案。同时，还可以通过引入风险投资、私募股权基金等专业化投资机构，为具有高增长潜力的项目提供更大规模、更长周期的资金支持，助力其快速成长壮大并实现商业价值最大化。

四、全方位服务体系建设

在大数据浪潮的推动下，众创空间作为创新创业的重要平台，其服务体系的完善与优化直接关系到创新创业活动的质量与效率。构建全方位、高效能的服务体系，不仅要求政府在政策引导、资源整合上发挥主导作用，还需企业、高校、科研机构及社会各界的广泛参与和共同努力。以下从一站式服务窗口的深化应用与服务体系建设的全面升级两个方面进行拓展与深化。

1. 一站式服务窗口的深化应用

数字化转型，提升服务效率。一站式服务窗口应充分利用大数据、云计算、人工智能等现代信息技术，实现服务的数字化转型。通过建设线上服务平台，创业者可以随时随地访问政策库、技术资源库、融资信息库等资源，实现信息的快速检索与获取。同时，利用智能客服系统、在线预约、远程咨询等功能，减少现场等待时间，提升服务效率。此外，通过数据分析与挖掘，平台能够精准识别创业者需求，提供个性化、定制化的服务方案，进一步提升服务满意度。

流程再造，优化服务体验。在设立一站式服务窗口的基础上，政府应进一步推进服务流程的再造与优化。通过简化审批流程、减少不必要的环节和证明材料，降低创业者的办事成本和时间成本。同时，加强窗口工作人员的业务培训，提升他们的专业素养和服务意识，确保服务过程的专业性、规范性和高效性。此外，建立服务评价机制，鼓励创业者对服务进行评价与反馈，以便及时调整服务策略，提升服务质量。

跨界融合，拓展服务边界。一站式服务窗口不应局限于传统的政务服务范畴，而应积极探索跨界融合的新模式。例如，与金融机构合作，设立金融服务专区，为创业者提供融资咨询、贷款申请等一站式金融服务；与高校、科研机构合作，设立技术转移转化专区，促进科技成果的转化与应用；与行业协会、商会等社会组织合作，搭建市场对接平台，帮助创业者拓展市场渠道和客户资源。通过跨界融合，实现资源的优化配置与共享，为创业者提供更加全面、深入的服务支持。

2. 服务体系建设的全面升级

强化政策引导，激发创新活力。政府应继续加强政策引导和支持力度，制定更加灵活、更具针对性的政策措施。例如，针对大数据、人工智能等前沿科技领域的创新创业项目，可以设立专项基金或给予税收减免等优惠政策；针对初创企业和小微企业，可以提供贷款贴息、租金补贴等扶持措施。同时，加强政策宣传与解读工作，确保政策红利能够精准惠及创业者。通过政策引导和支持，激发全社会的创新活力与创业热情。

完善服务制度，提升服务品质。服务体系的完善离不开健全的服务制度作为保障，政府应建立健全服务制度框架，明确服务标准、服务流程、服务监督等方面的要求。同时，加强服务质量的监测与评估工作，定期对服务机构和服务人员进行考核与评价，确保服务质量的持续提升。此外，还应建立健全服务投诉与反馈机制，及时解决创业者反映的问题和困难，保障他们的合法权益。

加强协同合作，形成服务合力。服务体系的建设需要政府、企业、高校、科研机构及社会各界的广泛参与和协同合作。政府应加强与各部门的沟通协调工作，打破"信息孤岛"和行政壁垒，形成工作合力。同时，加强与社会组织的合作与交流工作，引入更多优质服务资源和专业力量。此外，还应加强与国际组织的合作与交流工作，借鉴国际先进经验推动本土服务体系的创新发展。通过协同合作与资源共享，构建多元化、协同化的服务网络，为创业者提供更加全面、深入的服务支持。

推动创新驱动发展，构建创新创业新生态。构建全方位服务体系的最终目的是推动创新创业的高质量发展，因此在服务体系的建设过程中应始终坚持以创新驱动为核心战略导向。通过加强技术创新、管理创新和服务创新等方面的工作，不断提升服务体系的创新能力和竞争力。同时，还要注重培养创新创业人才和团队，打造良好的创新创业文化氛围。此外，还应加强创新创业与产业发展的深度融合与互动发展，推动形成以创新引领产业转型升级的新生态。

综上所述，构建大数据背景下众创空间的全方位公共服务体系是一项长期而艰巨的任务，需要政府、企业、高校、科研机构及社会各界的共同努力和支持。通过一站式服务窗口的深化应用与服务体系建设的全面升级等措施的实施可以有效地提升服务效率和质量并降低创新创业的门槛和成本来推动创新创业的高质量发展。未来随着大数据技术的不断发展和应用及各方力量的持续投入，众创空间的公共服务体系必将不断完善和创新，为创新创业提供更加广阔的空间和更加有力的支持。

第七章 主要研究结论与研究展望

在大数据时代，众创空间作为创新创业的摇篮，其运行与发展成为推动经济创新和增长的关键。大数据技术的崛起，为众创空间带来了前所未有的发展机遇，同时也伴随着一系列挑战。本书致力于解析大数据背景下众创空间的运作机理，并为其未来发展提供策略性建议。通过深入探索众创空间的运行机制，我们期望为实践者提供理论支持和实践指导。同时，本书也展望了大数据与众创空间未来融合发展的广阔前景，相信二者结合将激发更多创新活力，推动经济社会的持续发展。通过本书的总结与展望，期望为相关领域的进一步研究提供有益的参考和借鉴，共同推动众创空间在大数据时代的蓬勃发展。

第一节 主要研究结论

第三章深入剖析了众创空间的发展现状及其面临的挑战。首先，借鉴了国际知名众创空间如英特尔创新加速器和 TechShop 的成功经验，这些案例提供了宝贵的启示，有助于我国众创空间优化运营模式和提升服务水平。其次，全面梳理了我国众创空间的发展脉络，从发展阶段、区域分布、运营现状和服务水平等多个维度进行了深入剖析。最后，通过评价省域众创空间的创新创业效率，并探究其影响因素，进一步揭示了众创空间发展的内在逻辑。然而，我国众创空间在发展过程中也暴露出了一些问题，如服务体系不完善、区域发展不均衡等。这些问题制约了众创空间的健康发展，需要引起重视并加以解决。主要研究结论如下：

（1）我国众创空间发展概况。①在发展阶段划分上，我国众创空间发展阶段可以划分为 2015—2018 年众创空间的"大众"阶段和 2019 年至今众创空间的"精益"阶段。②在区域分布上，地域分布不均是我国众创空间发展不平衡的首要表现。众创空间主要集中在东部沿海地区和一些经济发达的大城市，这些地区经济发达，科技资源丰富，创新创业氛围浓厚，为众创空间的发展提供了良好的土壤。相比之下，中部地区、西部地区和东北地区的众创空间数量较少，发展水平也相对较低。这种地域分布不均的现象导致了资源的不合理配置和创新创业机会的不均等，制约了全国范围内创新创业的均衡发展。③在运营现状上，2017—2021年，我国众创空间总收入总体呈现不断上升趋势，从2016年的150多亿元增加至2021年的230亿元；其中，东部地区的众创空间总收入从2016年的99亿元增加至2021年的141亿元，虽然在全国众创空间总收入中的占比从66%降至61%，但东部地区的众创空间总收入依旧占据较大比重，这也与东部地区的众创空间数量较大具有一定的对应关系。另外，总收入进一步细分为服务收入、投资收入和财政补贴，其中，服务收入占据较大比重，财政补贴其次，投资收入最少。④在服务现状上，总体来看，2016—2021年我国众创空间当年服务的创业团队和初创企业数量呈现较为稳定的发展态势；分地区来看，东部地区的众创空间当年服务的创业团队和初创企业数量遥遥领先于其他地区，中部地区与西部地区差别不大，整体上中部地区占据一定优势，东北地区则远远落后于东部地区、中部地区和西部地区。

（2）我国省域众创空间创新创业效率评价结果。①我国众创空间创新创业效率评价指标的构建。投入指标主要包括了人力投入（众创空间服务人员数量）、财力投入（享受财政资金支持额）、物力投入（众创空间提供工位数）；产出指标主要包括了经济效益（众创空间总收入＝"服务收入＋房租"＋"物业收入＋投资收入＋财政补贴＋其他收入"）、社会效益〔"创业团队＋初创企业"（吸纳就业数）〕＋创新效益〔"创业团队＋初创企业"（拥有有效知识产权数）〕。②我国众创空间创新创业综合效率评价结果。根据对2016—2021年我国30个省份众创空间创新创业效率测算可知，众创空间创新创业综合效率整体上不太理想，根据年份和地区分别计算的综合效率均值都与DEA有效差距较大，说明我国众创空间发展情况未及预期，众创空间创新创业服务的有效性亟待提升。③我国众创空间创新创业综合效率细分评价结果。通过分解综合效率值来进一步挖掘30个省份众创空间创新创业效率不理想的深层次原因。发现纯技术效率值严重抑制了中国30个省份众创空间创新创业综合效率值的提高，而"纯技术效率"的经济含义主要体现在制度安排（管理制度、激励制度、财务制度、成果转化制度等）及管理水平等方面，是指基于管理层面因素的生产效率，是以制度完善和管理水平提升带来的效率。因此，上述结果表明我国30个省份众创空间的制度管理水平不高，是抑制综合效率的主要原因。④我国省域众创空间创新创业效率的影响因素分析结果。第一，运营模式显著正向影响众创空间创新创业效率，说明随着投资收入、服务收入在众创空间总收入中占比越高，越有利于众创空间的创新创业效率提升。投资收入、服务收入隶属于众创空间轻资产运营模式，是众创空间在资产管理和服务转型上的重要体现，是众创空间运营模式的重要变革。轻资产运营模式对众创空间运营管理有着较高的要求，必须在构建科学合理的运行机制的基础上进行轻资产运营模式的建设，从而提高众创空间创新创业效率。第二，教育投入水平不显著正向影响众创空间创新创业效率，说明区域人力资源在众创空间创新创业服务供给中未能发挥相应的作用。因此，当下众创空间亟须利用好区域高校人力资源优势，从而为创新创业提供源源不断的动力，而如何利用好区域高校人力资源优势，成为众创空间运营管理变革需要考虑的主要问题之一。第三，技术市场发展水平显著正向影响众创空间创新创业效率，说明技术市场不断成熟有利于众创空间的创新创业效率提升。如何推动众创空间运营管理与技术市场发展相结合，借助技术市场力量来促进众创空间创新创业效率的提高，成为众创空间运营管理变革的重要方向。⑤基于影响因素分析结果的政策建议。从不同角度提出以下五点建议：第一，构建并完善现代服务业体系，有力支撑创新创业。一是推动生产性服务业专业化发展；二是促进生活性服务业品质提升；三是加强信息技术应用；四是优化产业布局；五是培育市场主体。第二，减缓政府补贴，构建并完善"造血"功能。一是培育自主盈利能力；二是加强市场化运作；三是提升服务质量；四是推动产业集聚；五是加强人才培养和引进。第三，推动运营模式变革，打造轻资产运营模式。一是创新服务模式；二是优化资源配置；三是拓展收入来源；四是加强品牌建设。第四，推动高校创新创业教育进一步发展，促进众创空间与高校有效对接。一是加强高校创新创业教育体系建设；二是建立众创空间与高校的有效对接机制；三是开展校企合作项目；四是举办创新创业大赛和活动；五是加强宣传推广。第五，营造良好技术市场生态环境，促进成果产业化。一是加强技术转移转化服务；二是培育技术经纪人队伍；三是加强知识产权保护；四是推动产学研合作；五是举办技术成果交易会等活动。

（3）我国众创空间发展存在的问题。①众创空间区域发展不平衡。众创空间在我国的地域分布和发展水平上呈现出明显的不平衡现象。众创空间在不同地区的发展水平存在明显差异。东部地区的众创空间经过多年的发展，已经形成了较为完善的孵化体系和服务机制，能够为初创企业提供全方位的支持。这些众创空间不仅数量众多，而且规模较大，孵化能力强，服务水平高。相比之下，中部地区、西部地区和东北地区的众创空间还处于起步阶段，孵化能力和服务水平有限。这些地区的众创空间往往面临着资金短缺、人才流失、政策支持不足等问题，难以形成有效的创新创业生态。②众创空间创业服务能力不足。主要体现在众创空间服务的创业团队和初创企业数量增长停滞、创新创业活动的频次和质量有待提高、创业教育培训的缺失、技术支撑服务不足、创业投资匮乏等方面。③众创空间运营管理不佳。根据众创空间创新创业效率评价可知，纯技术效率值严重抑制了2021年中国30个省份众创空间创新创业综合效率值的提高。由此可知，众创空间在管理和技术方面存在短板，即众创空间运营管理过程不佳，具体表现在缺乏与创业主体的沟通互动、资源整合能力不强、管理和运营团队能力不足、运营效率低下等方面。④众创空间与新技术融合滞后。主要包括信息技术基础设施不完善（硬件配备不足、软件应用滞后）、数据分析处理能力不足（数据收集不全、分析工具缺乏、数据解读能力有限）、云计算和人工智能等先进技术未能得到广泛应用（对新技术了解不足、资源投入有限、应用场景不明确）、缺乏与新技术融合的战略规划（缺乏长远规划、跨部门协作不足）。

第四章归纳总结了大数据背景下众创空间的变革历程。随着信息技术的飞速发展，大数据已经成为当今社会的核心资源。在这一背景下，众创空间作为推动创新创业的重要平台，其发展也呈现出了新的特征和趋势。本章从多个维度详细阐述大数据背景下众创空间发展的特征，以期对大数据背景下众创空间运行机制的构建提供有益的参考。

（1）数据驱动的创新决策。具体体现在以下几个方面：①大数据与创新决策的融合；②市场趋势的精准把握；③技术发展方向的洞察；④用户需求的深入理解；⑤潜在问题和风险的预警与干预。

（2）平台化的运营模式。这种模式的特点主要体现在以下几个方面：①资源整合能力；②服务提供能力；③交流合作能力。同时，大数据技术的引入对众创空间的平台化运营模式产生了深远的影响。具体表现在以下几个方面：①数据驱动的精准服务；②资源匹配的高效性；③风险控制的精确性。

（3）跨界融合的发展趋势。具体来说，跨界融合的意义主要体现在以下几个方面：①资源共享；②优势互补；③创新驱动。

（4）个性化服务的需求。在大数据背景下，个性化服务需求的特点主要体现在以下几个方面：①定制化；②精准化；③多样化。大数据技术为众创空间提供了强大的支持，使其能够更好地满足用户的个性化服务需求。具体表现在以下几个方面：①数据分析；②用户画像；③智能推荐。

（5）动态调整与优化的能力。这种能力主要体现在以下几个方面：①实时监测与分析；②快速反应与调整；③持续创新与改进。大数据技术的应用为众创空间提供了强大的支持，使其具备了动态调整与优化的能力。具体表现在以下几个方面：①数据收集与处理；②数据挖掘与分析；③预测与决策支持。

第五章专注于探讨在大数据环境下如何构建众创空间的运行机制。随着数字技术的广泛应用，社会经济领域发生了深刻变革。然而，在众创空间的运营管理中，不同主体间常常出现"数据孤岛"问题，阻碍了信息的有效流通和共享。因此，本书的研究致力于发挥数字技术对众创空间运营管理的赋能作用，构建了一个基于大数据的众创空间运行机制，该机制涵盖了要素构成、内在逻辑和运作方式等多个方面。这一机制不仅有助于打破数据壁垒，促进信息的互通有无，还能提升众创空间的运营效率和服务质量。此外，本书还以中科心客为典型案例，对其进行了深入分析。结果表明，该机制在实际应用中具有可行性和有效性，为众创空间的健康发展提供了有力支持。主要研究结论如下：

（1）作为众创空间运行机制的基础，大数据背景下众创空间的要素构成包括创业主体、创业服务生态圈和创业外围生态圈三部分。这些要素构成了众创空间运行的基础。具体来说，大数据背景下的众创空间要素构成主要包括以下三部分：①创业主体。创业主体是众创空间的核心要素，包括创业者、创业团队以及初创企业等。在大数据背景下，创业主体的特点和需求变得更加多元化和个性化。大数据技术能够帮助众创空间更准确地识别和分析这些特点和需求，为创业主体提供更加精准和个性化的服务。②创业服务生态圈。创业服务生态圈是众创空间的重要组成部分，包括创业孵化、投融资、技术支持、市场推广等一系列服务。在大数据技术的支持下，创业服务生态圈能够实现更加高效和精准的资源匹配，为创业主体提供更加全面和专业的服务。同时，大数据技术还能够帮助众创空间不断优化服务流程，提高服务效率和质量。③创业外围生态圈。创业外围生态圈主要包括政策环境、产业环境、社会环境等外部因素。这些因素对众创空间的运行和发展具有重要影响。大数据技术能够帮助众创空间更好地监测和分析这些外部因素的变化，为创业主体提供更加及时和准确的信息支持，帮助他们更好地应对外部环境的变化。总之，在大数据背景下，这三部分要素之间的联系和互动更加紧密。大数据技术能够将这三部分要素有机地整合在一起，形成一个高效、协同、创新的生态系统。通过数据的收集、分析和应用，众创空间能够更加精准地满足创业主体的需求，提供更加优质的服务，推动创业生态的繁荣发展。

（2）作为众创空间运行机制的逻辑依据，大数据背景下众创空间的内在逻辑是创业主体、创业服务生态圈和创业外围生态圈三者间相互作用、相互影响，实现层层递进的需求共识、协同共生、价值共创。其中，需求共识是基础，协同共生是核心，价值共创是目标。①需求共识是众创空间内在逻辑的基础。在大数据技术的助力下，众创空间能够更精准地把握创业主体的需求，同时将这些需求与创业服务生态圈和创业外围生态圈的资源进行匹配。这种匹配过程实际上是一个需求共识的达成过程，它确保了各方能够明确共同的目标和期望，为后续的协同共生和价值共创奠定了基础。②协同共生是众创空间内在逻辑的核心。在需求共识的基础上，创业主体、创业服务生态圈和创业外围生态圈开始协同工作，共同为创新创业提供支持。这种协同共生不仅体现在资源的共享和优化配置上，更体现在创新思维的碰撞、创新模式的探索以及创新实践的推进上。大数据技术的应用使这种协同共生更加高效和精准，推动了众创空间的持续发展和创新。③价值共创是内在逻辑的目标。价值共创是众创空间内在逻辑的最终目标。在需求共识和协同共生的基础上，各方共同创造价值，实现共赢。这种价值共创不仅体现在经济价值的创造上，更体现在社会价值、文化价值等多方面的创造上。通过大数据技术的应用，众创空间能够更好地识别和把握价值创造的机会和路径，推动创新创业的深入发展。总之，大数据背景下众创空间的内在逻辑是一个相互作用、相互影响的动态生态系统。它以需求共识为基础，通过协同共生实现资源的优化配置和创新实践的推进，最终达到价值共创的目标。这种内在逻辑为众创空间的发展提供了有力的支持和指导，推动了创新创业的繁荣和发展。

（3）作为众创空间运行机制的主体，大数据背景下众创空间的运作方式包括创业需求的精准化识别、精准化对接和精准化监督。在大数据技术的推动下，众创空间的运作方式正经历着深刻的变革。这种变革主要体现在创业需求的精准化识别、精准化对接和精准化监督三个方面。①创业需求的精准化识别。借助大数据等数字技术，众创空间能够与初创企业形成双向互动模式。这种模式基于需求共识，通过精准化感知、挖掘与辨析的流程来精准化识别创业主体的创业需求。这不仅改变了创业主体过去被动接受创业服务的困境，而且能够形成创业需求数据库，为后续的精准化对接奠定基础。②创业需求的精准化对接。基于协同共生的理念，众创空间通过网络平台等实现创业资源的全方位接入。通过对创业需求数据库的有效划分，众创空间能够精准对接创业服务生态圈，确保资源能够流向最具潜力和价值的创新项目。这种精准化对接不仅提高了资源配置的效率，也为创业主体提供了更加专业和个性化的服务。③创业过程的精准化监督。基于价值共创的目标，众创空间建立了数字监督平台，积极落实三元监督模式。这种监督模式能够对众创空间的运营管理过程进行精准监督，确保各项服务能够按照既定的目标和标准进行。同时，数字监督平台还能够收集和分析运营数据，为众创空间的持续改进和创新提供有力支持。总之，大数据背景下众创空间的运作方式体现了精准化、高效化和个性化的特点。通过精准化识别、对接和监督创业需求和服务过程，众创空间能够为创业主体提供更加专业、个性化的支持和服务。这不仅有助于推动创新创业的繁荣发展，也为众创空间自身的持续发展注入了新的活力。

第六章探讨了大数据背景下的众创空间，研究了数字赋能众创空间运行机制的构建，以及相应的发展策略。众创空间作为创新创业的重要载体，在大数据的浪潮中迎来了新的发展机遇。为了更好地抓住这一机遇，从理念、人才、平台、技术、监管、服务等维度出发，我们提出了一系列针对性的政策建议。

（1）树立大数据治理理念，推出数字化创业服务模式。主要包括深化大数据治理理念与创新数字化创业服务模式。其中，深化大数据治理理念具体包括明确数据战略；完善数据管理体系；强化数据安全与隐私保护。创新数字化创业服务模式具体包括打造线上线下融合的创业孵化平台；精准化服务，提升孵化效能。

（2）加强大数据专业人才建设，打造众创空间的人才保障。主要包括构建系统化的人才培养体系；深化校企合作，实现共赢发展；构建全面的人才激励机制。其中，构建系统化的人才培养体系具体包括定制化培养计划、实战化教学模式、终身学习机制。深化校企合作，实现共赢发展具体包括建立长效合作机制、协同推进科研项目、共建资源共享平台。构建全面的人才激励机制具体包括竞争性与公平性并重的薪酬体系、多元化的职业发展路径、优越的工作环境与福利待遇、积极向上的企业文化与团队氛围。

（3）构建大数据服务平台，实现大数据背景下众创空间的互联互通。主要包括明确大数据服务平台的建设目标、整合众创空间的数据资源、开发大数据分析工具。其中，明确大数据服务平台的建设目标具体包括精准服务定位，聚焦核心价值；设定核心功能，强化技术支撑；确保数据质量与安全，构建信任基石；持续优化与升级，紧跟时代步伐。整合众创空间的数据资源具体包括建立统一数据管理平台，实现数据集中管理；利用先进技术手段，提升数据预处理能力。开发大数据分析工具具体包括打造数据挖掘引擎，挖掘数据价值；聚焦于设计数据可视化工具，直观呈现数据。

（4）创新大数据技术，强化众创空间技术储备。主要包括激发技术创新活力、引进先进大数据技术、推动技术应用落地。其中，激发技术创新活力具体包括设立多元化技术创新奖励体系；强化技术研发资金支持；深化产学研合作，促进技术创新。引进先进大数据技术具体包括紧跟技术前沿，积极引进先进技术；建立与行业领先企业的合作机制；培养与引进并举，构建高素质技术人才队伍。推动技术应用落地具体包括将大数据技术融入日常业务运营；拓展技术应用场景，促进产业融合；构建技术应用生态，推动成果转化。

（5）加强数字化监管，筑牢众创空间合规经营的基石。主要包括构建多维度数字化监管框架；建立专业化、数字化的监管机构；制定精细化、数字化的监管标准；强化数据安全保护体系。其中，构建多维度数字化监管框架具体包括完善法规与政策体系；强化跨部门协同监管；引入智能化监管工具。建立专业化、数字化的监管机构具体包括设立专项监管机构；强化监管队伍建设；推行监管沙盒制度。制定精细化、数字化的监管标准具体包括明确数据安全与隐私保护标准；设立网络管理与信息安全标准；推广合规运营与风险管理标准。强化数据安全保护体系具体包括加强数据安全制度建设；加强员工安全培训。

（6）构建大数据背景下众创空间的全方位公共服务体系。主要包括技术转移转化服务、知识产权保护服务、融资支持服务、全方位服务体系建设。其中，技术转移转化服务具体包括构建高效技术转移转化平台；强化产学研合作机制。知识产权保护服务具体包括提升知识产权保护意识；完善知识产权保护服务体系。融资支持服务具体包括设立创业投资基金；引导社会资本进入。全方位服务体系建设具体包括建立一站式服务窗口；加强服务体系建设。

第二节　研究展望

虽然本书力求全面揭示众创空间在大数据时代的发展脉络、特色机制及策略，但仍存在研究上的疏漏与不足。未来的研究需进一步拓宽视野，完善分析框架，以更精准地把握众创空间的发展趋势，从而提出更具针对性的发展对策。

1. 大数据技术在众创空间中的深层次创新应用

尽管本书对大数据背景下众创空间的发展特征、运行机制等方面进行了较为深入的探讨，但对于一些关键问题的研究深度仍然不够。例如，众创空间与大数据技术的结合方式、众创空间内部创新生态系统的构建等方面仍有待进一步深入研究。随着大数据技术的不断演进和成熟，其在众创空间中的应用已经超越了简单的数据收集和分析，开始深入到创新创业的各个环节，为众创空间带来了前所未有的深层次创新应用。①人工智能与机器学习驱动的决策支持系统。人工智能和机器学习技术为众创空间提供了强大的决策支持。通过对海量数据的深度挖掘和分析，AI系统可以帮助创业团队快速识别市场趋势，预测技术发展方向，以及评估潜在商业模式的可行性。同时，基于机器学习算法的模型能够自动调整和优化决策方案，以适应快速变化的市场环境。②区块链技术确保数据安全与可信共享。区块链作为一种分布式数据库技术，其去中心化、不可篡改的特点为众创空间中的数据安全和可信共享提供了有效保障。在众创空间中，通过区块链技术，可以确保数据在传输和存储过程中的完整性和真实性，同时促进不同主体之间的数据共享和协同工作，打破"数据孤岛"，提高创新创业效率。③预测性分析与风险防控。利用大数据技术，众创空间可以进行预测性分析，识别潜在的风险和机遇。通过对历史数据的挖掘和对未来趋势的预测，可以为创业团队提供风险预警和应对策略，帮助他们更好地应对市场变化和挑战。综上所述，大数据技术在众创空间中的深层次创新应用将为创新创业活动带来更加智能化、高效化和个性化的支持。随着技术的不断进步和应用场景的不断拓展，这些创新应用将不断推动众创空间的发展和创新能力的提升，为创新创业提供更加坚实的技术保障和支撑。同时，这也需要众创空间不断提升自身的数据处理和分析能力，以充分利用这些先进技术带来的优势。

2. 跨学科视角下的众创空间研究

跨学科视角下的众创空间综合研究是未来的重要研究方向。通过整合不同学科领域的知识和方法，我们可以更深入地了解众创空间的发展规律和趋势，为其健康快速发展提供更为全面和深入的理论支持和实践指导。同时，这也需要我们不断探索和创新，克服跨学科研究的挑战，推动众创空间研究的不断深入和发展。①从经济学的角度来研究众创空间的经济价值、市场结构、商业模式等，分析其在经济发展中的作用和影响。②从管理学的角度来研究众创空间的运营管理、组织结构、激励机制等，探讨如何提高众创空间的运营效率和管理水平。③从计算机科学的角度来研究众创空间的信息技术应用、数据分析处理、网络安全等，推动众创空间的技术创新和应用发展。④从社会学的角度来研究众创空间的社会影响、创新创业文化、社会关系网络等，分析其对创新创业生态的塑造作用。

3. 从政策环境优化与制度创新视角拓展研究大数据背景下众创空间发展对策

本书虽然提出了一系列大数据背景下众创空间的发展对策，但对于如何将这些理论成果转化为具体的政策措施和实践操作缺乏深入的研究和探讨，政策和实践应用的衔接不足。未来的研究可以加强与政府、企业等实践主体的合作，推动理论研究成果的转化和应用，为众创空间的健康发展提供更为具体的指导和支持。随着大数据技术的深入应用，众创空间作为推动创新创业的重要平台，其发展受到政策环境和制度创新的多重影响，优化政策环境和推进制度创新对于众创空间的健康发展至关重要。众创空间作为创新创业的聚集地，其健康发展需要良好的政策环境支持。政策环境的优化有助于为众创空间提供稳定、可持续的发展环境，降低创新创业的风险和成本，激发创新创业活力。在大数据背景下，政策环境优化更应关注如何适应新技术、新业态的发展需求，为众创空间提供更为精准、高效的政策支持。制度创新是激发众创空间创新活力、推动其快速发展的关键。因此，在大数据背景下，政策环境优化与制度创新对于众创空间的健康发展具有重要意义。未来的研究应进一步关注如何制定更为灵活、有效的政策措施，加强政策协调和整合，建立政策反馈和评估机制；同时，还应关注如何完善知识产权保护制度、推动产学研深度融合、建立灵活的创新机制等方面的制度创新路径。通过这些对策的拓展研究和实践应用，有望为众创空间的健康快速发展提供更为全面和深入的理论支持和实践指导。

参考文献

[1] Aerts K, Matthyssens P, Vandenbempt K. Critical role and screening practices of european business incubators [J]. Technovation, 2007, 27 (5): 254-267.

[2] Autio E. Strategic entrepreneurial internationalization: Anormative framework [J]. Strategic Entrepreneurship Journal, 2017, 11 (3): 211-227.

[3] Banker R D, Charnes A. Cooper W. Some Models for estimating technical and scale inefficiencies in data evelopment analysis [J]. Management Science, 1984 (9): 1078-1092.

[4] Barber J L, Casillas J C, Ramosa, et al. Revisiting incubator performance: How incubator typology affects results [J]. Technological Forecasting & Social Change, 2012, 79 (5): 888-902.

[5] Briel F V, Davidsson P, Recker J. Digital technologiesas external enablers of new venture creation in the IT hardware sector [J]. Entrepreneurship Theory and Practice, 2018, 42 (1): 47-69.

[6] Charnes A, Cooper W, Rhodes E. Measuring the Efficiency of decision making units [J]. European Journal of Operational Research, 1978, 2 (6): 429-444.

[7] Corbin M, Strauss A L. Basics of qualitative research: Techniques and procedures for developing grounded theory [M]. London: Sage Publications, 1998.

[8] Davidson E, Vaast E. Digital entrepreneurship and its sociomaterial enactment [C]. Hawaii International Conference on System Sciences. IEEE Computer Society, 2010.

[9] Fare R, Grosskopf S, Lovell C A K. Production frontier [M]. Cambridge: Cambridge University Press, 1994.

［10］ Gregorio D D, Kassicieh S K, Neto R D G. Drivers of e-business activity in developed and emerging markets ［J］. IEEE Transactions on Engineering Management, 2005, 52 (2): 155-166.

［11］ Huang J, Henfridsson O, Liu M J, et al. Growing onsteroids: Rapidly scaling the user base of digital ventures through digital innovation ［J］. Mis Quarterly, 2017, 41 (1): 301-314.

［12］ Lyytinen K, Yoo Y, Boland R J. Digital product innovation within four classes of innovation networks ［J］. Information Systems Journal, 2016, 26 (1): 47-75.

［13］ Nambisan S. Digital entrepreneurship: Toward a digital technology perspective of entrepreneurship ［J］. Entrepreneurship Theory and Practice, 2017, 41 (6): 1029-1055.

［14］ Schwartz M. A control group study of incubators' impact to promote firm survival ［J］. The Journal of Technology Transfer, 2013, 38 (3): 302-331.

［15］ Srinivasan A, Venkatraman N. Entrepreneurship in digital platforms: A network-centric view ［J］. Strategic Entrepreneurship Journal, 2018, 12 (1): 54-71.

［16］ Thomas K W, Velthouse B A. Cognitive elements of empowerment: An "interpretive" model of intrinsic task motivation ［J］. Academy of Management Review, 1990, 15 (4): 666-681.

［17］ Tobin J. Estimation of relationships for limited dependentvariables ［J］. Econometnica, 1958, 26 (1): 24-36.

［18］ Vanderstraeten J, Matthyssens P. Measuring the performance of business incubators ［J］. General Information, 2012 (6): 56-69.

［19］ Von Briel F, Davidsson P, Recker J. Digital technologies as external enablers of new venture creation in the IT hardware sector ［J］. Entrepreneurship Theory & Practice, 2017, 42 (1): 47-69.

［20］ Wasserman N. Founder-CEO succession and the paradox of entrepreneurial success ［J］. Organization Science, 2003, 14 (2): 149-172.

［21］ Zaheer H, Breyer Y A, Dumay J C. Digital entrepreneurship: An interdisciplinary structured literature review and research agenda ［J］. Technological Fore-casting and Social Change, 2019, 148（11）: 119735.

　　［22］艾永芳, 孔涛. 区域大数据发展能促进企业绿色创新吗？［J］. 中南财经政法大学学报, 2021（6）: 116-126+160.

　　［23］陈红喜, 张嘉欣, 何艺伟. 何种创业生态系统提升众创空间创新产出——基于30省市样本的定性比较分析（2019—2020）［J］. 中国高校科技, 2022（6）: 31-36.

　　［24］陈蕊, 王宏伟. 大数据发展与企业创新能力提升［J］. 当代经济管理, 2024, 46（5）: 30-42.

　　［25］陈珊珊, 陈玉梅. 政务数据开放生态系统构建众创空间研究［J］. 图书馆, 2018（7）: 30-36.

　　［26］陈通, 乔云雁, 王双明. 基于生态位理论的龙头骨干企业专业化众创空间发展策略研究［J］. 科技管理研究, 2020, 40（13）: 234-239.

　　［27］陈武, 李晓园. 众创空间平台组织竞争力的结构、测量及对创业者参与度的影响研究［J］. 管理评论, 2022, 34（2）: 256-268.

　　［28］陈泽文, 许秀梅. 疫情危机的环境动态性背景下大数据能力如何提升中小企业绩效——商业模式创新的中介作用［J］. 管理评论, 2023, 35（1）: 134-145.

　　［29］陈章旺, 黄惠燕. 区域众创空间绩效评价——基于因子分析角度［J］. 科技管理研究, 2020, 40（2）: 73-78.

　　［30］陈卓武. 系统思维视域下高校众创空间体验式创新创业人才培养探索［J］. 系统科学学报, 2023, 31（1）: 126-129+136.

　　［31］储节旺, 刘秉玉. 高校图书馆参与众创空间建设的条件和策略［J］. 图书情报工作, 2019, 63（8）: 57-64.

　　［32］崔世娟, 陈丽敏, 黄凯珊. 网络特征与众创空间绩效关系——基于定性比较分析方法的研究［J］. 科技管理研究, 2020, 40（18）: 165-172.

　　［33］崔祥民, 杜运周, 赵都敏, 等. 基于组态视角的众创空间创客集聚机制研究［J］. 科技进步与对策, 2021, 38（18）: 27-36.

　　［34］董海林, 陈菊红. 大数据分析能力、知识动态能力与制造企业服务创新——环境不确定性的调节效应［J］. 科技管理研究, 2023, 43（15）:

133-140.

［35］董弘毅. 现阶段众创空间发展中存在的问题与对策研究［J］. 山西科技，2016，31（6）：1-3.

［36］杜宝贵，王欣. 众创空间创新发展多重并发因果关系与多元路径［J］. 科技进步与对策，2020，37（19）：9-16.

［37］杜凤娇，段万春，李阳. 基于 DEMATEL 方法的众创空间外引内联模式的影响因素分析［J］. 科技管理研究，2018，38（10）：220-226.

［38］段文奇，李辰，惠淑敏. 基于 Lotka-Volterra 模型的众创空间生态系统共生模式研究［J］. 审计与经济研究，2021，36（3）：107-116.

［39］范丽繁，莫李丹，劳科源. 众创空间运营绩效的提升：资源驱动还是服务驱动？［J］. 科技管理研究，2022，42（12）：169-178.

［40］范丽繁，莫李丹，王满四. 双重网络关系嵌入、双元创新与众创空间新创企业成长［J］. 工程管理科技前沿，2023，42（4）：73-80.

［41］冯海红，曲婉. 社会网络与众创空间的创新创业：基于创业咖啡馆的案例研究［J］. 科研管理，2019，40（4）：168-178.

［42］冯檬莹，陈海波，郭晓雪. 大数据能力、供应链协同创新与制造企业运营绩效的关系研究［J］. 管理工程学报，2023，37（3）：51-59.

［43］冯文娜，马佳琪. 大数据分析能力影响制造企业服务化绩效机理探究［J］. 中央财经大学学报，2022（2）：116-128.

［44］付志勇. 面向创客教育的众创空间与生态建构［J］. 现代教育技术，2015，25（5）：18-26.

［45］谷盟，王栋晗，崔毅. 众创空间孵化经验与企业创新绩效的关系研究［J］. 科研管理，2024，45（7）：174-181.

［46］顾飘. 众创空间"迭代升级"的路径探究［J］. 人民论坛，2019，12（36）：102-103.

［47］顾滢. 众创空间发展与国家高新区创新生态体系建构［J］. 改革与战略，2015，31（4）：66-69.

［48］韩莹. 众创空间中企业创业拼凑对创新绩效的影响研究［J］. 科学学研究，2020，38（8）：1436-1443+1508.

［49］韩莹，陈国宏. 众创空间设计、服务与企业创新绩效［J］. 科研管

理，2022，43（5）：67-75.

[50] 侯晓，金鑫，吴靖．CAS 视角下的众创空间特征及运作机制研究[J]．情报杂志，2016，35（10）：195-200+119.

[51] 胡海波，卢海涛，王节祥，等．众创空间价值共创的实现机制：平台视角的案例研究[J]．管理评论，2020，32（9）：323-336.

[52] 胡军燕，钟玲，修佳钰．众创空间集聚对区域创新能力的影响[J]．统计与决策，2022，38（8）：174-178.

[53] 胡水星，荆洲，王会军．我国高校大数据治理体系的关键要素与优化路径研究——基于 DEMATEL-ISM 的研究视角[J]．电化教育研究，2022，43（11）：38-44+52.

[54] 黄世芳．众创空间与区域创新系统的构建——基于欠发达地区的视角[J]．广西民族大学学报（哲学社会科学版），2016，38（1）：156-160.

[55] 黄钟仪，赵骅，许亚楠．众创空间创新产出影响因素的协同作用研究——基于 31 个省市众创空间数据的模糊集定性比较分析[J]．科研管理，2020，41（5）：21-31.

[56] 贾天明，雷良海．众创空间的内涵、类型及盈利模式研究[J]．当代经济管理，2017，39（6）：13-18.

[57] 金芳，齐志豪，梁益琳．大数据、金融集聚与绿色技术创新[J]．经济与管理评论，2021，37（4）：97-112.

[58] 康良国，吴超．大数据驱动的企业智慧安全绩效管理模型构建[J]．科技管理研究，2021，41（10）：185-192.

[59] 柯利佳．知识产权视角下的众创空间发展策略研究[J]．企业科技与发展，2016（3）：14-16.

[60] 赖晓南．特色化众创空间的发展模式[J]．高科技与产业化，2015，11（234）：98-100.

[61] 李国才，曾刚．众创空间孵化效率评价及影响因素分析——基于高质量发展视角[J]．技术经济与管理研究，2023（10）：25-30.

[62] 李洪波，史欢．基于 DEA 方法的国内众创空间运行效率评价[J]．华东经济管理，2019，33（12）：77-83.

[63] 李犟，吴和成．中国众创空间创新创业效率及其提升路径研究——

基于两阶段混联网络 DEA 与 fsQCA 方法 [J]. 研究与发展管理，2022，34 (3)：66-80.

[64] 李犟，吴和成，朱晨. 中国众创空间创新创业效率损失来源研究——基于两阶段混联网络 DEA 模型与共同前沿理论 [J]. 科学学研究，2023，41 (7)：1259-1269.

[65] 李恺仑，王兴平. 园区依托型众创空间发展特征与规划策略研究——以金鸡湖创业长廊为例 [J]. 上海城市规划，2022 (6)：146-152.

[66] 李琳琳. 创新创业教育实践与探索——手作众创空间项目实例分析 [J]. 中国高校科技，2019，17 (12)：69-71.

[67] 李荣，王彦铭. 众创空间服务效率的多阶段测度 [J]. 科技管理研究，2020，40 (22)：78-84.

[68] 李瑞军，吴松. "众创空间" 视域下大学生创业教育的思考 [J]. 思想教育研究，2015 (7)：82-85.

[69] 李向阳. 大数据技术应用对上市公司绩效影响的实证分析 [J]. 东岳论丛，2021，42 (1)：117-124.

[70] 李鑫，陈银娥. 中国众创空间科技创新效率的区域差异及空间分布 [J]. 财经理论与实践，2023，44 (2)：88-95.

[71] 李燕萍，陈武. 中国众创空间研究现状与展望 [J]. 中国科技论坛，2017 (5)：12-18.

[72] 李燕萍，李洋. 价值共创情境下的众创空间动态能力——结构探索与量表开发 [J]. 经济管理，2020，42 (8)：68-84.

[73] 李燕萍，李洋. 科技企业孵化器与众创空间的空间特征及影响因素比较 [J]. 中国科技论坛，2018 (8)：49-57.

[74] 李永慧，郭海，王栋晗. 守正创新：战略差异对服务型众创空间绩效的影响研究 [J]. 南开管理评论，2022，25 (3)：118-130.

[75] 林鹏，李丽红，郝生跃. 众创空间发展水平评价研究——基于能力成熟度模型 [J]. 科技管理研究，2020，40 (17)：61-67.

[76] 刘昭阁，张瑞金，李向阳，等. 基于案例源证据推理法的城市安全大数据治理能力成熟度评价 [J]. 系统管理学报，2023，32 (6)：1243-1254.

[77] 刘程军，王周元晔，杨增境，等. 浙江省众创空间时空演变及其经

济增长效应 [J]．华东经济管理，2020，34（6）：19-26．

[78] 刘龙均，龙静，柳汝泓，等．大数据能力如何驱动企业创新：基于资源编排视角 [J]．科技进步与对策，2024，41（7）：72-80．

[79] 刘念，简兆权，王鹏程．大数据分析能力与制造企业服务创新绩效：一个链式中介模型 [J]．科技管理研究，2021，41（24）：125-135．

[80] 刘芹良，解学芳．创新生态系统理论下众创空间生成机理研究 [J]．科技管理研究，2018，38（12）：240-247．

[81] 刘芮伶．大数据如何影响政府治理能力——基于贵州的实证研究 [J]．理论月刊，2023（3）：37-48．

[82] 刘筱寒，王栋晗，谷盟，等．基于三阶段数据包络分析的国内众创空间创新效率研究 [J]．科技管理研究，2020，40（20）：64-74．

[83] 刘彦平，钮康．中国城市众创空间绩效影响因素研究——基于空间杜宾模型的分析 [J]．城市发展研究，2020，27（9）：107-114．

[84] 娄淑珍，项国鹏，王节祥．平台视角下众创空间竞争力评价模型构建 [J]．科技进步与对策，2019，36（6）：19-25．

[85] 罗嘉文，陈晓雪．基于战略生态位管理理论的众创空间五元评价模型构建 [J]．科技管理研究，2020，40（14）：99-106．

[86] 马鸿佳，王亚婧．大数据资源对制造企业数字化转型绩效的影响研究 [J]．科学学研究，2024，42（1）：146-157+182．

[87] 麦肯锡．麦肯希大数据指南 [M]．北京：机械工业出版社，2016．

[88] 孟国力．北京"众创空间"区位选择特征及影响因子分析 [J]．首都经济贸易大学学报，2016（5）：89-97．

[89] 倪慧，卫武．众创空间的战略行动与竞争优势——注意力基础观的视角 [J]．管理评论，2023，35（10）：328-339．

[90] 乔辉．众创空间对创业孵化器功能影响研究 [J]．商业经济研究，2016（5）：112-113．

[91] 任英华，刘宇钊，胡宗义，等．大数据发展、知识产权保护对企业绿色技术创新的影响 [J]．中国人口·资源与环境，2023，33（7）：157-167．

[92] 邵永新．关于众创空间的理论研究及思考 [J]．江苏科技信息，2016（6）：4-7．

［93］沈嫣，顾秋阳，吴宝．财税支持、融资获取与众创空间创新绩效：基于浙江的经验研究［J］．浙江学刊，2021（3）：117-124．

［94］史欢，李洪波．"合作"还是"寄生"？考虑政府规制的众创空间创业生态系统共生机制研究［J］．运筹与管理，2022，31（6）：233-239．

［95］束云霞．众创空间在江苏的发展现状及典型案例研究［J］．江苏科技信息，2015（36）：7-9．

［96］宋宏，张璐．众创空间投入与区域科技创新发展关系实证研究［J］．科技管理研究，2018，38（12）：15-21．

［97］宋默西，洪如玲，王雯溪．大数据能力对农业科技企业创新的影响：一个有调节的中介效应模型［J］．技术经济，2023，42（8）：76-88．

［98］孙洁，李杰．大数据应用、融资约束和企业创新效率［J］．证券市场导报，2022（11）：13-23．

［99］孙新波，王昊翀，张媛，等．大数据驱动制造企业数字商业模式创新实现机理［J］．技术经济，2023，42（6）：60-72．

［100］陶小龙，黄睿娴．区域创业生态系统视角下众创空间运行机制研究［J］．云南大学学报（社会科学版），2021，20（3）：123-132．

［101］滕堂伟，覃柳婷，胡森林．长三角地区众创空间的地理分布及影响机制［J］．地理科学，2018，38（8）：1266-1272．

［102］田颖，田增瑞，赵袁军．H-S-R三维结构视角下众创空间智力资本协同创新对创客创新绩效的影响［J］．科技进步与对策，2018，35（8）：15-23．

［103］佟泽华，冯晓，石江瀚，等．科研大数据生态治理的影响因素研究——基于扎根理论的探索［J］．情报资料工作，2023，44（5）：71-81．

［104］王方．众创空间与高校图书馆服务的融合创新发展研究［J］．图书馆工作与研究，2016，10（10）：96-99．

［105］王芳，张百慧，杨灵芝，等．基于大数据应用的政府治理效能评价指标体系构建研究［J］．信息资源管理学报，2020，10（2）：17-28．

［106］王海花，熊丽君，李玉．众创空间创业环境对新创企业绩效的影响［J］．科学学研究，2020，38（4）：673-684．

［107］王海花，赵鹏瑾，周位纱，等．地理邻近性与众创空间成长［J］．

科学学研究，2022，40（1）：160-171.

[108] 王君华，张心懿. 长江中下游省市众创空间运行效率评价及创新溢出研究 [J]. 科技进步与对策，2023，40（2）：41-49.

[109] 王丽平，刘小龙. 价值共创视角下众创空间"四众"融合的特征与运行机制研究 [J]. 中国科技论坛，2017（3）：109-116.

[110] 王莉，薛飞. 大气污染的大数据治理效应测度 [J]. 商业经济与管理，2023（8）：71-82.

[111] 王迷迷. 众创空间发展对高校创新创业生态的影响探讨 [J]. 研究与探讨，2016，34（4）：125-127.

[112] 王圣丹. 我国高校众创空间运营模式及支持系统探索 [J]. 产业与科技论坛，2017，16（1）：227-229.

[113] 王涛，罗开帆，杨韵可. 众创空间孵化能力与经济增长关系的实证分析 [J]. 统计与决策，2022，38（22）：108-113.

[114] 王兴元，朱强. 众创空间支持对大学生创客团队创新绩效影响机制研究 [J]. 科技进步与对策，2018，35（14）：128-134.

[115] 王亚煦，李香，郑泽萍. 高校众创空间创新孵化能力评价——基于模糊层次分析法的实证测度 [J]. 科技管理研究，2021，41（12）：64-69.

[116] 王佑镁，叶爱敏. 从创客空间到众创空间：基于创新2.0的功能模型与服务路径 [J]. 理论探讨，2015，36（11）：5-12.

[117] 王占仁，刘海滨，李中原. 众创空间在高校创新创业教育中的作用研究——基于全国6个城市25个众创空间的实地走访调查 [J]. 思想理论教育，2016，17（2）：85-91.

[118] 王子威. 众创空间的核心价值在于提供辅助创业服务 [N]. 中国经济导报，2015-06-11.

[119] 卫武，黄苗苗. 中国众创空间分布及其影响因素研究 [J]. 武汉大学学报（哲学社会科学版），2020，73（6）：114-124.

[120] 卫武，徐和衍，石永东. 众创空间运营绩效影响因素的协同作用研究 [J]. 武汉大学学报（哲学社会科学版），2023，76（4）：142-152.

[121] 卫武，赵璇. 画布视角下不同类型众创空间的商业模式：一个多案例比较研究 [J]. 科技进步与对策，2021，38（9）：1-8.

［122］卫武，赵璇．众创空间平台开放度对在孵企业商业模式创新的影响研究［J］．软科学，2021，35（8）：128-133.

［123］卫武，左焦杰．在孵企业在众创空间中网络嵌入对其创业绩效的影响研究［J］．软科学，2023，37（11）：84-91.

［124］魏江，王诗翔，杨洋．向谁同构？中国跨国企业海外子公司对制度双元的响应［J］．管理世界，2016（10）：134-149+188.

［125］邬彬，肖汉宇．大数据应用与腐败治理：基于"互联网+监督"的深度个案研究［J］．暨南学报（哲学社会科学版），2020，42（10）：78-94.

［126］项国鹏，钭帅令．核心企业主导型众创空间的构成、机制与策略——以腾讯众创空间为例［J］．科技管理研究，2019，39（17）：1-6.

［127］徐示波．我国众创空间发展政策作用效果评估［J］．科技管理研究，2020，40（8）：27-34.

［128］徐先航．众创空间建设及运营模式分析——以"微托帮"众创空间为例［J］．科技经济市场，2016（7）：142-143.

［129］许汝俊．"十三五"时期区域众创建设发展模式构建研究——以科教之城武汉为例［J］．当代经济管理，2016，38（10）：61-65.

［130］许亚楠，黄钟仪，王艺，等．中国众创空间运营效率评价及影响因素研究［J］．科技管理研究，2020，40（4）：80-87.

［131］薛浩．地区众创空间发展水平比较及赋能［J］．南京师大学报（社会科学版），2021（2）：126-134.

［132］薛俊义，战烈磊．双循环新发展格局下众创空间高质量可持续发展的动因与路径［J］．学术论坛，2021，44（2）：84-92.

［133］薛小荣．重大公共卫生事件中市域社会治理的数字赋能［J］．江西师范大学学报（哲学社会科学版），2020，53（3）：20-26.

［134］严旭，鲁德银．众创空间发展策略探析［J］．商业经济研究，2016（7）：103-104.

［135］杨琳，屈晓东．众创空间研究综述：内涵解析、理论诠释与发展策略［J］．西安财经学院学报，2019，32（3）：121-128.

［136］姚登宝，秦国汀．安徽省金融支持众创空间发展的评价指标体系研究［J］．华东经济管理，2020，34（9）：12-22.

[137] 易全勇，刘许，姚歆玥，等．众创空间对大学生创客团队创新绩效的影响及机制研究 [J]．重庆高教研究，2021，9（3）：24-35.

[138] 尹国俊，蒋璐闻．基于产权共享的众创空间资源聚合模式研究 [J]．科学学研究，2021，39（2）：356-364.

[139] 袁勇志，诸葛凯，张勇，等．知识耦合视阈下大数据能力对新创企业创业绩效的影响机制研究 [J]．科技进步与对策，2024，41（8）：106-116.

[140] 张丹宁，付小赟，易平涛．沈阳市众创空间产业集群发展路径研究——基于运营效率测度 [J]．东北大学学报（社会科学版），2017，19（1）：34-40.

[141] 张海丽，王宇凡，Michael Song．大数据驱动创新过程提高数字创新绩效的路径 [J]．科学学研究，2023，41（6）：1106-1120.

[142] 张静进，陈光华．基于 DEA 模型的众创空间创新创业效率及投入冗余比较研究 [J]．工业技术经济，2019，38（9）：26-34.

[143] 张鸣哲，张京祥，何鹤鸣．基于协同理论的城市众创空间集群形成机制研究——以杭州市为例 [J]．城市发展研究，2019，26（7）：29-36.

[144] 张卫国，宣星宇．基于社会交换理论的高校创业教育与众创空间联动发展 [J]．中国高教研究，2016，19（10）：93-97.

[145] 张育广，张超，王嘉茉．高校众创空间创新发展的演进逻辑及路径优化——基于平台理论视角 [J]．科技管理研究，2021，41（17）：69-77.

[146] 张卓，魏杉汀．基于双网络视角的众创空间合作创新网络演化机制研究 [J]．科技进步与对策，2020，37（13）：10-19.

[147] 赵观兵，刘宇涵．组态视角下众创空间内多主体价值共创实现路径研究 [J]．科技进步与对策，2023，40（23）：52-61.

[148] 赵笑雨，周颖玉，刘海鸥．国内外高校众创空间生态系统模型：基于多案例的扎根研究 [J]．科技管理研究，2022，42（13）：66-72.

[149] 郑建存，崔世娟，温长秋．实现众创空间创新功能的机制设计——基于 63 个案例的模糊集定性比较分析 [J]．科技管理研究，2022，42（10）：20-26.

[150] 郑小碧，王倩文，季垚．众创空间如何促进共同富裕？——分工

网络演进的超边际一般均衡分析［J］．研究与发展管理，2023，35（1）：27-40.

［151］周素红．众创空间的非正式创新联系网络构建及规划应对［J］．规划师论坛，2016，32（9）：11-17.

［152］朱强，王兴元，江瑶．众创空间包容氛围对创客创造力的影响——创客适应感和创新效能感的链式中介作用［J］．企业经济，2022，41（9）：107-117.

［153］朱韵涵，张亦凡．城市空间结构对众创空间分布的影响研究——以杭州市为例［J］．上海城市规划，2023（1）：101-106.

［154］卓晓宁．苏北地区"众创空间"的发展战略路径研究［J］．中共南京市委党校学报，2015，5（6）：35-38.